21世纪高等院校国际经济与贸易专业精品教材

中级国际贸易

INTERMEDIATE INTERNATIONAL TRADE

光峰涛　杨树旺　主 编

东北财经大学出版社
Dongbei University of Finance & Economics Press　大连

图书在版编目（CIP）数据

中级国际贸易 / 光峰涛，杨树旺主编. —大连：东北财经大学出版社，2024.12. —（21世纪高等院校国际经济与贸易专业精品教材）. —ISBN 978-7-5654-5509-4

Ⅰ.F740

中国国家版本馆CIP数据核字第202491C1V6号

东北财经大学出版社出版

（大连市黑石礁尖山街217号　邮政编码　116025）

网　　址：http://www.dufep.cn

读者信箱：dufep@dufe.edu.cn

大连永盛印业有限公司印刷　　　东北财经大学出版社发行

幅面尺寸：185mm×260mm　　　字数：327千字　　　印张：16

2024年12月第1版　　　　　　2024年12月第1次印刷

责任编辑：蔡　丽　孙晓梅　孟　鑫　　责任校对：赵　楠

　　　　　王　斌　石建华　王芃南

　　　　　刘慧美　韩敌非

封面设计：原　皓　　　　　　　　　版式设计：原　皓

定价：68.00元

教学支持　售后服务　　联系电话：（0411）84710309

版权所有　侵权必究　　举报电话：（0411）84710523

如有印装质量问题，请联系营销部：（0411）84710711

编写委员会

前言

　　随着世界经济全球化进程的不断推进，全球贸易环境面临诸多不确定性，国际贸易作为连接各国经济的桥梁，其战略地位与核心价值不言而喻。然而，随着全球贸易环境日益复杂多变，不确定性因素增多，国际贸易正面临着前所未有的挑战与机遇。一方面，贸易保护主义抬头、地缘政治冲突加剧、全球供应链重构等因素给国际贸易设置了重重障碍，国际贸易环境的紧张局势使贸易中断与供应链受阻的风险显著提升；另一方面，绿色低碳转型的全球共识促使各国加大对清洁能源、环保技术的投资与研发，为国际贸易开辟了新的绿色产品与服务市场空间。同时，数字经济蓬勃发展，特别是电子商务、跨境支付、远程服务等新兴业态的崛起，为国际贸易注入了新的活力与增长点，推动贸易结构优化与升级。

　　改革开放以来，国际贸易为我国经济高速增长提供了重要动力，也深刻影响了国内经济空间布局。党的十八大以来，我国高质量实施《区域全面经济伙伴关系协定》，主动对接《全面与进步跨太平洋伙伴关系协定》等国际高标准经贸规则，持续缩减外资准入负面清单，不断创新外资管理体制，稳步推进自由贸易试验区、海南自由贸易港建设。如今，我国成为150多个国家和地区的主要贸易伙伴，连续7年保持世界第一大货物贸易国地位。这不仅是中国经济实力和国际影响力的体现，更是中国积极参与全球治理、推动构建人类命运共同体的生动写照。

　　在国际贸易的大舞台上，理论和实践相互倚重、相互呼应。理论为实践提供了坚实的框架与指导；实践是检验理论有效性的试金石，不断为理论的发展与完善提供丰富的素材与案例。然而，不容忽视的是，实践的发展往往与理论之间存在一定的偏差，这种偏差既源于国际贸易环境的快速变化，也源于理论自身构建与更新的滞后性。为了弥合理论与实践之间的鸿沟，帮助读者构建系统、全面的国际贸易知识体系，我们结合多年的教学实践，精心编写了本书。本书的研究范围涵盖了国际贸易基本理论、国家政策、实际应用和发展趋势，旨在为读者提供系统、全面且具有前瞻性的国际贸易知识。通过学习本书，读者可以了解国家之间贸易模式背后的原理与机制，掌握国际贸易的内在逻辑和实际应用，从而更好地理解全球经济格局的演变和发展趋势。

　　作为一本中级国际贸易教材，本书的读者对象不仅包括国际经济与贸易专业及经济学、管理学等相关专业的高年级本科生与研究生，还包括关注国际贸易领域的社会各界人士。基于此，本书在编写过程中除了追求内容体系完整外，还力求结构合理、重点明确，突出以下两个特点：

（1）知识体系与思政教育相融合，融入党的二十大精神。本书在每章末尾增设了"明德园地"板块，结合党的二十大报告内容，将国际贸易理论与习近平新时代中国特色社会主义思想紧密结合，引导读者在深入理解专业知识的同时，塑造正确的世界观、人生观、价值观，成为具有家国情怀和国际视野的复合型人才。

（2）前沿探索与经典理论并重。在对传统国际贸易理论进行系统阐述的同时，本书还聚焦国际贸易最新发展动态，如数字贸易、区域经济一体化等前沿议题，通过设立案例导读等板块，使读者在夯实专业知识的同时，也能紧跟时代步伐，洞悉国际贸易的未来趋势。

本书共分为10章，各章既相对独立又彼此依存，从而较为系统、完整地反映了该门课程的主要内容。第1章从国际贸易理论的基石出发，深入浅出地介绍了李嘉图模型的基本概念及在经济分析中的广泛应用，为读者奠定坚实的理论基础。第2章阐述了资源禀赋理论，通过赫克歇尔–俄林模型的深入剖析，揭示了国家之间资源差异如何驱动国际贸易的发生与发展。第3章聚焦特定要素模型，深刻剖析了国际贸易在短期内对收入分配所产生的影响，为理解国际贸易的社会经济效应提供了独特的视角。第4章探讨了基于技术差距的贸易模型，揭示了技术进步在国际贸易中的重要作用。第5章介绍了产业内贸易理论，深入分析了同一产业内部不同产品之间的贸易现象及其背后的经济动因。第6章聚焦国际要素流动模型，探讨了资本、劳动力等生产要素跨国流动对国际贸易的影响。第7章介绍了贸易引力模型，揭示国家之间贸易流量的决定因素。第8章介绍了污染作为生产要素的影响、确定的方法、供需平衡的实现及关税解决跨境污染的经济效应。第9章深入剖析了贸易政策偏向理论，分析了不同贸易政策的经济效应与社会影响。第10章概述了贸易与地理之间的关系，特别是中心–外围模型的构建、影响因素及经济活动空间格局的量化分析。

本书能顺利出版得益于编撰团队的通力合作，团队成员均来自中国地质大学（武汉）经济管理学院，分别是白永亮、王彦闻、李琳、胡怀敏、高丽、易杏花、倪琳、吴磊、程欣、李金滟（排名不分先后）。在此我们对为本书校对整理工作付出辛勤劳动的研究生卢晓丹、刘丽英、温昕、周桐宇、景文豪、胡玉洁、邢强强、房思婷表示感谢。此外，本书在编写过程中，吸收和借鉴了大量国内外有关国际贸易理论、政策和措施方面的研究成果，参考了国内外有关国际贸易的著作、教材及文献资料，在此对上述作者和出版社一并致以衷心的感谢。受编者水平所限，疏漏之处在所难免，敬请广大读者批评指正。

编 者

2024年11月

目录

第1章 李嘉图模型/1

学习目标/1

1.1 李嘉图模型的理论背景/2

1.2 李嘉图模型比较优势理论图示/9

1.3 案例分析/15

明德园地/19

关键术语/20

基础训练/21

第2章 赫克歇尔–俄林模型/22

学习目标/22

2.1 赫克歇尔–俄林模型的基本概念、假设和比较/23

2.2 赫克歇尔–俄林定理的基本分析/27

2.3 赫克歇尔–俄林模型的扩展/31

2.4 案例分析/42

明德园地/47

关键术语/48

基础训练/48

第3章 特定要素模型/50

学习目标/50

3.1 模型的主要内容/51

3.2 特定要素模型中的商品价格与要素价格/58

3.3 特定要素模型中的要素价格与要素禀赋/64

3.4 与赫克歇尔–俄林模型的比较/66

3.5 特定要素模型中的国际贸易/69

3.6 国际劳动力流动/70

明德园地/73

关键术语/74

基础训练/74

第4章 基于技术差距的贸易模型/76

学习目标/76

4.1 技术差距理论/77

4.2 技术差距理论模式/79

4.3 技术差距理论发展/84

4.4 技术差距影响双边贸易的机理分析/88

4.5 基于技术差距的标准贸易模型/91

明德园地/93

关键术语/94

基础训练/94

第5章 产业内贸易理论/95

学习目标/95

5.1 产业内贸易的概念及理论发展/96

5.2 产业内贸易的分类/99

5.3 产业内贸易的测度/101

5.4 产业内贸易的理论与模型/107

5.5 跨国公司与产业内贸易/113

明德园地/116

关键术语/117

基础训练/117

第6章 国际要素流动模型/118

学习目标/118

6.1 国际要素流动与全球化/119

6.2 国际资本流动/123

6.3 国际劳动力流动/130

6.4 贸易与投资替代模型/135

6.5 跨国公司与国际外包/138

明德园地/142

关键术语/144

基础训练/144

第7章 国际贸易引力模型/145

学习目标/145

7.1　不基于贸易理论的引力模型推导/146

7.2　基于贸易理论的引力模型推导/151

7.3　引力模型的边界效应/153

7.4　国家经济规模的差异对贸易的影响/158

7.5　本地市场效应/161

明德园地/163

关键术语/164

基础训练/165

第8章　贸易与环境/166

学习目标/166

8.1　贸易与环境政策的一般均衡分析/167

8.2　贸易政策工具与国内和跨境污染/184

明德园地/192

关键术语/192

基础训练/193

第9章　贸易政策偏向理论/194

学习目标/194

9.1　贸易政策偏向理论介绍/195

9.2　贸易保护理论/196

9.3　自由贸易理论/210

9.4　贸易保护与自由贸易之争/214

明德园地/215

关键术语/216

基础训练/217

第10章　贸易与地理/218

学习目标/218

10.1　中心-外围模型/219

10.2　模拟城市与区域间的经济活动/230

明德园地/238

关键术语/240

基础训练/240

主要参考文献/241

第1章 李嘉图模型

学习目标

学习目标

1.理解比较优势的概念，掌握绝对优势和比较优势论的基本假设。

2.理解机会成本的概念，掌握如何通过机会成本的计算来确定一个国家生产不同商品的优势。

3.领会专业化与贸易的好处，理解如何通过贸易增加国家的总福利。

4.用李嘉图模型来解决实际问题，如分析国际贸易政策的影响、国家之间的生产与贸易决策等。

重点与难点

1.理解比较优势与绝对优势的区别。

2.掌握如何计算机会成本，并了解它在决定一个国家的比较优势和贸易方向中的作用。

3.理解比较优势如何推动国家之间的生产专业化以及通过贸易实现互利共赢。

❖ 引导案例

从全球价值链看国际贸易：基于李嘉图模型的解读

全球价值链是当代经济全球化的核心特征之一，指的是企业将生产过程分散到全球不同国家和地区的跨国供应网络中。这一模式使得从原材料采购到最终产品销售的各个环节在全球范围内实现了分工与协作，不同国家根据其比较优势处在价值链的不同部分。全球价值链不仅推动了国际贸易的增长和全球生产效率的提高，还改变了各国在世界经济体系中的角色与相互依赖的方式。发达经济体往往主导高附加值环节，如研发、设计和品牌管理；而发展中经济体更多地参与劳动密集型的制造和组装环节,从而融入全球经济体系。

全球价值链的核心内涵之一在于全球化分工,而比较优势理论对此提供了根本性的理论支持。该理论解释了一个国家在生产资源有限且与其他国家存在技术差距的情况下,如何通过合理的分工和规模经济效应,获得贸易利益并推动经济增长。通过这种全球化分工,国家能够根据各自的比较优势,参与不同的生产环节,最终形成稳定的全球价值链网络。全球价值链不仅推动了国际贸易的增长,还加速了技术和知识的全球流动,使发展中经济体有机会通过与跨国企业的合作获得先进技术,推动本地产业升级。同时,全球价值链的扩展为发展中经济体带来了大量就业机会,提升了其经济活力。然而,这一模式也带来了新的挑战,包括发展中经济体在价值链中往往处于低附加值环节、环境污染以及劳动力权益问题等。随着地缘政治局势的紧张和各国保护主义的抬头,即使全球所有领域的生产效率都低于另一个国家,一个国家仍然可以通过专注于生产具有相对优势的产品,与其他国家进行互利的贸易。全球价值链扩展了这一理论,将生产过程分解为多个环节,并分布在不同国家和地区,各国根据其比较优势参与生产的不同阶段。例如,一些国家专注于技术研发或设计,而另一些国家负责低成本的生产或组装。这种跨国分工实现了全球范围内的资源优化配置,最大化了各国的经济利益,正是李嘉图比较优势理论在当代全球化背景下的具体体现。

在本章中,我们将通过对李嘉图模型的学习,深入探讨全球价值链如何通过各国的比较优势,实现更高效的全球分工和合作。此外,通过本章的学习,我们将全面理解国际贸易的基本动因,领会国际贸易如何使各参与国受益,以及如何通过分工和贸易促进全球经济增长。

资料来源:[1] 王飞,姜佳彤,裴建锁. 全球价值链贸易研究:现状和展望 [J]. 国际贸易问题,2024(4):12-27.[2] 邱斌,易昱玮. 数字经济、技术偏向与全球价值链重构 [J]. 改革与战略,2023,39(5):1-17.

1.1　李嘉图模型的理论背景

1.1.1　机会成本

在经济学中,机会成本是指为了将某种特定的经济资源(如时间、资金、土地、劳动力等)用于某一用途,所必须放弃的该资源在其他用途上所能产生的最高价值。简而言之,它衡量为了选择某一行动方案而不得不放弃的最佳替代方案的价值。机会成本并非实际发生的货币支出，而是一种经济上的牺牲或机会的损失，它是资源稀缺性和替代效应在经济决策中的体现。例如，假设有两个国家，即A国和B国，这两个国家都只有劳动这一种生产要素，它们均具备生产两种商品（X和Y）的能力。然而，由于技术差异、资源禀赋或其他因素的制约，这两个国家在生产这两种商品时展现出了不同的效率，从而形成了各自的相对优势。A国利用其全部资源，可以生产10单位的X商品；若将这些资源重新配置以生产Y商品，则可以生产2单位的Y商品。于是，这10单位的X商品的机会成本就是2单位的Y商品。而B国可用其全部资源生产10单位的X商品或者5单位的Y商品，那么10单位的X商品的机会成本就是5单位的Y商品。也就是说，同样生产1单位X商品，A国的机会成本是0.2单位Y商品，B国的机会成本是0.5单位Y商品，A国的机会成本更低；同理，生产1单位Y商品，B国的机会成本更低。因此，在国际贸易中，如果不考虑运输成本，那么生产某种商品机会成本更低的国家就主要生产该商品。

A国和B国之间存在通过国际贸易实现互利共赢的潜力。A国可以专注于生产并出口机会成本更低的X商品，同时从B国进口其机会成本更高的Y商品。同样，B国则专注于生产并出口Y商品，并从A国进口X商品。这一贸易模式能够使得两个国家都以更低的成本获得所需的商品，从而提高整体的经济效益。国际贸易过程中所产生的变化见表1-1。

表1-1　　　　　　　　　　　假定的生产变化

项目	A国	B国	总计
X商品	+10	-10	0
Y商品	-2	+5	+3

可以看出，X商品的产量还是和以前一样，而Y商品的产量增加了3个单位。所以，当A国集中生产X商品、B国集中生产Y商品时，这种专业化分工不仅促进了各自国内生产效率的提升，还扩大了国际贸易的规模。国际贸易之所以能够促进全球产出的增长，其深层次原因在于它促进了国际专业化分工。具体而言，当某一国家在其国内生产某一商品的机会成本（以放弃生产的其他商品数量来衡量）相较于其他国家生产同一商品的机会成本更低时，该国即在该商品的生产上拥有比较优势。通过专注于生产并出口该国具有比较优势的商品，同时进口该国机会成本较高的商品，该国就能从国际贸易中获利，这种分工和交换模式不仅提高了各国的经济效益，还促进了全球资源的优化配置。

1.1.2 生产可能性边界①

机会成本中的稀缺性反映了世界上的资源是有限的，这些资源所能提供的产品和服务也是有限的，因此就存在产品替代问题，即在资源总量固定的情况下，增加一种产品的生产必然导致另一种产品生产的减少。假定 A 国只生产两种商品 X 和 Y，每个产业的劳动生产率就表明了该国的技术水平。我们用单位产品劳动投入来表示劳动生产率，即生产 1 单位 X 商品或 Y 商品所需要投入的劳动单位量。若一单位劳动能够生产的 X 商品或 Y 商品越多，则单位产品的劳动投入就越少。我们令 a_X 和 a_Y 分别为生产 X 商品和 Y 商品的单位产品劳动投入量，令 L 为 A 国的全部资源，即劳动总供给。我们通过图 1-1 来理解 A 国的生产情况，直线 PF 为生产可能性边界（也称生产可能性曲线），它用来表示产品替代情况，即当 X 商品的产量确定时 Y 商品的最大可能产量；同时，它也表示在 Y 商品的产量确定时 X 商品的最大可能产量。

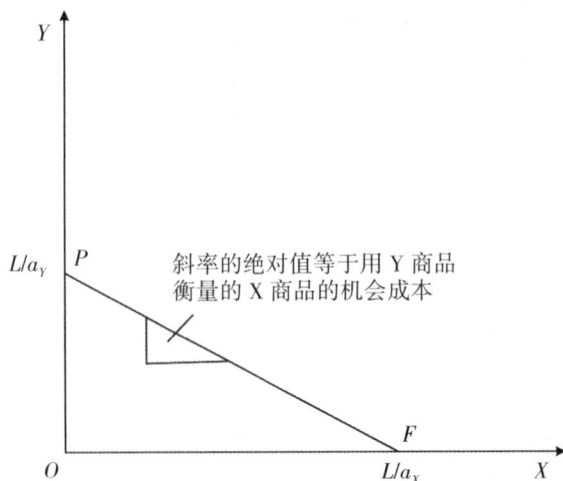

图1-1 A国的生产可能性边界

单一生产要素国家的生产可能性边界是一条直线。L/a_X 表示 A 国将所有劳动用于生产 X 商品时的数量，令 $L/a_X = Q_X$；L/a_Y 表示 A 国将所有劳动用于生产 Y 商品时的数量，令 $L/a_Y = Q_Y$。那么，$Q_X a_X$ 表示 A 国生产 X 商品的劳动投入量，$Q_Y a_Y$ 表示生产 Y 商品的劳动投入量。生产可能性边界取决于一个国家所拥有的资源，在这里资源

① [1] 余淼杰. 国际贸易学：理论、政策与实证 [M]. 北京：北京大学出版社，2013.
[2] 黄飞鸣. 国际经济学 [M]. 南京：南京大学出版社，2008.

就是劳动。A国的劳动总供给为L，所以A国对产出的限制可以用下列不等式表示：

$$Q_X a_X + Q_Y a_Y \leqslant L \tag{1-1}$$

当产出规模在直线PF以下时，表明资源没有被充分利用；当产出规模在直线PF以上时，表明现有资源和技术水平达不到该产出规模；当产出规模恰好处于直线PF上时，表明资源得到充分利用。

假设A国的劳动总供给是100单位，生产1单位X商品需要1单位劳动，而生产1单位Y商品需要2单位劳动，此时，生产中所使用的劳动总量为（1单位劳动×生产的X商品的数量+2单位劳动×生产的Y商品的数量），这一劳动总量必须小于或等于A国100单位的劳动总供给。如果A国将100单位的劳动总供给都用于生产X商品，那么它能够生产L/a_X，即100单位的X商品。同理，如果A国将其全部劳动用于生产Y商品，那么它能够生产L/a_Y，即50单位的Y商品。当然，它也可以选择在截距点相连的直线上的任意位置从事生产，这表示一定数量的X商品和一定数量的Y商品的生产组合。

当生产可能性边界是一条直线时，用Y商品衡量的1单位X商品的机会成本是不变的，即多生产1单位X商品的机会成本就是所放弃生产Y商品的数量，这是固定的。生产1单位X商品需要投入a_X单位劳动，而1单位劳动能生产$1/a_Y$单位的Y商品，所以如果将生产1单位X商品所需要的劳动用来生产Y商品，可以生产出a_X/a_Y单位的Y商品，用Y商品衡量的X商品的机会成本就是a_X/a_Y，如图1-1所示。该机会成本等于生产可能性边界斜率的绝对值。

1.1.3 绝对优势和比较优势[①]

1）绝对优势理论

假定存在两个国家：A国与B国，两个国家都只有一种生产要素——劳动，并且都能生产两种商品X和Y。令L_A为A国的劳动总供给，a_X和a_Y分别为A国生产X商品和Y商品的单位劳动投入量。令L_B为B国的劳动总供给，b_X和b_Y分别为B国生产X商品和Y商品的单位劳动投入量。

当一国能够运用相较于其他国家更少的劳动投入来生产出等量的某种商品时，我们就称该国在这种商品的生产上具有绝对优势。例如，当$a_X < b_X$且$a_Y > b_Y$时，表明A国在X商品的生产上具有绝对优势，B国在Y商品的生产上具有绝对优势。假设A国生产1单位X商品需要4单位劳动，生产1单位Y商品需要8单位劳动；B国生产1单位X商品需要12单位劳动，生产1单位Y商品需要3单位劳动，则它们单位产品的劳动投入量见表1-2。

---

① 冯德连，邢孝兵. 国际经济学教程［M］. 北京：高等教育出版社，2010.

表1-2 单位商品的劳动投入量

项目	A国	B国
X商品	$a_x=4$单位劳动	$b_x=12$单位劳动
Y商品	$a_y=8$单位劳动	$b_y=3$单位劳动

由表1-2可以看出，$a_x < b_x$，即A国在X商品的生产上具有绝对优势；$a_y > b_y$，即B国在Y商品的生产上具有绝对优势。在遵循绝对优势原则的国际分工与贸易框架下，A国与B国会专门生产其最具优势的产品，即A国集中生产并出口X商品，而B国则集中生产并出口Y商品。这样，两国的生产要素将会进行调整，A国的劳动将从Y商品流向X商品，即生产Y商品的8单位劳动会用来生产X商品；B国的劳动将从X商品流向Y商品，即生产X商品的12单位劳动用来生产Y商品，具体见表1-3。

表1-3 调整后的单位商品劳动投入量

项目	A国	B国
X商品	12单位劳动	0
Y商品	0	15单位劳动

由于A国的劳动从Y商品转移到X商品，如果将12单位劳动全部投入到X商品的生产中，共能生产3单位的X商品以及0单位的Y商品；同理，B国的劳动从X商品转移到Y商品，如果将15单位劳动全部用于生产Y商品，则可以生产5单位的Y商品和0单位的X商品。显而易见，在劳动总供给不变的条件下，商品的总产量发生了变化，具体见表1-4。

表1-4 国际分工前后的生产变化

分工	商品	A国	B国	世界
分工前	X	1	1	2
	Y	1	1	2
分工后	X	3	0	3
	Y	0	5	5
交易后	X	1	2	+1
	Y	2	3	+3

在两国进行贸易时，如果按照1∶1的国际比价进行交易，A国交易给B国2单位X商品，可以换取B国生产的2单位Y商品。进行交易后，A国的商品组合变成了1单位X商品和2单位Y商品，与分工前相比，X商品数量不变而Y商品增加了1单位；B国的商品组合变成了2单位X商品和3单位Y商品，与分工前相比，X商品增加了1单位，Y商品增加了2单位。在这一过程中，全球劳动总投入保持不变，但A国与B国通过专业化生产及交易，各自获得了本国不直接生产的产品，从而有效提升了各自的消费水平。简而言之，A、B两国在保持原有消费偏好的基础上，通过专业化分工和贸易实现了消费总量的增加，进而带动了整个世界消费总量的增长。

2）比较优势

比较优势理论最早由英国经济学家大卫·李嘉图在1817年提出，是国际贸易理论中的一个重要基石。在李嘉图的《政治经济学及赋税原理》一书中，他通过对英国和葡萄牙两国在布料和葡萄酒生产上的例子，阐述了即使一国在所有产品的生产上拥有绝对优势，各国仍可通过分工与贸易获益。若从传统的绝对优势理论出发，则不会产生贸易。李嘉图指出，关键不在于一国在所有产品上的生产效率高低，而在于其相对生产效率，即机会成本的高低。各国应专注于生产和出口本国机会成本较低的产品，进口本国机会成本较高的产品，这样就可以通过资源的最优配置提升全球的整体福利。根据机会成本的内容，我们知道，A国用Y商品衡量的X商品的机会成本是a_X/a_Y，而B国用Y商品衡量的X商品的机会成本是b_X/b_Y。如果$a_X/a_Y < b_X/b_Y$，则A国生产X商品更具比较优势，B国生产Y商品也具有比较优势；如果$a_X/a_Y > b_X/b_Y$，则B国生产X商品更具比较优势，A国生产Y商品也具有比较优势。

假定A国生产1单位X商品需要2单位劳动，生产1单位Y商品需要8单位劳动；B国生产1单位X商品需要14单位劳动，生产1单位Y商品需要10单位劳动，则它们单位产品的劳动投入量见表1-5。

表1-5　　　　　　　　　　　　　单位商品的劳动投入量

项目	A国	B国
X商品	a_X=2单位劳动力	b_X=14单位劳动力
Y商品	a_Y=8单位劳动力	b_Y=10单位劳动力

从表1-5可以看出，$a_X < b_X$，$a_Y < b_Y$，即A国在两种商品的生产上均具有绝对优势，而B国在两种商品的生产上均具有绝对劣势。如果根据绝对优势原理，两国之间不会发生专业化分工和国际贸易。但是，由于$a_X/a_Y = 1/4 < b_X/b_Y = 7/5$，所以A

国在生产X商品上具有比较优势，而B国在生产Y商品上具有比较优势。因此，A国应集中生产并出口X商品，B国应集中生产并出口Y商品。这样一来，两国的生产要素将进行调整，A国的劳动将从Y商品流向X商品，即生产Y商品的8单位劳动将用来生产X商品；而B国的劳动将从X商品流向Y商品，即生产X商品的14单位劳动用来生产Y商品，具体见表1-6。

表1-6　　　　　　　　　　　调整后的单位商品劳动投入量

项目	A国	B国
X商品	10单位劳动	0
Y商品	0	24单位劳动

若A国将10单位劳动全部用于生产X商品，共生产5单位的X商品和0单位的Y商品；若B国将24单位劳动全部用于生产Y商品，共生产2.4单位的Y商品和0单位的X商品。与专业化分工前相比，商品的总产量发生了变化，具体见表1-7。

表1-7　　　　　　　　　　　国际分工前后的生产变化

分工	商品	A国	B国	世界
分工前	X	1	1	2
	Y	1	1	2
分工后	X	5	0	5
	Y	0	2.4	2.4
交易后	X	4	1	+3
	Y	1	1.4	+0.4

从表1-7可以看出，当两国进行贸易时，仍然按照1∶1的国际比价进行交易，如果A国交易给B国1单位X商品，就可以换取B国生产的1单位Y商品。贸易后，A国的商品组合变成了4单位X商品和1单位Y商品，与分工前相比X商品数量增加了3单位，而Y商品数量不变；B国的商品组合变成了1单位X商品和1.4单位Y商品，与分工前相比，X商品数量不变，Y商品增加了0.4单位。因此，虽然B国在X商品和Y商品的生产上都处于绝对劣势，但是B国生产X商品和Y商品的劳动生产率不同，在Y商品的生产上具有比较优势。按照比较优势原理，即使两个国家的总劳动投入不变，仍然可以进行专业化分工和国际贸易，进而提升全世界的消费总量。

　　绝对优势理论和比较优势理论都强调国际贸易的互利性，但它们在分析国际贸易时存在显著差异。

　　（1）理论基础不同

　　绝对优势理论以各国生产成本的绝对差异为基础，认为国际贸易的动因在于各国生产成本的绝对差异；而比较优势理论则以各国生产成本的相对差异为基础，认为国际贸易的动因在于各国生产成本的相对差异。

　　（2）适用范围不同

　　绝对优势理论要求一国必须在某种产品的生产上拥有绝对优势，才能参与国际贸易并获得利益；而比较优势理论则认为，即使一个国家在所有产品的生产上都不具有绝对优势，但只要它在某种产品的生产上相对于其他国家具有比较优势，就可以通过专业化生产和贸易获得利益。

　　（3）政策主张不同

　　绝对优势理论鼓励各国生产并出口自己具有绝对优势的产品；而比较优势理论则强调各国应根据自己的比较优势进行专业化生产和贸易，从而实现资源的优化配置和贸易双方的经济利益最大化。

　　可以看出，李嘉图的比较优势理论相较于亚当·斯密的绝对优势理论，展现了更为深远与普遍的适用性。该理论认为，无论一国是否拥有绝对低成本的优势产品，只要相互之间存在比较优势，国际自由贸易就可以使贸易双方都获得利益。

1.2　李嘉图模型比较优势理论图示

1.2.1　李嘉图模型的基本假设

　　李嘉图模型的基本假设是基于比较优势理论提出的，用于解释国际贸易的起因。该模型假设如下：

　　第一，只有两个国家，这两个国家的社会无差异曲线相同。

　　第二，劳动是唯一的生产要素，且劳动在一个国家内是同质的。

　　第三，两个国家的劳动生产率不同。

　　第四，市场是完全竞争的，各国的生产者和消费者都是价格接受者。

　　第五，没有运输成本，商品可以在两国之间自由流动。

　　第六，劳动可以在一个国家不同的产业之间自由流动，但在国与国之间是不可流动的。

　　第七，不存在技术进步，规模收益水平不变。

第八，不考虑运输成本和其他交易费用。

通常我们以2×2×1的形式构建模型，即两个国家、两种商品以及一种生产要素。在1.1.3部分，我们已经用表格的形式分析了比较优势理论，接下来我们将通过函数图的形式进一步分析比较优势理论。

1.2.2　李嘉图模型图示

图1-2的a_X、a_Y、b_X、b_Y分别是A、B两国对于X、Y两种商品的单位劳动投入量，而L_A、L_B分别是A、B两国的劳动总供给。因此，L_A/a_Y表示A国将所有劳动全部用于生产Y商品所能得到的数量，L_B/b_Y表示B国将所有劳动用于生产Y产品所能得到的数量，L_A/a_X是A国将劳动全部用于生产X商品所能得到的数量，L_B/b_X是B国将劳动全部用于生产X商品所能得到的数量。由图1-2可以知道，在Y商品的生产上，因为B国将劳动全部用于生产Y商品所能得到的数量大于A国，所以B国的劳动生产率较高。同样，在X商品的生产上，A国的劳动生产率较高。因此，这两个国家在不同商品的生产上具有绝对优势。比较优势理论并不关注生产可能性曲线的截距，也就是说，比较优势理论并不关注两个国家在X商品和Y商品生产上的绝对差异，而是关注两个国家生产可能性曲线的斜率。根据比较优势理论，$a_Y/a_X<b_Y/b_X$，也就是说，A国生产可能性曲线的斜率小于B国，因此A国在X商品的生产上具有比较优势，B国在Y商品的生产上具有比较优势。

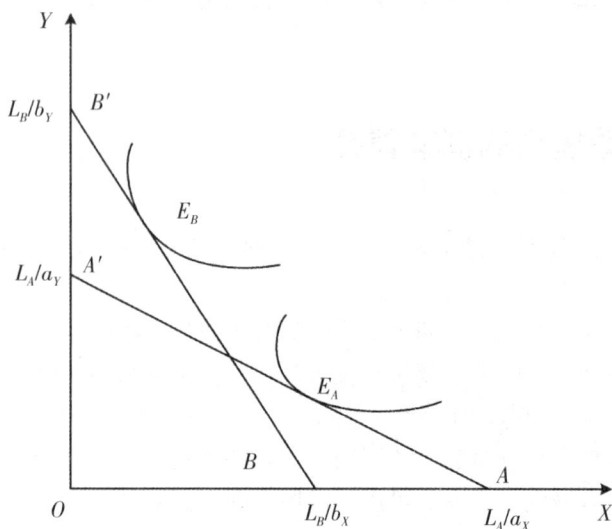

图1-2　李嘉图模型图示

1.2.3 相对价格与机会成本

在前文中，我们讨论了机会成本，只要一个国家生产某种商品的机会成本小于另一个国家，那么在贸易和分工中，这个国家就主要负责生产这种商品。接下来，我们将引入"相对价格"概念，并进一步探讨引入相对价格后，国际贸易和分工应该如何进行。

生产可能性边界可以用来表示一个国家能够生产的不同产品组合。为了使利益最大化，某个国家进行生产时，往往要提前了解产品的价格以及产量，尤其是两种产品之间的相对价格，即一种产品的价格与另一种产品的价格之比。生产的产品数量也并不是越多越好，因为生产过多可能导致库存积压，增加成本，因此，在完全竞争情况下，产品数量要与市场需求相匹配。在上文提到的例子中，由于劳动是唯一的生产要素，产品的供给由劳动的流向所决定，而劳动总是倾向于流动到工资水平较高的部门。

在不存在国际贸易的环境中，任何国家都不得不自给自足，通过本国的生产来满足对各种产品的需求。此时，两种产品的相对价格不再由国际市场力量决定，而是倾向于反映它们在生产过程中所需要的相对单位产品劳动投入的比例，也就是说，当不存在国际贸易时，产品的相对价格等于它们相对单位产品劳动投入的比例。

在不存在国际贸易的情况下，由于我们假设的是单一要素投入，因此不存在利润率。这就意味着某种商品的价格完全由生产该商品所需的劳动成本决定。假设在 A 国，1 单位 X 商品的价格为 6，1 单位 Y 商品的价格为 9。如果 3 单位劳动可以生产 1 单位 X 商品，那么对于 X 商品来说，1 单位劳动的工资为 2；如果 6 单位劳动可以生产 1 单位 Y 商品，那么对于 Y 商品来说，1 单位劳动的工资为 1.5。由此可知，在 A 国，生产 X 商品的劳动报酬高于生产 Y 商品，因此工人更倾向于从事 X 商品的生产。在更一般的情形中，假设 A 国 X 商品的价格为 P_X、Y 商品的价格为 P_Y，而生产 1 单位 X 商品所需的劳动数量为 a_X，生产 1 单位 Y 商品所需的劳动数量为 a_Y，那么，P_X/a_X 表示每单位劳动在生产 X 商品时的工资报酬，P_Y/a_Y 则表示每单位劳动生产 Y 商品时的工资报酬。如果 $P_X/a_X > P_Y/a_Y$，那么 A 国工人将更倾向于生产 X 商品，因为生产 X 商品的工资报酬更高；若 $P_X/a_X < P_Y/a_Y$，那么 A 国工人会选择生产 Y 商品；当 $P_X/a_X = P_Y/a_Y$ 时，A 国工人会在 X 商品和 Y 商品之间均衡分配劳动资源。进一步推导可得，当 $P_X/a_X > P_Y/a_Y$ 时，可以变形为 $P_X/P_Y > a_X/a_Y$。此时，a_X/a_Y 可以视为以 Y 商品衡量的 X 商品的机会成本，而 P_X/P_Y 代表以 Y 商品表示的 X 商品的相对价格。如果 $P_X/P_Y > a_X/a_Y$，就表明 X 商品的相对价格高于其机会成本，因此 A 国将更倾向于生产 X 商品。

在存在国际贸易的情况下，产品价格就不再由一个国家的市场决定。如果 A 国的X商品价格高于B国，那么B国就会生产更多的X商品出售给A国；同理，A国也会生产更多的Y商品出售给B国。在研究比较优势时，我们必须注意两个市场之间的相互关系，A国出口Y商品是为了进口X商品，而B国出口X商品是为了进口Y商品。如果仅对X商品市场和Y商品市场进行孤立分析，就可能产生误解。在这种情况下，需要使用一般均衡分析来研究两个市场之间的关系。在同时研究两个市场时，一种有效的方法是不仅关注X商品和Y商品的供给量和需求量，还要考虑它们的相对供求关系。

根据一般均衡理论，X商品的世界相对价格由两个国家的总供给曲线和总需求曲线的交点得到，即图1-3（b）中D_X与S_X的交点的纵坐标。世界相对价格如果低于a_X/a_Y，就表示$P_X/P_Y < a_X/a_Y$，对应图1-3（b）中低于a_X/a_Y的部分。此时，X商品的相对价格低于其机会成本，生产X商品是不值得的，那么A国就不会生产X商品。由于A国生产X商品的机会成本比B国更低，此时两国都不会生产X商品，因此，X商品的世界产量是0。但如果世界相对价格$P_X/P_Y < a_X/a_Y$，那么$P_Y/P_X > a_Y/a_X$，对应图1-4（b）中大于a_Y/a_X的部分。此时，Y商品的相对价格高于其机会成本，生产是有利可图的，因此A国会生产Y商品；由于B国生产Y商品的机会成本低于A国，因此B国也会生产Y商品，此时Y商品的产量是Y_2。

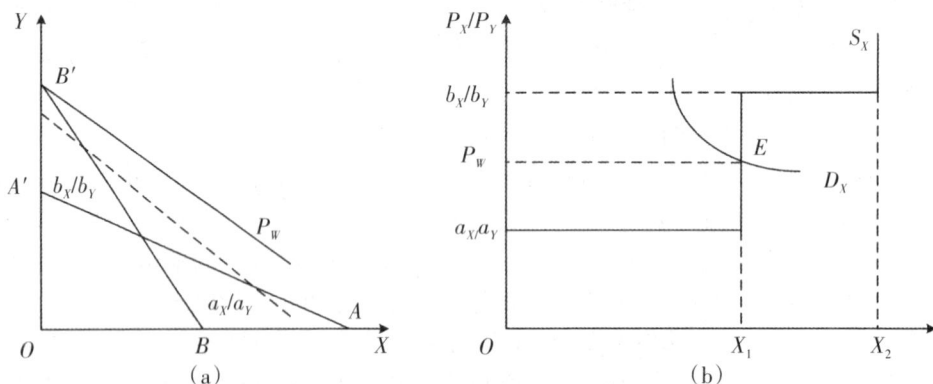

图1-3 总供求曲线和X商品的国际均衡价格

对于B国来说，如果X商品的世界相对价格高于b_X/b_Y，即$P_X/P_Y > b_X/b_Y$，对应图1-3（b）中高于b_X/b_Y的部分。此时，世界相对价格高于B国生产X商品的机会成本，也高于A国生产X商品的机会成本，那么两国都会生产X商品，此时X商品的产量为X_2；与此相对应，Y商品的世界相对价格就会低于b_Y/b_X，由于世界相对价格低于机会成本，A国和B国都不会生产Y商品，此时Y商品的产量就为0。

如果X商品的世界相对价格介于a_X/a_Y与b_X/b_Y之间，即$a_X/a_Y < P_X/P_Y < b_X/b_Y$，那么对应图1-3（b）的产量就为$X_1$，此时只有A国生产X商品；如果$a_X/a_Y < P_X/P_Y < b_X/b_Y$，那么Y商品的世界相对价格就是$b_Y/b_X < P_Y/P_X < a_Y/a_X$，对应图1-4（b）的产量就是$Y_1$，

此时只有B国生产Y商品。

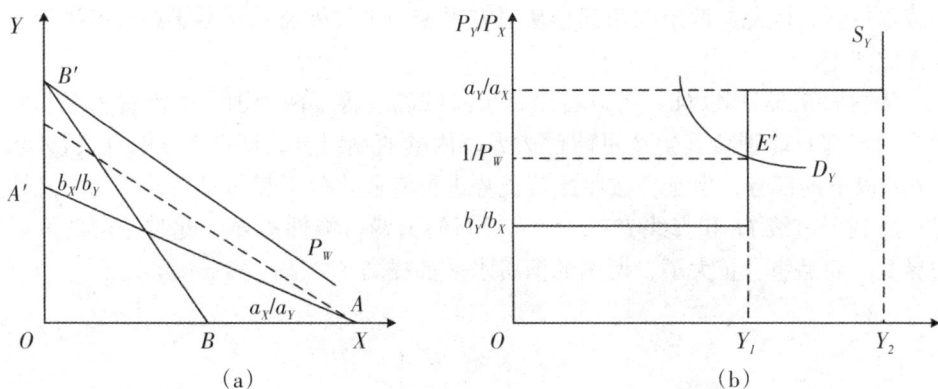

图1-4 总供求曲线和Y商品的国际均衡价格

有一种特殊情况，如果D_X和S_X的交点的横坐标小于X_1，那么A国一定会既生产X商品又生产Y商品，因为此时没有达到在a_X/a_Y价格水平下A国生产X商品的最大产量，所以A国对两种商品都生产了一定的数量。此时，$P_X/P_Y=a_X/a_Y$，那么$P_Y/P_X=a_Y/a_X > b_Y/b_X$，B国生产Y商品的数量是$Y_1$。这一结果进一步说明：如果两个国家想提升自己和整体的消费水平，就必须生产其具有比较优势的商品并进行贸易。

1.2.4 贸易的成因和结果[①]

1）相对价格

我们在前文中已经从劳动生产率的角度证明两个国家按照比较优势进行专业化分工并进行贸易能改善两个国家的消费水平，接下来，我们将从相对价格的角度进一步分析贸易产生的原因。

当X商品的世界相对价格处于a_X/a_Y与b_X/b_Y之间时，A国会更愿意生产X商品，因为此时X商品的机会成本低于世界相对价格。但对于A国来说，Y商品生产的机会成本高于世界相对价格，同时Y商品的世界相对价格又高于B国生产的机会成本，也就是说，在不考虑运输成本和其他费用的情况下，A国从B国购买Y商品比其自己生产所付出的成本更少。同样，B国从A国购买X商品所付出的成本比其自

---

① [1] MARKUSEN J R, MELVIN J R, KAEMPFER W H, et al. International trade：theory and evidence［M］. New York：McGraw-Hill, 1995. [2] 克鲁格曼，奥伯斯法尔德，梅里兹. 国际经济学：理论与政策［M］. 丁凯，等译. 10版. 北京：中国人民大学出版社，2016.

己生产 X 商品也更少。在这种情况下，两个国家生产两种产品的效率不同，各有一种产品从对方国家进口的效率比自己生产更高，进而进口所付出的成本比自己生产的成本更低，因此，两个国家都会从对方国家购买某种商品而不愿意自己生产，贸易由此产生。

从图 1-5（a）和（b）可以看出，贸易的确改善了两个国家的消费水平，原本两个国家都只能消费其生产可能性边界以内的商品组合，即图 1-5 中直线 PF 和直线 P^*F^* 以下的部分，但是，按照比较优势进行专业化分工和贸易后，生产可能性边界扩展到了直线 TF 和直线 T^*F^*，形成了新的消费可能性边界。此时，消费可能性边界上的商品组合扩大了，两国的消费水平都提高了。

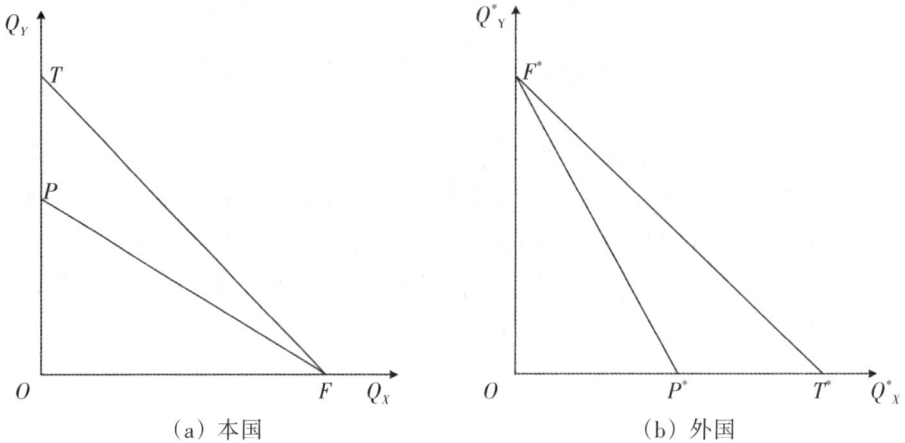

（a）本国 　　　　　　　　　（b）外国

图1-5　扩展的消费可能性边界

2）相对工资

国际贸易常着眼于不同国家之间工资率的比较。例如，反对中国和美国进行贸易的观点总是认为，美国工人的工资水平高，而中国工人的工资水平低，如果美国和中国进行贸易，就会破坏美国本土的市场秩序。接下来，我们将从两个国家相对工资的角度分析两国贸易的成因。

根据前文所提到的例子，两个国家一旦都进行专业化生产，则 A 国所有的劳动都会用于生产 X 商品。既然生产 1 单位 X 商品需要 2 单位劳动，那么，根据李嘉图模型的基本假设，1 单位劳动就等于 1/2 单位 X 商品的价格；同样，B 国工人每生产 1 单位 Y 商品需要付出 10 单位劳动，那么 1 单位劳动的工资就等于 1/10 单位 Y 商品的价格。

我们现在假定 X 商品的价格是 4，Y 商品的价格是 10，那么 A 国 1 单位劳动的工资就是 2，而 B 国 1 单位劳动的工资就是 1。一国工人的相对工资是指该国工人每小时工资与外国工人每小时工资的比值，因此，A国工人的相对工资就是2，只要X商品和Y商品的价格比例保持不变，那么A国和B国的相对工资就会保持不变。

根据前文的基本假设，A国生产X商品的劳动生产率是B国的7倍，A国生产Y商品的劳动生产率是B国的1.25倍，而A国对B国的相对工资率是2，可以发现，A国工人的相对工资位于两种商品的劳动生产率之间，这样两国才各自在一种商品的生产上拥有成本优势。尽管B国生产Y商品的劳动生产率也低，但由于其相对工资较低，B国仍具有生产Y商品的成本优势；尽管A国的相对工资较高，但A国仍具有生产X商品的成本优势，因为它的高劳动生产率抵消了高工资的影响。因此，每个国家都可以生产自己具有比较优势的商品并进行贸易。

至此，我们已经介绍了国际贸易中最为基础的模型。显然，李嘉图的单一要素模型过于简化，无法全面分析国际贸易的原因或影响，然而，该模型在讨论相对劳动生产率时，仍然是国际贸易研究中经常使用的工具。

1.3 案例分析

1.3.1 李嘉图模型：英格兰与葡萄牙的贸易

李嘉图提倡自由贸易，他认为即使一个国家生产的所有商品的成本都低于其他国家，双边商品贸易也是必要的。李嘉图以英国和葡萄牙生产布匹和葡萄酒为例，对比较优势理论作了进一步分析，见表1-8。

表1-8　　　　　　　　　　　英国和葡萄牙的生产要素

项目	国家	葡萄酒产量（单位）	葡萄酒所需劳动投入（人/年）	布匹产量（单位）	布匹所需劳动投入（人/年）
分工前	英国	1	120	1	100
	葡萄牙	1	80	1	90
分工后	英国			2.2	220
	葡萄牙	2.125	170		
国际分工	英国	1		1.2	
	葡萄牙	1.125		1	

从表1-8可以看出，英国生产1单位葡萄酒需要120人/年的劳动，而生产1单位布匹需要100人/年的劳动；与此相比，葡萄牙生产1单位葡萄酒只需80人/年的劳动，而生产1单位布匹需90人/年的劳动。这意味着葡萄牙在葡萄酒和布匹的生产上都占据了绝对优势：在生产葡萄酒时，葡萄牙生产1单位所需的劳动比英国少40人/年；在生产布匹时，则少了10人/年。尽管葡萄牙在这两种商品的生产上都具有绝对优势，而英国在这两种商品的生产上则处于绝对劣势，但两国的比较优势有所不同。葡萄牙在葡萄酒生产上的相对优势显著，因为其生产1单位所需的劳动比生产布匹所需的劳动要少得多；而英国的相对优势体现在布匹生产上，其生产1单位布匹所需的劳动远少于生产葡萄酒所需的劳动。根据比较优势理论，"两优取其重，两劣取其轻"，在这种情况下，葡萄牙应专注于生产葡萄酒，并将部分葡萄酒出口至英国，以换取英国生产的布匹。与此同时，英国则应专注于布匹的生产，并将部分布匹出口到葡萄牙，以换取葡萄牙生产的葡萄酒。

此外，通过专业化分工后，劳动生产率得到了有效提升，所以在相同的资源条件下，两国生产的葡萄酒和布匹数量都增加了。根据比较优势理论，英国专注于布匹生产，总共生产了2.2单位布匹；而葡萄牙则专注于葡萄酒生产，总共生产了2.125单位葡萄酒。这种专业化分工的结果是葡萄酒和布匹的总产量均有所增加：布匹比分工前增加了0.2单位，而葡萄酒增加了0.125单位。比较优势理论的贸易利益体现为两个方面：一是通过分工使得生产效率提升，进而增加了商品的总供应；二是通过国际贸易实现了资源的优化配置，使得各国能够以较低的成本获得更多种类的商品。因此，如果两国之间葡萄酒和布匹的交换比例为1∶1，则葡萄牙用1单位葡萄酒交换英国1单位布匹，相比于专业化分工前，葡萄牙多获得了0.125单位葡萄酒；英国用1单位布匹交换葡萄牙1单位葡萄酒，相比于专业化分工前，英国多获得了0.2单位布匹。

可见，即使一个国家在两种商品的生产上都处于不利地位，通过两国之间的专业化分工与国际贸易，双方仍然能够实现互利共赢。具体而言，如果葡萄牙将其全部劳动用于生产葡萄酒，而英国将其全部劳动用于生产布匹，即各国按照各自的比较优势进行专业化生产，这样不仅可以显著增加各种商品的总产量，还能通过贸易，使双方都从中获益。在这种分工模式下，葡萄牙能够充分发挥其在葡萄酒生产上的相对优势，提升生产效率和产量；同时，英国则通过专注于布匹生产，最大化其在这一领域的生产能力。通过专业化生产和贸易，双方都能够利用各自的比较优势，以较低的成本获得更多种类的产品，从而实现资源的最优配置和整体经济效益的提升。

1.3.2　中美两国贸易

美国商务部的统计数据显示，2022年，中美两国的货物贸易总额达到6 906亿美元，创下自2019年以来的历史新高。其中，中国对美国的出口额达到5 817.83亿美元，中国从美国进口的商品总额为1 776.44亿美元。

从各类商品的出口总量看，我国对美出口的竞争优势依然主要集中在低技术制造业领域。我国对美出口商品金额排名前十的商品类别相对稳定，主要包括机电产品和劳动密集型产品（见表1-9）。其中，机电产品占据绝对优势，2022年占中国对美出口总额的43.36%，出口金额同比增长4.49%。尽管如此，与2021年同期相比，增速有所放缓。值得注意的是，2022年11月，墨西哥超过中国，成为美国机电产品的最大进口来源国。这一变化直接导致美国自中国进口自动数据处理设备及其零部件、部分家用电器等产品的比例显著下降。与此同时，劳动密集型产品，包括纺织制品、塑料制品和橡胶制品，继续占据重要地位。这些商品依靠廉价的劳动力和成熟的生产链，在全球市场上仍具备较强的竞争力。尽管面临国际竞争加剧和贸易结构调整的挑战，我国在这一领域对美出口的总体表现仍然稳健。

表1-9 2022年中国对美国出口商品金额排名

排名	类别	金额（人民币元）
1	机电、音像设备及其零件、附件	167 847 920
2	杂项制品（玩具、家具等）	51 294 180
3	纺织原料及纺织制品	34 507 487
4	贱金属及其制品	22 811 458
5	塑料及其制品、橡胶及其制品	20 309 277
6	车辆、航空器、船舶及运输设备	16 091 730
7	化学工业及其相关工业的产品	15 438 069
8	鞋帽伞等、羽毛品、人造花、人发品	14 175 435
9	光学、医疗等仪器，钟表，乐器	9 163 786
10	特殊交易品及未分类商品	7 416 643

资料来源：中国海关总署。

从中国对美国的进口结构来看，除机电产品外，初级产品占据主导地位。近年来，中国自美国进口的植物产品（包括谷物在内）呈现持续增长趋势，尤其是美国的大豆等农产品在中国市场上的需求很旺盛。此外，在矿产相关领域，中国对美国的进口依赖度也较高，特别是在能源和金属矿产方面（见表1-10）。根据美国农业部的数据，2021—2022年，中国大豆进口量达到9 157万吨，中国仍然是美国大豆的最大买家，占据全球需求的首位。这反映出中国对大豆等关键农产品的持续高需求。然而，美国对华出口的能源、原材料及农林牧渔产品的增速相对较低。与之相比，中下游产业产品的出口增速更为显著，特别是在机械设备和轻工业制品方面。2022年，美国对华出口的食品、饮料、酒及醋、烟草及其制品同比增长4.2%，显示出中国市场对美国食品及饮料类商品需求的稳步提升；而纺织品同比增速达40.6%，远超其他类别。

表1-10　　　　　　　　2022年中国自美国进口商品金额排名

排名	类　别	金额（人民币元）
1	机电、音像设备及其零件、附件	25 268 280
2	植物产品（谷物、油籽等）	19 149 605
3	化学工业及其相关工业的产品	15 550 549
4	矿产品（盐、矿物燃料等）	14 586 085
5	车辆、航空器、船舶及运输设备	10 192 231
6	光学、医疗等仪器，钟表，乐器	8 822 663
7	塑料及其制品、橡胶及其制品	5 658 090
8	活动物、动物产品	4 213 039
9	贱金属及其制品	4 120 820
10	纺织原料及纺织制品	2 409 058

资料来源：中国海关总署。

由于中国在生产机电产品方面的劳动成本较低，中国在这一领域具有显著的竞争优势。这种优势也正好符合比较优势理论，即一国应专注于生产其具有相对低成本优势的产品。与此同时，中美贸易顺差的主要原因之一是美国对中国实施了非常严格的高新技术产品出口管制措施，限制了中国进口高新技术产品的能力。目前，中美贸易顺差主要体现在劳动力成本优势的产品类别上，如普通机械电器、家具、玩具、鞋帽以及纺织服装等。这些产品的生产过程高度依赖廉价劳动力，这使得中国的这类产品在全球市场占据了较大份额。相比之下，在技术含量较高的产品领域，美国拥有绝对优势，尤其是在半导体、航空航天、医疗设备等高科技产品上。然而，由于政治、经济和安全等多方面考虑，美国对华高新技术产品出口进行严格限制，这成为中美贸易不平衡的重要因素之一。尽管中国在许多领域取得了长足进展，但在一些关键技术和核心部件上，仍然对进口有较高依赖性。如果美国放宽对高新技术产品的出口限制，中美贸易关系有望变得更加平衡，双边经济合作也将更加互惠互利。这样的局面不仅可以促进双方经济共同发展，还将加强全球供应链的稳定性，推动更多创新和技术交流。

明德园地

共建"一带一路"倡议下国际贸易合作面临的机遇与挑战

在全球经济多极化和区域化进程中，共建"一带一路"倡议作为中国提出的重大国际合作倡议，正引领着新一轮全球贸易合作与发展。自2013年提出以来，共建"一带一路"倡议通过推动基础设施建设、促进贸易便利化、加强金融合作，旨在构建以亚欧大陆为核心的全球经济合作网络。然而，在这一宏大蓝图的实施过程中，国际贸易合作面临着诸多机遇与挑战。

共建"一带一路"倡议的核心在于大规模基础设施建设，包括铁路、公路、港口和机场等。这些基础设施的建设显著改善了区域间的交通条件，降低了运输成本，缩短了物流时间。同时，该倡议也促进了贸易便利化，减少了非关税壁垒，简化了海关程序。这种便利化措施使得共建国家能够更高效地进行贸易往来，从而增加了市场机会。以东南亚国家为例，它们通过共建"一带一路"倡议的支持，更顺畅地进入了中国市场；同时也吸引了更多的中国投资，推动了当地经济的发展。此外，该倡议还改善了投资环境，提升了跨国投资的吸引力，为国际企业提供了更多的市场机会。在经济合作方面，共建"一带一路"倡议为发展中经济体提供了机遇。通过参与基础设施建设、能源开发和技术合作，这些国家能够加快经济现代化进程，提升产业的竞争力。例如，许多非洲国家通过与中国合作，获得了先进的技术和管理经验，推动了本国工业和服务业的发展。这种经济合作不仅提高了这些国家的经济水平，也促进了全球经济的多样化发展。

然而，共建"一带一路"倡议下的国际贸易合作也面临一些挑战。不同国家在法律法规、政策制度上的差异使跨国合作具有复杂性，例如共建国家在贸易政策、投资法规和合同执行等方面各有不同，可能导致项目实施中的摩擦。这种法律和监管环境的不一致将影响国际合作项目审批的速度和合同履行的效果，因此，各国需要加强政策协调，以减少法律差异带来的风险。此外，地缘政治风险也是一大挑战。共建"一带一路"倡议涉及多个国家，各国的参与态度受地缘政治和国际关系的影响，不同国家之间的外交关系和战略利益可能影响项目的推进。全面加强多边合作和对话、化解地缘政治风险，显得尤为重要。尽管共建"一带一路"倡议提供了大量的投资机会，但部分国家的融资能力有限，可能导致项目资金链断裂，影响项目的实施。同时，项目的可持续性问题也需要引起大家的关注。基础设施建设不仅要考虑经济效益，还要兼顾环境保护和社会影响。如何确保项目在推动经济发展的同时，实现环境和社会可持续发展也是一项重要的任务。

总体而言，尽管共建"一带一路"倡议下的国际贸易合作面临政策法律差异、地缘政治风险和融资可持续性等挑战，但如果各国能够有效应对这些问题并充分利用机遇，将实现互利共赢，促进全球经济的繁荣与稳定。同时，通过加强合作、提升透明度和确保项目的可持续发展，各方有望共同推动共建"一带一路"倡议的全面实施，进而实现更加紧密和高效的国际贸易合作。

资料来源：[1] 宋周莺，刘卫东. 新时期高水平对外开放与"一带一路"建设［J］. 经济地理，2023，43（3）：15-22. [2] 黄先海，余骁. 以"一带一路"建设重塑全球价值链［J］. 经济学家，2017（3）：32-39.

【案例点评】

通过上述思政课堂的学习，学生们能够从多方面对共建"一带一路"倡议有深刻的理解。

首先，学生们能够深入理解共建"一带一路"倡议的基本内涵和战略意义。共建"一带一路"倡议帮助共建国家更好地利用自身的比较优势，更加高效地专注于自身具有相对优势的产业和产品，从而提升生产效率和市场竞争力，并通过贸易实现资源的优化配置。学生们通过深入学习和分析，能够更全面地理解共建"一带一路"倡议在重塑全球价值链中的关键作用；理解中国的崛起不仅改变了全球经济格局，也为世界各国带来了实质性的利益。

其次，通过对共建"一带一路"倡议的深入了解，学生们能够更清楚地看到比较优势理论在全球经济中的实际应用。共建"一带一路"倡议旨在推动区域经济一体化，通过跨国合作提升经济效率。在这一过程中，各国可以基于各自的比较优势，进行有效的经济分工和合作。通过学习，学生们不仅理解了共建"一带一路"倡议与比较优势理论的关系，还加深了他们对国际经济合作和全球价值链的认识。此外，学生们可以更好地理解全球经济动态，拓宽他们的国际视野，使他们怀揣理想、不忘初心、奋发图强，为国家的发展和社会的进步贡献力量。

【价值塑造】

本案例融入了丰富的思政元素，通过对共建"一带一路"倡议下国际贸易与合作面临的机遇与挑战的深入探讨，使学生们能够更好地理解国际经济合作的复杂性，激发学生们关心国家和社会发展的热情，增强其社会责任感和历史使命感，使其更好地践行社会主义核心价值观。同时，也能培养学生们的批判性思维，提高其创新和实践能力，全面提升学生们的综合素质。

关键术语

比较优势　绝对优势　机会成本　专业化　贸易收益　生产可能性边界　劳动生产率　劳动唯一性假设　相对价格　国际贸易均衡　单一商品生产假设　完全竞争市场

基础训练

一、简答题

1.什么是李嘉图模型?

2.李嘉图模型中的比较优势是什么?

3.李嘉图模型与绝对优势有何区别?

4.在李嘉图模型中,为什么即使一个国家在所有商品的生产上都没有绝对优势,仍然可以从国际贸易中获益?

5.李嘉图模型中的机会成本如何影响生产决策?

二、论述题

1.探讨李嘉图模型的核心理论在当前全球化背景下是否仍然适用,并结合案例说明其局限性。

2.如何解释李嘉图模型中劳动为唯一生产要素的假设?这一假设在现实经济中有何局限性?

3.从发达经济体和发展中经济体的角度分析李嘉图模型在制定贸易政策时的运用和影响。

4.在当今技术进步与资本流动更加自由的背景下,李嘉图模型中的比较优势理论是否发生了变化?

第2章 赫克歇尔-俄林模型

学习目标

学习目标

1.掌握赫克歇尔-俄林定理的基本假设，理解赫克歇尔-俄林模型的基本思想和分析方法。

2.理解要素禀赋差异如何影响各国的比较优势。

3.理解在两国之间存在要素禀赋差异的情况下，贸易如何影响要素价格和产品价格。

4.理解贸易对要素所有者收入的影响，分析贸易所得在不同要素所有者之间的分配。

5.认识赫克歇尔-俄林定理的局限性，例如假设条件的理想化、现实世界中贸易壁垒的存在、技术进步和要素积累的影响等。

重点与难点

1.掌握赫克歇尔-俄林定理的推导及应用。

2.理解赫克歇尔-俄林模型的扩展与应用。

3.理解里昂惕夫之谜。

❖ **引导案例**

中美贸易失衡：基于赫克歇尔-俄林模型的解读

中美建交以来，双方经贸关系持续深化，形成了优势互补、互利共赢的良好格局。然而，2018年，美国贸然采取单边主义措施，单方面将中美贸易失衡归咎于"中方的不公平做法"，并据此炮制了所谓的301调查报告。这一行径不仅严重缺乏确凿的事实依据，更公然违背国际贸易的基本规则和原则，直接引发了中美之间的贸易争端。此后，美方不顾中方反对，多次对中国输美产品加征关税，导致中美贸易摩擦持续升级。

　　事实上，中美双边货物贸易差额的长期存在并不断扩大是由多重客观因素共同作用的结果，并非中国刻意追求的结果。

　　首先，美国整体贸易逆差是由其内部经济结构问题造成的，其国内储蓄不足、政府财政赤字过高是导致美国贸易逆差长期存在的根本原因。

　　其次，长期以来，美国严格限制对华高科技产品出口，导致其高科技产品在中国市场的竞争力下降，在中国市场的份额受限，进一步加剧了双边贸易差距。

　　最后，中美双边货物贸易失衡，是中美产业比较优势互补的客观反映。美国拥有丰富的资本要素，而中国是劳动力充裕的国家。因此，在进行贸易时，美国对中国出口的大多数为资本品，如飞机、农产品、汽车、集成电路等。反观中国，向美国出口的主要是劳动密集型产品，贸易顺差也主要来源于劳动密集型产品。此外，我国海关统计显示高新技术产品出口占比达到 1/3，但实际上，在这类产品中，中国的增值部分也仍主要集中在劳动密集型环节。我们可以看到，中美两国之间的贸易遵循互补原则，发挥了各自的资源禀赋优势，其贸易是基于各国之间的资源禀赋差异展开的。这种贸易模式不仅有助于促进两国的经济发展，也有助于推动全球经济的繁荣与进步。

　　因此，我们应该看到中美经贸关系的本质，坚持相互尊重、平等协商的原则，通过对话与合作来妥善解决经贸分歧。同时，双方应致力于推动经贸关系的健康稳定发展，以实现更高水平的互利共赢和共同繁荣。

　　在本章中，我们将通过赫克歇尔-俄林模型的学习，更加深入地探讨中美之间的贸易模式。此外，通过本章的学习，我们将更加深入地理解贸易给一国经济带来的深远影响；学习当一国从封闭走向开放时，产品的相对价格会发生怎样的变动，这种变动又是如何进一步影响要素价格的。更重要的是，我们需要思考在这一过程中，谁将成为受益者，谁又将成为受损者。

　　资料来源：[1] 隆国强. 理性认识当前的中美贸易摩擦 [N]. 人民日报，2018-08-29（7）. [2] 中华人民共和国国务院新闻办公室. 关于中美经贸摩擦的事实与中方立场 [EB/OL]. （2018-09-24）[2024-03-20]. https://www.gov.cn/zhengce/2018-09-24/content_5324957.htm.

2.1 赫克歇尔-俄林模型的基本概念、假设和比较

2.1.1 要素禀赋

　　要素禀赋是指一国拥有的两种生产要素的相对比例，这是一个相对概念，与一

国所拥有的生产要素的绝对数量无关。例如，一国拥有的资本总量为 TK，拥有的劳动总量为 TL，那么该国的要素禀赋则为 TK/TL。如果该国的要素禀赋为 TK_1/TL_1，而外国的要素禀赋为 TK_2/TL_2，且 $TK_1/TL_1 < TK_2/TL_2$，那么称该国为劳动充裕的国家或者资本稀缺的国家，外国则是资本充裕或者劳动稀缺的国家。

假设 A 国和 B 国各自生产两种产品 X 和 Y，A 国在生产 X 产品时投入的劳动量为 2、资本量为 4；在生产 Y 产品时投入的劳动量为 8、资本量为 4。那么，A 国投入的劳动总量为 10，投入的资本总量为 8，总资本与总劳动的比率为 $TK/TL = \dfrac{8}{10} = \dfrac{4}{5}$。类似地，B 国生产 X 和 Y 产品时，投入的劳动总量是 2+10=12，投入的资本总量是 3+5=8，总资本与总劳动的比率为 $TK/TL = \dfrac{8}{12} = \dfrac{2}{3}$。因 $\dfrac{4}{5} > \dfrac{2}{3}$，故 A 国是资本充裕国家，B 国是劳动充裕国家。

此外，这种关系也可以用图 2-1 表示，点 1 和点 2 分别为表示本国和外国要素禀赋的点，即本国拥有 (K_1, L_1) 的资本和劳动总量，外国拥有 (K_2, L_2) 的资本和劳动总量。原点 O 和要素禀赋点 1、点 2 的斜率 ρ_A、ρ_B 分别表示本国、外国的要素禀赋情况。从图 2-1 中可知，$\rho_A < \rho_B$，故本国是劳动充裕的国家，外国是资本充裕的国家。[①]

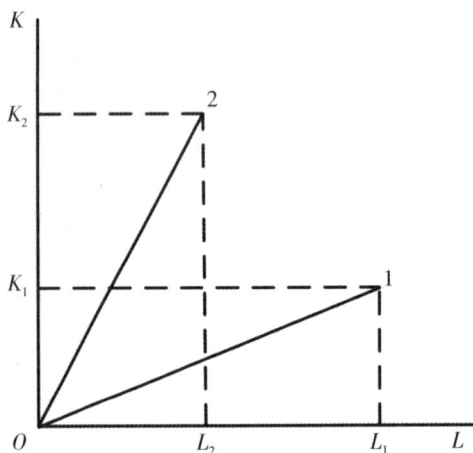

图2-1　要素禀赋结构

---

① 要素禀赋的另一种界定是按照要素的相对价格来进行的，即劳动价格（w）和资本价格（r）的比例。若 A、B 两国之间存在 $w_1/r_1 > w_2/r_2$，那么 A 国是资本充裕的国家，B 国是劳动充裕的国家。

2.1.2　要素密集度

要素密集度是一个相对概念，它指的是生产不同商品所需投入的生产要素之间的比率，特别是资本与劳动之间的比率。即使生产两种产品时投入的要素数量不同，但只要所投入的各种要素的相对比率相同，那么，这两种产品的要素密集度就是相同的。要素密集度与生产要素的绝对投入量无关，而与生产要素的相对投入量有关。如果一个生产部门所使用的资本-劳动比率 $k_a = K_1/L_1$，大于另一个生产部门所使用的资本-劳动比率 $k_b = K_2/L_2$，即 $k_a > k_b$，则称前者生产的产品为资本密集型产品，后者生产的产品为劳动密集型产品。

值得注意的是，在上述定义中，若两个生产部门采用的是固定要素比率，即无论在什么情况下，两个生产部门所采用的资本-劳动（K/L）比率保持不变，那么就可以直接对两个生产部门的资本-劳动比率进行比较，以确定要素密集度差异。但是现实中，对于大多数产品而言，生产中的资本-劳动比率可以进行调整。具体而言，在要素市场上，当劳动变得昂贵时，生产者可能倾向于选择投入更多的资本以替代劳动，从而会使得生产的资本-劳动比率上升；同样地，当资本价格上涨时，生产者会选择投入更多的劳动，进而导致该生产部门的资本-劳动比率下降。而在生产要素可替代的情况下，若要比较两个生产部门的要素密集度，则必须在共同的要素价格下进行。如果在相同的要素价格下，一个生产部门所使用的资本-劳动比率均大于另一个生产部门所使用的资本-劳动比率，则称前者生产的产品为资本密集型产品，后者生产的产品为劳动密集型产品。

2.1.3　模型基本假设

赫克歇尔-俄林定理（简称 H-O 定理）也称为要素禀赋理论，是由瑞典经济学家赫克歇尔和俄林提出的，后经萨缪尔森等人不断完善。该定理指出，在国际贸易中，一国应出口那些密集使用其相对丰裕要素生产的商品，而进口那些密集使用其相对稀缺要素生产的商品。其基本假设主要包括以下几点：

①两国经济：仅考虑两个国家。

②两种生产要素：假设每个国家都有劳动（L）和资本（K）两种生产要素。

③两种商品：假设只有两种商品的生产和消费，通常是劳动密集型商品和资本密集型商品。

④完全竞争市场：假设商品和要素市场都是完全竞争的，要素价格等于商品价格乘以要素边际生产率；生产要素在国内可以自由流动，在国家之间不能流动。

⑤要素差异：两国之间的劳动和资本数量有差异。

⑥生产函数相同：在两个国家中，生产同一商品的生产函数是相同的，即使用相同数量的资本和劳动可以生产出相同数量的商品。

⑦没有要素密集度逆转，每种商品的生产都以特定的要素组合进行，而对于同种商品而言，其要素组合总是一致的，且商品的要素密集度不随要素相对价格的变化而变化。

⑧两国技术一样。

⑨两国偏好相同。

⑩没有运输成本、关税或者其他壁垒。

2.1.4　与李嘉图模型的比较

李嘉图模型认为，技术不同是导致各国生产成本差异的原因，并且只考虑劳动生产要素。李嘉图模型指出，各国应该专注于生产并出口那些它们具有比较优势的产品，这样各国都可以通过贸易获得利益，实现资源的优化配置。然而，在现实世界的国际贸易中，各国之间的技术传播已经非常普遍，许多产品在各国的生产技术都非常相近，可是各国之间的生产成本还是具有较大的差异。此外，在现实中，生产往往涉及多种生产要素，如资本、土地和技术等。为了更全面地解释国际贸易现象，经济学家们进一步发展了赫克歇尔-俄林模型（简称 H-O 模型），他们认为，除了技术水平外，应该还有其他因素决定了各国在生产上的比较优势。通过引入多种生产要素，他们提出各国之间生产要素的禀赋不同是决定贸易中比较优势的重要原因，还指出了各国应如何根据自身的资源禀赋优势进行贸易。因此，从李嘉图模型到赫克歇尔-俄林模型，我们可以看到国际贸易理论从简单到复杂、从特定到一般的演进过程。

这两个模型的相同点是：

第一，基于比较优势原理。两个模型都建立在比较优势原理之上，都认为国家之间在生产不同商品时存在相对效率或相对成本差异，这种差异驱动了国际贸易的发生。

第二，贸易互利性。两个模型都认为国际贸易对参与国具有互利性。通过贸易，各国可以进行专业化生产并出口其具有比较优势的商品，这能提高国家的经济福利。

这两个模型的不同点是：

第一，李嘉图模型主要基于劳动生产率的差异来解释国际贸易，强调单一生产要素（劳动）在不同国家之间的相对效率差异，并指出比较优势来源于劳动生产率的差异以及由此产生的劳动成本的差异；赫克歇尔-俄林模型则基于要素禀赋的差异，考虑了劳动和资本两种生产要素，指出国家之间要素丰裕度的差异是比较优势的来源，会对国际贸易产生影响。

第二，李嘉图模型虽然说明了两国在贸易中都会获得利益，但是它并没有深入探讨这些利益在国内是如何分配的，即哪些人从贸易中获利，哪些人可能受损；相比之下，赫克歇尔-俄林模型进一步分析了贸易对双方不同群体的影响，即分析了贸易对劳动和资本要素所有者的影响。

2.2　赫克歇尔-俄林定理的基本分析

我们假定有两个国家，各国的劳动和资本生产要素初始水平存在差异，本国为劳动要素相对充裕的国家，外国为资本要素相对充裕的国家，两国都生产 X（劳动密集型）和 Y（资本密集型）两种产品。在贸易发生之前，我们考虑以下问题：在封闭条件下，两国要素禀赋的差异是否会造成产品的相对价格差异？如果会，那么在需求条件完全相同的情况下，当贸易发生时，两国之间会进行怎样的贸易？

如图 2-2 所示，本国和外国的生产可能性边界（production-possibility frontier, PPF）分别为 PPF_1 和 PPF_2。假定两国的消费者偏好相同，所以图 2-2 中两国的社会无差异曲线形状相同，生产可能性曲线与社会无差异曲线切线的斜率为两种产品的相对价格，本国 X 产品的相对价格为 P_X/P_Y，外国 X 产品的相对价格为 P_X^*/P_Y^*。此外，该切线经过两国的均衡点，本国的均衡点为 1，外国的均衡为 2。从图 2-2 中可知，本国 X 产品的相对价格比外国 X 产品的相对价格低，即 $\dfrac{P_X}{P_Y} < \dfrac{P_X^*}{P_Y^*}$，这意味着本国在 X 产品的生产上有比较优势，因为本国劳动要素相对丰富，劳动充裕的国家在劳动密集型产品上具有比较优势。相反，外国的资本要素相对丰富，因此，资本充裕的外国生产 Y 产品的相对价格比本国低，其在资本密集型产品的生产上具有比较优势。

从上述封闭条件下的分析可知，在未进行贸易之前，两国要素禀赋的不同会导致产品的相对价格不同，那么我们接着回答另一个问题：当进行贸易时，两国之间又会进行怎样的交易呢？当两国之间进行贸易时，前述价格差异会成为两国之间进行贸易的动力，两国会按照各自的比较优势进行专业化生产，本国愿意用更多的 X 产品去交换 Y 产品，因为本国市场上 X 产品的相对价格低于外国市场，而外国市场上 Y 产品的相对价格低于本国市场。因此，本国会向外国出口 X 产品，进口 Y 产品；同样地，外国会向本国出口 Y 产品，进口 X 产品。

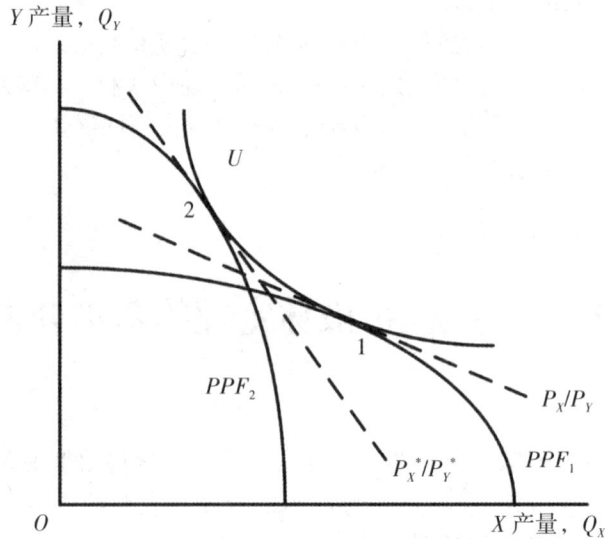

图2-2　封闭条件下两国均衡价格

随着两国之间的贸易往来日益增多，我们发现，本国X产品的相对价格会上升，因为本国对X产品出口，减少了国内市场上的供给，从而提高了其相对价格。与此同时，外国增加X产品的进口，扩大了外国市场上的供给，从而降低了其相对价格。最终，通过贸易的调节作用，两国市场上X产品的相对价格将趋于一致，形成一个均衡的国际价格P_W。

观察进行贸易前后本国的变化，如图2-3所示，我们可以发现均衡价格P_W会高于原来本国市场上X产品的相对价格P_X/P_Y，而低于原来外国市场上X产品的相对价格P_X^*/P_Y^*。生产均衡点从原来的点1移动到C'，本国优势产品X的产量增加了，产品Y的产量下降了，消费均衡点为A'，因此，本国X产品的出口量可以用$(Q_2 - Q_1)$来表示，本国Y产品的进口量则可以用$(Q_4 - Q_3)$来表示。

由此，我们还可以画出本国出口产品X的相对价格和出口量的供给曲线，如图2-4所示。类似地，我们可以知道，外国X产品的进口量可以用$(Q_1 - Q_0)$来表示，本国X产品的出口量则可以表示为$(Q_2 - Q_1)$，进而我们可以得出进口产品X的相对价格和进口量的需求曲线，如图2-5所示。

两条描述相对价格与进口量（出口量）的供需曲线交叉则决定了国际均衡价格和均衡进出口量，如图2-6所示，点A则为均衡点。

基于以上分析，我们可以得出**赫克歇尔-俄林定理**的基本内容：一国往往会出口密集使用其相对丰裕要素的产品，而进口密集使用其相对稀缺要素的产品。

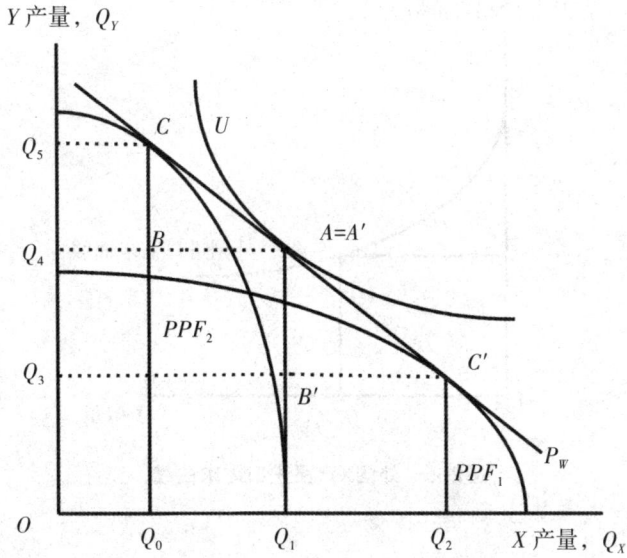

图2-3　开放条件下两国贸易情况

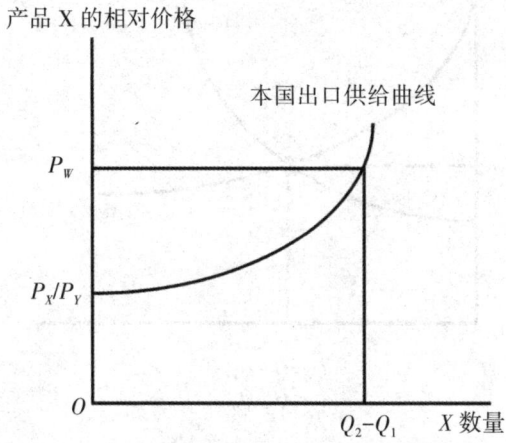

图2-4　本国X产品出口供给曲线图

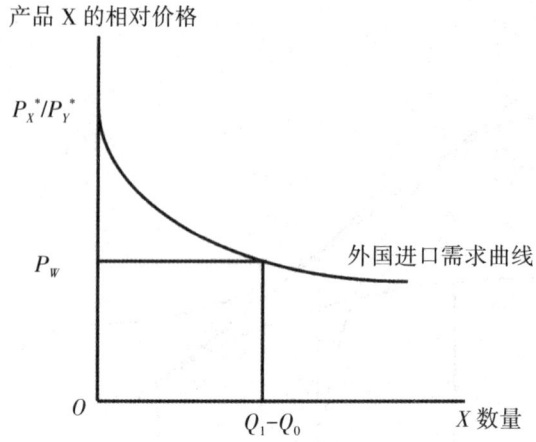

图2-5　外国X产品进口需求曲线

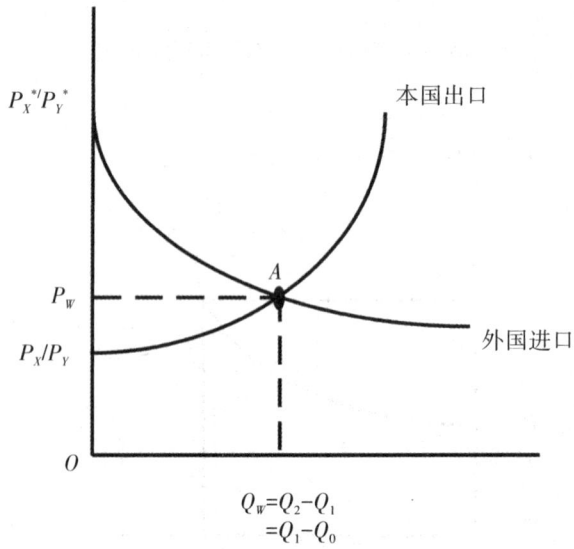

图2-6　世界市场上X产品的均衡

2.3 赫克歇尔-俄林模型的扩展

2.3.1 斯托尔珀-萨缪尔森定理

1）要素价格与产品价格

我们假定两国都要生产X和Y两种产品，并且使用资本（K）和劳动（L）两种要素，由于要素在生产部门之间是可以流动的，所以工资率（W）和租金率（R）在两个生产部门之间是相等的。假定市场是完全竞争的，这就意味着生产者会在利润最大化的驱动下，使得商品价格等于其生产成本。而生产成本则取决于要素价格，即工资率和租金率。

工资率（W）代表劳动（L）的价格，而租金率（R）代表资本（K）的价格。当工资率上升时，假定其他条件保持不变，那么，使用劳动要素生产的产品（假设为X）的成本也会上升，因为生产这种产品需要更高的工资率。在完全竞争市场上，商品价格等于其生产成本，因此，X商品的价格也会相应上升。类似地，如果租金率（R）上升，那么使用资本要素生产的产品（假设为Y）的成本也会增加，这会导致Y商品的价格上升。

当然，要素价格对商品生产成本的影响程度也取决于商品的要素密集度。例如，当劳动要素的价格（W）上升时，对于密集使用该要素的X产品来说，生产成本将会增加。这是因为劳动要素的价格上升意味着购买同样数量的劳动要素需要支付更多的费用。相反，对于密集使用资本要素的Y产品来说，劳动要素价格的上升可能不会对生产成本产生太大的影响，甚至影响可能很小，因为Y产品的生产并不大量依赖劳动要素。而这种成本的变化最终会反映在商品价格上，因为生产者会调整价格，以保持利润最大化。

据此，我们可以得出以下结论：工资率-租金率比率与X产品的相对价格P_X/P_Y之间存在一一对应的关系，这种关系可以用图2-7来表示。

2）斯托尔珀-萨缪尔森定理基本内容

上一小节我们分析了要素价格与产品价格的关系，即要素价格的变动会对商品价格产生影响，并且这种商品相对价格与要素价格比率之间存在一一对应的关系。那么我们要考虑一个问题：商品价格的变动是否会对要素价格产生影响呢？斯托尔

X产品的相对价格，

P_X/P_Y

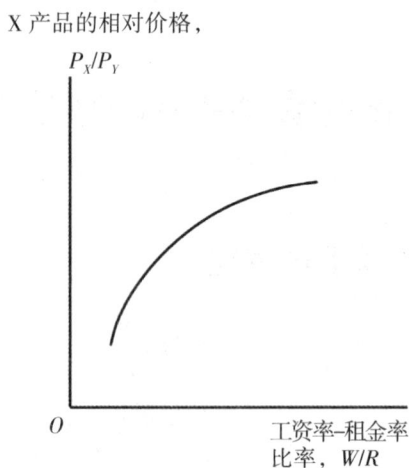

工资率–租金率
比率，W/R

O

图2-7　要素价格与产品价格

珀和萨缪尔森在其经典论文《保护主义与实际工资》[1]一文中深入探讨了产品价格与要素价格之间的关系，他们指出，当一国经济从封闭走向开放时，产品的相对价格会发生变动，这种变动会对要素价格产生影响。具体来说，产品相对价格的变动会导致该产品所密集使用的生产要素的价格发生相应的变化。

　　那么，这种变化是如何发生的呢？在这样的变动中，谁会受益，谁又会受损呢？通过学习本节内容，我们将解答这些问题，并对贸易如何影响一国经济中的不同要素所有者有更清晰的认识。

　　在我们考虑的两要素模型经济体中，生产者对要素投入有选择的余地。生产者可以投入更多的劳动要素、较少的资本要素，也可以投入更多的资本要素、较少的劳动要素。生产者在现实中考虑要素投入的时候，主要取决于资本和劳动要素的相对成本。如图2-8所示，曲线AB是生产X产品的单位等产值线。如果劳动的相对价格（W/R）较高时（点A），生产者会选择节约劳动的生产方式，投入较少的劳动要素和较多的资本要素进行生产；如果情况相反，即工资低而租金率高时（点B），生产者会选择投入更多的劳动要素和较少的资本要素进行生产。

　　我们从图2-8中可以看出，生产某种产品时，要素的投入组合取决于两种要素的价格，进一步地，我们可以得出要素价格与资本–劳动比率之间的关系。

　　图2-9表示的是X产品和Y产品的相对要素需求曲线。在图2-9中，两条曲线都向右下方倾斜，这是因为当工资率上升时，生产者会选择投入更多的资本以替代劳动，因此L/K的值会下降。此外，X产品的劳动相对需求曲线之所以在Y产品的右侧，是因为我们假定了X产品是劳动密集型产品，而Y产品是资本密集

① STOLPER W F, SAMUELSON P A. Protection and real wages [J]. The Review of Economic Studies, 1941, 9 (1): 58-73.

每单位 X 产品的
资本投入

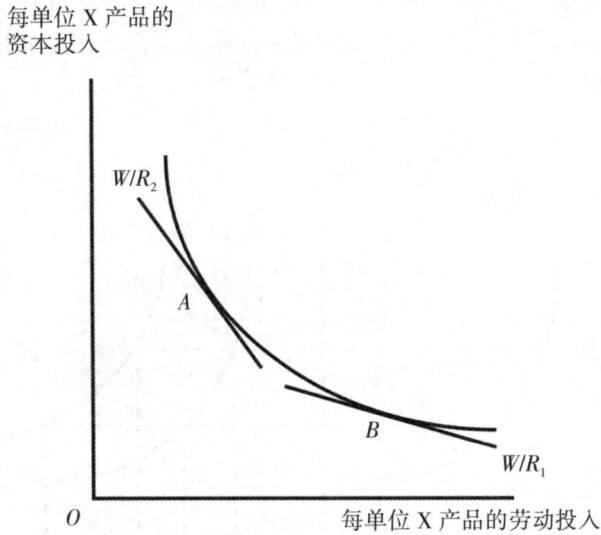

$$W/R_2$$

$$A$$

$$B$$

$$W/R_1$$

$$O$$ 每单位 X 产品的劳动投入

图2-8 X产品的单位等产值线

型产品。从图 2-9 中我们可以看到，当给定要素价格时，X 产品的劳动-资本比率较 Y 产品更高，即生产 X 产品需要更多的劳动，这就意味着 X 产品是劳动密集型产品，因此其劳动相对需求曲线在右侧。

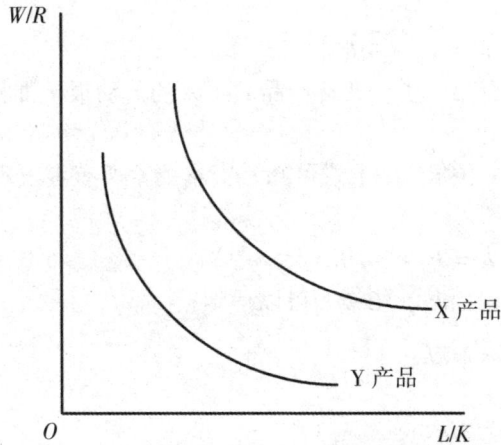

$$W/R$$

X 产品

Y 产品

$$O$$ $$L/K$$

图2-9 劳动的相对需求曲线

我们将前面的图 2-7 向左逆时针旋转 90 度后，和图 2-9 组合在一起，可以发现，产品价格与每种产品投入的资本-劳动比率有关。具体而言，如图 2-10 所示，从左向右分析可知，当 X 产品的相对价格从 P_{X_1}/P_{Y_1} 上升到 P_{X_2}/P_{Y_2} 时，工资率-租金率（W/R）也由 W_1/R_1 上升到了 W_2/R_2，此时我们知道劳动更贵一些。我们可以看出，无论是 X 产品还是 Y 产品，它们的劳动–资本比率都下降了，即两种产品都会选择用资本代替劳动。

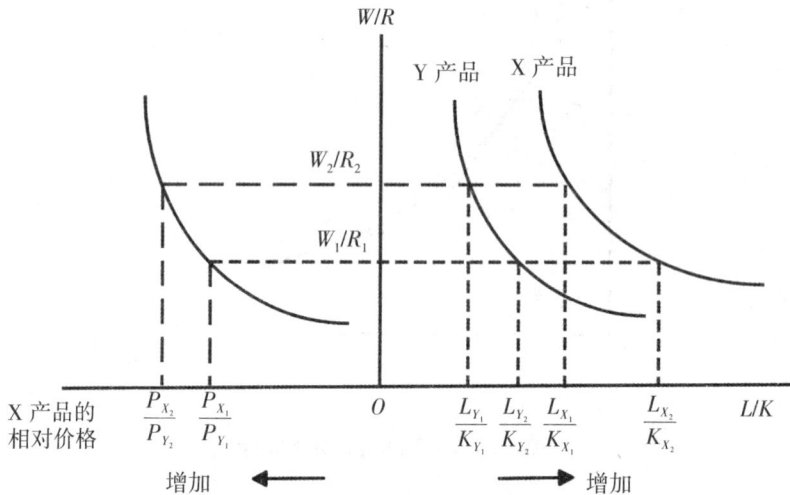

图2-10　产品价格与要素投入组合

此外，因为劳动–资本比率下降了，根据边际收益递减规律，我们可知，劳动的边际产量（MPL）会增加，而工人工资是产品的价格与劳动的边际产量的乘积，即

$$W = P_X \times MPL_X, \quad W = P_Y \times MPL_Y \tag{2-1}$$

由此，我们可以看出，生产两种产品的工人的劳动报酬都将上升，即劳动要素所有者受益。

相反地，由于 L/K 下降，由下式可知，资本要素所有者发现自己获得的报酬也下降了：

$$R = P_X \times MPK_X, \quad R = P_Y \times MPK_Y \tag{2-2}$$

此外，由式（2-1）和式（2-2）可以得到：

$$\frac{W}{P_X} = MPL_X, \quad \frac{W}{P_Y} = MPL_Y \tag{2-3}$$

$$\frac{R}{P_X} = MPK_X, \quad \frac{R}{P_Y} = MPK_Y \tag{2-4}$$

上述各式左边表示的是两个生产部门要素的实际价格或报酬，是指各要素名义价格所能购买到的 X、Y 产品的数量，等式表明要素的实际报酬等于其边际产出。当规模报酬不变时，要素的边际产出仅取决于要素投入的相对比例，而与要素的绝对投入量无关，因此产品相对价格的变化对要素实际报酬的影响只取决于要素比例的变化。

同样地，当X产品的相对价格上升时，我们会发现两个生产部门劳动-资本比率都将下降，由于劳动投入较资本投入少，因此劳动的边际产量会上升；相反，资本的边际产量会下降。由式（2-3）、式（2-4）可知，劳动的实际报酬会上升，而资本的实际报酬却下降了。

基于以上分析，我们可以推出**斯托尔珀-萨缪尔森定理（简称S-S定理）**的核心内容：**在一个允许生产要素在不同生产部门之间自由流动的经济体中，当某种产品的相对价格上升时，生产该产品所密集使用的生产要素的所有者将会获益，而不密集使用的生产要素的所有者则会受损。**这一定理强调了产品相对价格变动对生产要素所有者收入分配的影响。

进一步结合赫克歇尔-俄林定理，我们可以推导出：当一国经济从封闭状态走向开放状态时，如果该国的某种生产要素相对富裕，那么这种生产要素的所有者将从国际贸易中受益，因为随着贸易的进行，该国将倾向于出口密集使用其富裕生产要素的产品，从而提高该生产要素的收入。相反，那些相对稀缺的生产要素所有者可能遭受损失，因为随着贸易的进行，该国会进口密集使用其稀缺生产要素的产品，从而降低了这种生产要素在国内市场上的需求和回报。这也说明，贸易虽然能够改善一国的整体福利，但并非每个人都能从中获利。

因此，斯托尔珀-萨缪尔森定理和赫克歇尔-俄林定理共同揭示了国际贸易对一国生产要素所有者收入分配的影响：在开放经济中，相对富裕的生产要素所有者会受益，而相对稀缺的生产要素所有者可能受损。这一结论对于理解国际贸易对国内经济结构和资源分配的影响具有重要意义。

2.3.2 罗伯金斯基定理

斯托尔珀-萨缪尔森定理阐释的是产品价格变动如何影响生产要素的价格，它详细描述了"价"的相互关系；相比之下，罗伯金斯基定理则关注了"量"的关系。在之前的要素禀赋理论中，我们假设一国的要素总量是不会发生变化的，但这与现实有较大的出入。事实上，一国的资本、劳动都可能发生变化，因此罗伯金斯基对这一问题进行了研究，他关注当一国的要素禀赋发生变化时，相应的产出会发生怎样的变化。[①]

具体而言，**罗伯金斯基定理指出，在保持产品价格不变的情况下，如果一国某种生产要素的数量增加，那么密集使用该生产要素的产品产量也会增加，而密集使用另一种生产要素的产品产量会减少。**这就意味着，要素禀赋的变化会直接影响一国的生产结构，导致不同产品的产量发生相应的变化。

如图2-11所示，我们考虑劳动密集型产品X和资本密集型产品Y的生产，这

---

① RYBCZYNSKI T M. Factor endowment and relative commodity prices [J]. Economica, 1955, 22 (88): 336-341.

两种产品分别使用劳动（L）和资本（K）作为生产要素。在初始阶段，两种产品的相对价格线与生产可能性边界（PPF_1）相切于均衡点 A。现在我们假定由于某种原因，该国的资本存量增加了，那么此时两种产品的产量会发生什么样的变化呢？

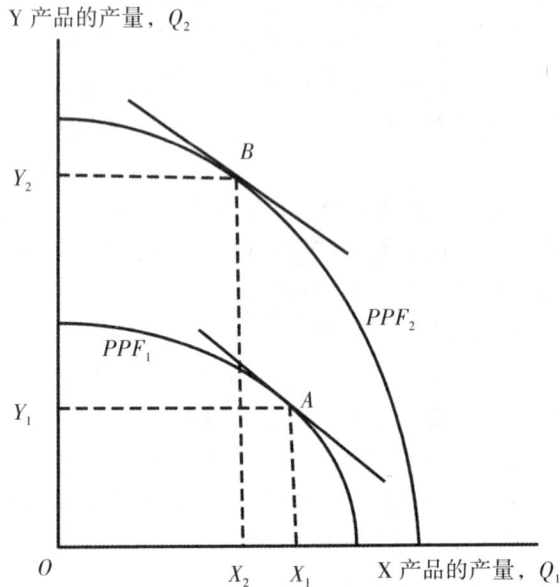

图的纵轴为"Y 产品的产量，Q_2"，横轴为"X 产品的产量，Q_1"。

图2-11　生产可能性曲线的变化

我们可以看到，资本存量的增加使得生产可能性边界由 PPF_1 外移到 PPF_2。需要注意的是，当资本存量增加时，该国能够比之前生产更多的 X 产品和 Y 产品，但是从外扩的边界来看，向 Y 产品扩张的幅度远大于向 X 产品扩张的幅度，存在生产可能性的偏向性扩张。[①]因为 Y 产品为资本密集型产品，因此资本的增加会使 PPF 向 Y 产品的方向外移更多。我们可以发现，在保持产品相对价格不变的情况下，资本要素增加后，生产均衡点由点 A 变化到点 B，出现了 X 产品（劳动密集型）的产量下降，而 Y 产品（资本密集型）产量增加的情况。

为什么会出现这样的情况呢？这是因为，当资本生产要素（K）增加时，另一种生产要素劳动（L）不变，要使增加的资本被该国充分利用，且要素价格不发生变化，即资本相对供给 K/L 比率不会改变，那么两个生产部门必须对劳动与资本的存量进行调整。

在充分就业的前提下，新增的资本必须被两个生产部门完全吸收，以维持充分就业。当资本存量增加时，我们假定由资本密集型生产部门 Y 来吸收新增的资本（ΔK），而这意味着该部门需要更多的劳动来配合新增的资本进行生产，因此劳动

---

① 当生产可能性边界外扩时，向某一生产部门扩张的幅度远大于向于另一生产部门扩张的幅度，当偏向于出口部门时，则称"偏向出口的增长"。

会从资本-劳动比率较低的 X 生产部门转移到资本-劳动比率较高的 Y 生产部门。只要资本继续增加，X 生产部门的劳动就会持续转移到 Y 生产部门中，也会迫使 X 生产部门压缩生产规模。此外，X 生产部门在释放劳动的同时，还会释放一定数量的资本，并且被 Y 生产部门吸收，直到两个生产部门之间的资本-劳动比率达到一个相对均衡的状态，与资本增加前的资本-劳动比率相同。

$$k_Y = \frac{K_Y}{L_Y} = \frac{K_Y + \Delta K + \Delta K_X}{L_Y + \Delta L_X} \qquad (2-5)$$

$$k_X = \frac{K_X}{L_X} = \frac{K_X - \Delta K_X}{L_X - \Delta L_X} \qquad (2-6)$$

在劳动和资本从 X 产品生产部门流入 Y 产品生产部门的过程中，资本密集型生产部门 Y 会扩大生产，而劳动密集型生产部门 X 会提高专业化程度，结果就是该国 Y 生产部门的产量会增加，而 X 生产部门的产量会下降。

因此，在发生国际贸易时，如果 Y 产品所在的产业是某国的优势产业，那么随着资本的增加，它会进一步增加产业优势，从而提高 Y 产品的出口量。而如果资本不是该国的密集要素，Y 产品所在的产业不是优势产业，那么，随着资本的增加，资本密集型产品的产量也会增加，能够减少该国的进口数量。然而，这种资本增加和资源配置的转变会对劳动密集型产品的出口产生负面影响，会减少劳动密集型产品的出口。这种情况提醒我们，在制定国际贸易战略时，需要综合考虑一国的要素禀赋、产业结构以及国际市场需求等因素。虽然增加某种生产要素（如资本）可能强化某一产业的竞争优势，但同时也可能对其他产业造成不利影响。因此，政策制定者需要在制定政策促进某一产业发展的同时，也考虑到该政策对其他产业和整体经济福利的影响。

此外，我们还可以用另一种方法来理解罗伯金斯基定理。如图 2-12 所示，横纵轴分别表示本国劳动要素和资本要素的数量，OA 的斜率为 Y 生产部门的要素投入比率，OB 的斜率为 X 生产部门的要素投入比率，因此，我们可以知道，X 生产部门生产的是劳动密集型产品，Y 生产部门生产的是资本密集型产品。因为我们假定了规模收益不变，因此，X 生产部门和 Y 生产部门的产出应该和其要素比率之间成等比例关系，所以可以用 OA 和 OB 的长度来表示两个生产部门的产出水平。此时，我们假定，若出于某些原因，本国的资本存量增加，而劳动没有发生变化，本国的要素禀赋点将会变到点 C'，因为假定产品价格不会发生变化，因此两个生产部门的要素投入比率不会变化，所以斜率不会改变；而为了保障要素被充分利用，四边形会从 $OABC$ 变化到 $OA'B'C'$。OA 会变成 OA'，OB 变成 OB'，即 X 生产部门的产量减少了，而 Y 生产部门的产量增加了，这也进一步验证了罗伯金斯基定理。

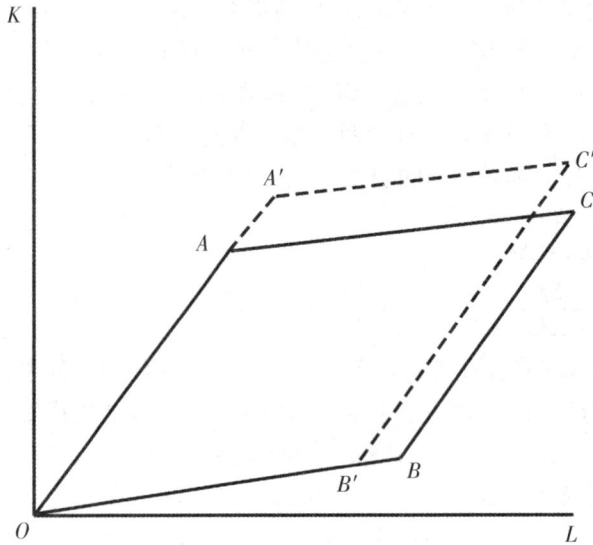

图2-12　罗伯金斯基定理图示

拓展阅读2-1

2.3.3　要素价格均等化定理

要素价格均等化定理是 H-O 定理的另一个推论，它提出，在开放经济中，由于各国生产要素的自然禀赋不同，生产要素的价格也会有所差异。然而，随着国际贸易的进行，这种价格差异将逐渐缩小，最终实现生产要素价格的相对和绝对均等化。

1）相对要素价格均等化

我们假定本国劳动要素充裕、资本要素稀缺，国外则是相反的情况，那么，在没有国际贸易的情况下，国家之间的要素价格会有差异吗？我们在前文中提及，在没有国际贸易的情况下，本国 X 产品的相对价格比国外低，而产品的相对价格又会影响要素的相对价格，故本国劳动者的工资会比国外劳动者低，而资本所有者的租金率会比国外高。这也就意味着两国之间要素的相对价格具有较大差异。

那么，在进行贸易后，两国之间的要素价格又会发生怎样的变化呢？赫克歇尔-俄林模型提出，国际贸易会使国家之间的要素价格完全相等。在自由贸易背景下，两国之间产品的相对价格会出现均等化趋势，本国向外国出口劳动密集型产品（即 X 产品），从外国进口资本密集型产品（即 Y 产品），从而使得本国 X 产品和 Y 产品的相对价格一个上升、一个下降。同样地，国际贸易会使得外国 X 产品和 Y 产品的相对价格一个下降、一个上升，最终两国的两种产品价格趋向于世界价格。

如图 2-13 所示，因为两国具有相同的需求，因此可以用曲线 D 来表示两国的相对需求，S_1 为本国的相对供给曲线，S_2 为外国的相对供给曲线。因为本国为劳动要素充裕的国家，所以 X 产品的相对价格更低。在进行贸易之前，本国的均衡点为 1，外国的均衡点为 2；在贸易发生之后，均衡点则位于点 3，新的世界价格 P_W 也会位于进行贸易前两国的相对价格之间，两国的相对价格会趋于一致。

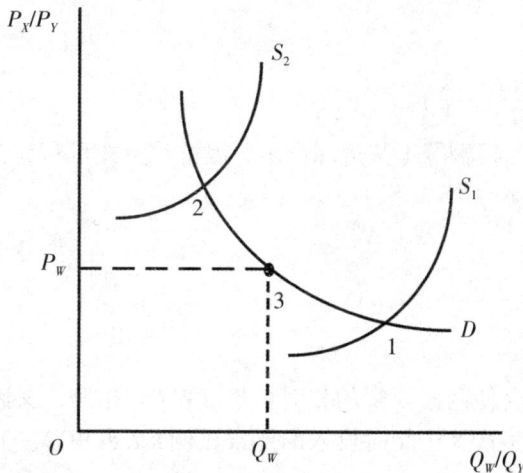

图2-13 要素价格均等

我们从前文所述的斯托尔珀-萨缪尔森定理可知，产品相对价格的变动会对要素相对价格的变动产生影响，因此，进行贸易后，劳动密集型产品的价格提高，本国会扩大对劳动密集型产品的生产，对劳动要素的需求也会增加，因此，本国劳动要素的价格会上升；对资本要素的需求会减少，资本要素的价格也会下降。外国则是相反的情况。因此，最终两国之间要素的相对价格会趋于均等，即贸易会使得 W_1/R_1 与 W_2/R_2 实现均等化。

2）绝对要素价格均等化

绝对要素价格均等意味着随着贸易的开展，贸易双方同质要素的价格会出现均等趋势。具体而言，若贸易双方具有相同的生产技术，并且规模报酬不变，那么，自由贸易就会使同质要素的绝对收入相等。

我们可以用尤拉定理来证明。尤拉定理是指当规模报酬不变且所有要素按照生产率来支付报酬并被刚好消费完时，某种产品的产量就等于各要素投入量乘以其边际产量之和。例如在生产 X 产品时，X 产品的产量就可以表示为劳动要素投入量（L）乘以劳动边际产量（MPL）与资本要素投入量（K）乘以资本边际产量（MPK）之和，即

$$Q_X = MPL \cdot L + MPK \cdot K \tag{2-7}$$

等式两边除以 L，有：

$$\frac{Q_X}{L} = MPL + MPK \cdot \frac{K}{L} \tag{2-8}$$

进一步整理得：

$$\frac{Q_X}{L} = MPL\left(1 + \frac{MPK}{MPL} \cdot \frac{K}{L}\right) \tag{2-9}$$

又因为要素的实际报酬等于其边际产出，因此，上式可写为：

$$\frac{Q_X}{L} = W\left(1 + \frac{R}{W} \cdot \frac{K}{L}\right) \tag{2-10}$$

$$W = \frac{\dfrac{Q_X}{L}}{1 + \dfrac{R}{W} \cdot \dfrac{K}{L}} \tag{2-11}$$

如前所述，贸易会使两国要素的相对价格（W/R）相等，又因我们假定两国生产技术相同，因此在生产 X 产品时投入的要素比例 K/L 也相等。同时，由于生产技术和规模报酬不变，$\frac{Q_X}{L}$ 所表示的生产 X 产品的平均产量也将相同，故两国之间的实际工资率（W）也必然相同。这就意味着，在完全竞争和国内要素自由流动的条件下，两国生产 X 产品和 Y 产品的实际工资会相等。类似地，我们可以证明两国的实际租金率（R）在贸易后也会相同。

由此，我们可以得出**要素价格均等化定理：自由贸易会使贸易双方的要素价格实现相对和绝对意义上的均等。**

要素价格均等化定理说明，在进行国际贸易时，一国要素价格与国家资源禀赋没有关系，因为在开放经济中，虽然我们假定要素在国家之间不能流动，但是产品的直接交换实际上就是两国之间要素的间接交换，也就是"间接"地实现了世界范围内资源的最佳配置。本国出口劳动密集型产品，就是间接允许外国吸收本国过剩的要素禀赋，即本国出口了劳动；同时，本国也进口了资本密集型产品，就是间接

地进口了资本。国外则是相反的情形。因此，在进行贸易的过程中，会出现贸易双方要素价格均等化的趋势。

尽管要素价格均等化定理表明在进行贸易后，各国之间的要素价格会均等化，但是在现实中，我们可以明显看出，这是不可能的。例如，各国之间的工资率就有很大差距（见表2-1），那么这种理论和现实中的差异如何解释呢？

表2-1 各国工资水平比较

国家	2022年法定最低月工资（按美元换算）
中国	287
英国	1 940
巴西	235
日本	1 267
韩国	1 482
新西兰	2 330
澳大利亚	2 442

资料来源：根据Wages and Working Time Statistics Database，ILOSTAT整理。

我们回到前文提及的假定中，可以发现，这些使要素价格均等化的假设在现实中是不可能存在的：

（1）技术水平相同

在现实中，各国的技术水平存在显著差异，这种差异可能是由于经济水平、教育水平、研发投入、政策支持等多方面因素造成的。技术水平的不同会导致生产效率和成本的差异，从而影响要素价格。

（2）只有两种产品

在现实中，存在多种产品意味着不同的产品可能需要不同的生产要素组合，这增加了要素价格均等化的复杂性。

（3）没有贸易壁垒

在现实中，国际贸易会受到各种关税和非关税壁垒的影响，如进口税、配额、补贴等。这些措施导致国内价格与世界市场价格脱节，从而阻碍了要素价格的均等化。

（4）部门之间要素完全流动

在许多情况下，劳动和其他生产要素在不同部门之间的流动是受到限制的。例如，某些行业可能存在进入壁垒，如对受教育程度的要求较高、需要特定的技能或行业监管严格等，这些都限制了要素在不同部门之间的自由流动，从而影响了要素价格均等化。

这样，我们也就能很容易地理解，在现实世界中，为什么要素价格均等化定理难以实现了。

2.4　案例分析

2.4.1　贸易与收入不平等

改革开放以来，中国一直积极地融入全球经济体系，国际贸易得到了迅猛发展，中国的国内生产总值（GDP）和人均收入也显著增长，为全球经济的繁荣作出了重要贡献。根据 H-O 定理，一个国家往往会出口密集使用其相对丰裕要素生产的产品，进口密集使用其相对稀缺要素生产的产品。S-S 定理进一步指出，丰裕要素所有者能够从国际贸易中获利，而相对稀缺要素所有者的收益会下降，从而缩小二者之间的收入差距。根据上述理论，中国作为劳动要素丰富的国家，在国际贸易中能够提高工人的工资水平。

但事实上，国际贸易虽然拉动了经济增长，但劳动报酬增加得有限，工资涨幅远不及经济增长速度。如图 2-14 所示，从 1993 年到 2012 年，劳动收入占 GDP 的比重从 48.61% 逐渐下降到 45.59%，而资本所得占比逐渐上升，呈现出"资强劳弱"的局面。因此，贸易自由化并没使我国的工资差距缩小，不符合 S-S 定理的预期。那么，为什么 S-S 定理预期是状况在中国没有出现呢？

其原因主要有以下几点：

首先，中国农村存在大量的剩余劳动力，进城务工的农民也多为低技能工人，其工资整体停留在低水平。

其次，中国对资本密集型产业实施了一系列优惠政策，这些政策影响了要素和产品的价格，使得资本使用成本降低，进而促使企业增加资本投入，而分配时则参照要素投入及边际产出，因此，我国资本报酬丰厚，并在一定程度上降低了劳动报酬。

再次，我国所有制改革和技术创新在推进过程中，对劳动者地位和利益的改善关注度较低。

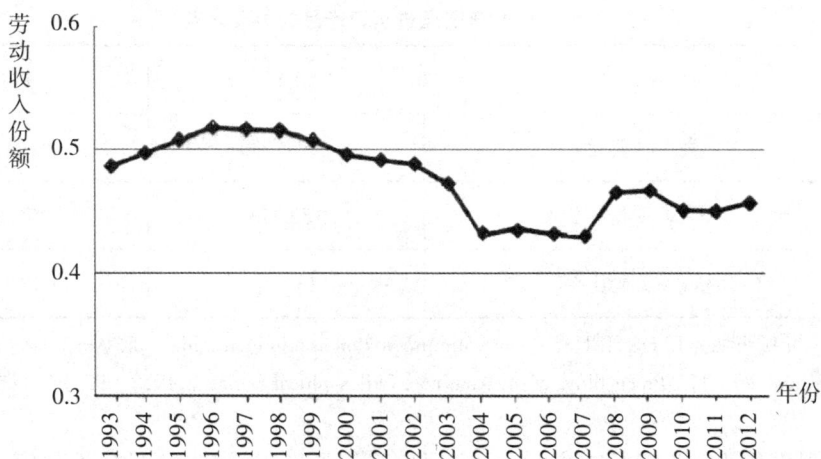

图2-14　1993—2012年我国劳动收入份额

资料来源：李卓，李智娟. 中国贸易开放战略为何不利于劳动增收？——兼论 "Stolper-Samuelson" 效应未在中国显现的原因 [J]. 经济评论，2014（6）：14-26.

最后，发达经济体为了节约成本，将产业链中的低端环节转移到中国等发展中经济体。这种产业转移使得我国提前植入资本密集型产业并非内生于比较优势，这种技术偏向性的影响在一定程度上削弱了国际贸易对我国劳动报酬提高的作用。

2.4.2　里昂惕夫之谜

里昂惕夫是第一个实证检验赫克歇尔-俄林模型的经济学家。美国是世界上资本最丰裕的国家，而其劳动相对稀缺，因此，按照赫克歇尔-俄林定理，美国应该出口资本密集型产品，进口劳动密集型产品。然而，里昂惕夫1953年发表的论文《国内生产与对外贸易：美国资本地位再审视》对赫克歇尔-俄林定理提出了疑问。里昂惕夫采用1947年美国各行业的投入产出数据进行实证检验，他发现，美国的进出口类型并不是赫克歇尔-俄林模型所描述的样子。里昂惕夫估算了美国在对外贸易中每100万美元进出口额所需的劳动和资本数量，他的调查结果见表2-2。

从表2-2中我们可以清晰地看到，1947年，美国出口产品的资本-劳动比率竟然比进口产品的还要低，这意味着美国实际上进口的是资本密集型产品，而出口的却是劳动密集型产品。这一结果令人惊讶，也让人对赫克歇尔-俄林模型产生了怀疑。为什么会出现这种情况？为何美国的进出口模式与模型不符？里昂惕夫的这一发现引发了广泛关注和深入讨论，极大地挑战了赫克歇尔-俄林定理。因此，这一

表2-2 1947年美国进出口产品的要素含量

项　目	出口	进口
资本（美元）	2 550 780	3 091 339
劳动（人/年）	182.313	170.004
资本-劳动比率	13 991	18 184

资料来源：LEONTIEF W. Domestic production and foreign trade: the American capital position re-examined [J]. Proceedings of the American Philosophical Society, 1953, 97 (4): 332-349.

发现也称为"里昂惕夫之谜"。它促使我们重新审视赫克歇尔-俄林模型的适用性和局限性，并思考其他可能影响一个国家进出口模式的因素。

此后，鲍德温使用美国1958年的投入产出表和1962年的贸易数据，对美国生产每百万美元价值的出口产品所需的生产要素和生产每百万美元价值的进口产品所需的生产要素进行了比较。在表2-3中，尽管与1947年的数据有所差异，但是同样地，他发现美国出口产品的资本-劳动比率比进口产品低，这显然是与赫克歇尔-俄林模型预期的美国应有的贸易模式相悖的。

表2-3 1962年美国进出口产品的要素含量

项　目	进口	出口
每100万美元产品包含的资本（美元）	2 132 000	1 879 000
每100万美元产品包含的劳动（人/年）	119	131
资本-劳动比率	17 916	14 321
工人平均受教育年限	9.9	10.1
劳动力中工程师和科学家占比	0.0189	0.0255

资料来源：BALDWIN R E. Determinants of the commodity structure of U.S. trade [J]. The American Economic Review, 1971, 61 (1): 126-146.

因此，鲍德温的检验结果也出现了"里昂惕夫之谜"，但当考虑了人力资本后，可以发现，美国的进出口数据是符合要素禀赋理论的，因为除了资本外，美国同样拥有充裕的技术水平很高的劳动要素。在表2-3的后两行，我们可以看到，美国出口行业的工人平均受教育年限高于进口行业，这代表美国出口产品的技术密集度高于进口产品。此外，在拥有更高比例的工程师和科学家的行业中，也有更多的产品出口，这就意味着美国倾向于出口技术密集型产品，因为技术密集型产品需要大量的工程师和科学家。因此，我们发现，考虑到人力资本后，美国贸易结构是符合要素禀赋理论的。

总之，对于这一谜题，许多经济学家开展了研究，并提出了多种解释，主要有以下几种：

①美国和其他国家的技术存在差距；

②只考虑劳动和资本生产要素，忽略了土地等生产要素；

③存在要素密集度逆转；

④现实的贸易中并不是如假设的那样，是存在贸易壁垒的。

2.4.3 中美木质林产品贸易要素禀赋分析

中国作为世界木质林产品的主要生产和贸易大国，自 2009 年起便超越德国，跃居全球木质林产品出口首位。而美国一直扮演着中国重要的贸易伙伴角色，两国在木质林产品领域的贸易规模庞大，但双方木质林产品的进出口类型呈现显著差异。从 2008 年至 2017 年，中国对美出口主要集中在木浆、锯材、木质家具、纸和纸制品，以及木制品等劳动密集型产品上。中国从美国进口的主要是原料型林产品，而美国主要从中国进口加工型林产品。

为了进一步分析要素相对丰裕度对中美之间木质林产品贸易格局的影响，赵龙珠和耿玉德比较了中美两国的劳动生产率和资本-劳动比率，以检验两国的木质林产品贸易格局是否符合要素禀赋理论。在比较劳动生产率时，尽管现实中不同国家的单位产出要素投入存在差异，但仍可借鉴要素禀赋理论的思想来分析。具体而言，通过将总产出与总劳动人数的比值作为劳动生产率的衡量指标，我们可以对两国的劳动生产率进行比较。在表 2-4 中，我们可以看出，在木质林产品相关行业中，美国的劳动生产率显著高于中国，即美国在劳动生产率方面具有显著优势。

与此同时，中国的资本总量与劳动总量比值远低于美国（见表 2-5），表明中美两国在要素禀赋上存在显著差异。具体而言，中国劳动要素相对丰裕，因此在原材、板材及木制品、木浆、纸及纸制品等行业的生产过程中密集使用了劳动要素。而美国的资本要素相对丰裕，这些行业在生产过程中更多地依赖资本要素。这种差异表明，中国在这些行业中的生产呈现出劳动密集型特征，而美国在这些行业中的生产则呈现出资本密集型特征。

表2-4 2017年中美两国劳动生产率比较

国家	指　标	原材、板材及木制品	木浆、纸和纸制品
中国	总出口额（亿美元）	3 653.42	4 149.15
	总劳动人数（万人）	877.2	376.5
	产出-生产率	4.2	11.0
美国	总出口额（亿美元）	3 069.35	5 753.86
	总劳动人数（万人）	38.2	36.8
	产出-生产率	80.3	156.4

资料来源：赵龙珠，耿玉德. 中美木质林产品贸易要素禀赋优势比较［J］. 西北农林科技大学学报（社会科学版），2020，20（1）：137-144.

表2-5 2017年中美两国行业资本劳动比率比较

国家	指　标	原材、板材及木制品	木浆、纸和纸制品
中国	K：资本总量（亿美元）	6 708.0	9 996.7
	L：总劳动人数（万人）	877.2	376.5
	K/L：资本-劳动比率	7.6	26.6
美国	K：资本总量（亿美元）	15 932.4	45 185.9
	L：总劳动人数（万人）	38.2	36.8
	K/L：资本-劳动比率	417.1	1 227.9

综上所述，中国木质林产品贸易情况与H-O定理的预测相符，即一国倾向于出口那些密集使用其相对丰裕要素生产的产品。同时，中美两国在木质林产品出口结构上展现出一定的贸易互补性。通过深入分析劳动生产率和劳动-资本比率，我们可以清晰地看到，中国在木质林产品生产中劳动生产率较低，主要依赖劳动要素进行生产，这些现实问题也使得中国木质林产品的生产和出口面临着新的机遇和挑战，未来要以提高产品附加值、降低出口集中度、加强森林经营、丰富林业资源为

对策来应对挑战。

明德园地

中国贸易崛起与全球化背景下的挑战与应对

在过去的30多年里，中国通过持续的产业升级和更新换代，显著提升了技术复杂程度各异的众多产业在国际舞台上的竞争力。这一变化不仅让中国成为全球贸易的重要力量，更推动了国际贸易格局的深刻变革。如今，中国已成为名副其实的贸易大国，在全球贸易格局中扮演着越来越重要的角色，不仅在劳动密集型产品的出口上保持了强劲势头，资本密集型和技术密集型产品的出口也在稳步增长。这些变化无疑对全球贸易格局产生了深远的影响，尤其是给美国等发达经济体带来了不小的压力。在国与国之间的贸易利益分配上，美国等发达经济体感受到了前所未有的挑战。为了应对这种竞争压力，美国等发达经济体开始对中国的出口产品采取打击措施，一些国家采取了单边行动，反对贸易全球化，试图保护本国产业和就业岗位免受外部竞争的影响。

值得注意的是，发达经济体的工会普遍反对全球化，并在中美贸易摩擦中成为主要的反对力量。这背后的原因可以从斯托尔珀-萨缪尔森定理找到答案。该定理指出，一国丰裕要素的所有者能从贸易中获益，而稀缺要素的所有者则可能受损。在发达经济体中，劳动往往是稀缺资源，因此随着贸易自由化的推进，工人们的工资和福利水平可能受到威胁，这自然引起了工会的强烈反对。此外，我们注意到，过去美国和欧洲商界在其国内政治辩论中会积极地为中国发声，但在近些年的贸易争端中，许多人开始支持本国政府对中国采取强硬措施。这背后的一大原因便是随着中国经济实力显著增强，过去被视为稀缺资源的资本和技术，如今在中国已不再是稀缺资源了。这导致中国对发达经济体这些充裕要素的需求下降，影响了发达经济体在中国市场上的收益，因此，它们对中国的支持度也随之减弱。

尽管当前的国际环境错综复杂，但中国一直坚持对外开放的基本国策，习近平总书记在党的二十大上明确指出，中国将坚持水平对外开放，加快构建以国内大循环为主体、国内国际双循环相互促进的新发展格局。面对当前的国际环境，要消除贸易、投资、技术壁垒，推动构建开放型世界经济，更好地惠及各国人民。在这样的背景下，双循环战略的提出成为中国在新形势下的战略选择。该战略的核心在于通过深化内部改革，进一步扩大对外开放，实现国内市场和国际市场的良性互动与互补，以此推动中国经济实现更高质量的发展。此举不仅为中国应对外部挑战提供了坚实的支撑，更为全球经济的稳定与发展注入了新的活力与动能。

综上，我们可以知道，中国经济的发展和产业升级对全球贸易格局产生了深远的影响。面对这一变化，各国需要积极调整策略，适应新的国际贸易环境。同时，我们也应深刻认识到全球化进程中不同要素所有者之间的利益差异和冲突，努力寻求平衡和共赢的解决方案。

资料来源：[1] 高柏.走出萨缪尔森陷阱——打造后全球化时代的开放经济 [J].文化纵横，2020（6）：45-58.[2] 王文涛.以党的二十大精神为指引 推进高水平对外开放 [J].求是，2023（2）：23-28.

【案例点评】

通过上述思政课堂的学习，学生们能够获得多方面的认识。

首先，学生们能深入理解中国在全球贸易格局中的地位变化及这种变化所产生的广泛影响。随着中国产业升级和更新换代，其在国际舞台上的竞争力日益增强，不仅成为全球贸易的重要力量，更推动了国际贸易格局的深刻变革。这种变革不仅重塑了国际经济秩序，也对国际政治格局产生了深远的影响。学生们通过学习，能够清晰地认识到中国在全球经济中的地位和作用，以及中国发展对世界的积极影响。

其次，通过分析发达经济体工会对贸易全球化的反对，能够进一步加深学生们对斯托尔珀-萨缪尔森定理的理解。通过分析，学生们能够更加全面地认识贸易自由化的利弊，思考如何在推进贸易自由化的同时，兼顾国内不同群体的利益。此外，学生们还可以进一步思考在全球化背景下，如何平衡国家利益和全球合作，以及如何推动构建开放型世界经济。

最后，通过学习，也让学生们认识到，推进高水平对外开放对于实现第二个百年奋斗目标和中华民族伟大复兴的中国梦具有重大而深远的意义，要坚定不移地扩大开放，奋力开创对外开放事业的新局面。

【价值塑造】

这个案例展现了中国贸易崛起与全球化背景下的挑战与应对，蕴含着丰富的思政元素，有助于引导学生们树立正确的世界观、人生观和价值观，拓宽他们的全球视野，增强他们的国际合作意识，培养他们的责任担当意识，树立可持续发展理念。

关键术语

要素禀赋 相对价格 要素密集度 要素价格 赫克歇尔-俄林定理 斯托尔珀-萨缪尔森定理 要素价格均等化 要素报酬 生产可能性边界的偏向性扩张 罗伯金斯基定理 里昂惕夫之谜 要素密集度逆转

基础训练

一、简答题

1.概述赫克歇尔-俄林定理的基本内容。

2.什么是斯托尔珀-萨缪尔森定理?

3.请根据表2-6中的要素禀赋数据，回答以下问题:

表2-6　　　　　　　　　　　　　　要素禀赋数据

国家	资本（百万元）	劳动（万人）
A 国	100	50
B 国	40	80

（1）哪个国家的资本相对丰裕?哪个国家的劳动相对丰裕?

（2）哪个国家在资本密集型产品的生产上具有比较优势?哪个国家在劳动密集型产品的生产上具有比较优势?

4.假设A国资本丰裕，B国劳动丰裕，两国均生产汽车和纺织品，画图表示B国开展贸易后前后纺织品相对价格的变化，并指出B国的贸易三角形。两国开展贸易后，A国要素所有者的收入会发生怎样的变化? 请解释一下。

二、论述题

1.简单说明赫克歇尔-俄林定理与李嘉图模型的联系与区别。

2.如何理解赫克歇尔-俄林定理中的要素价格均等化? 你认为在现实中要素价格能否实现均等化? 为什么?

3.什么是里昂惕夫之谜? 如何进行解释?

4.有人说，世界上最贫穷的国家不能出口任何商品，因为它没有丰富的要素，无论是资本、土地还是劳动，该国都不充裕。这种说法对吗?

第3章 特定要素模型

学习目标

学习目标

1. 掌握特定要素模型的均衡条件。

2. 理解特定要素模型中要素价格变化的影响。

3. 掌握特定要素模型与赫克歇尔－俄林模型的区别与联系。

4. 了解特定要素模型中国际劳动流动的原因与影响。

重点与难点

1. 要素价格各种变化对流动要素的不同影响。

2. 在特定要素模型假定下，斯托尔珀－萨缪尔森定理、罗伯金斯基定理成立的条件。

❖ **引导案例**

要素禀赋差异下A国与B国的贸易往来

有A、B两个国家均生产小麦和服装两种产品。其中，A国劳动丰富而资本、土地相对有限；相较之下，B国有资本、土地优势，而劳动不足。假定生产小麦需要劳动与土地，生产服装则需要劳动与资本。

以A国为例，因其在人力与自然资源方面有得天独厚的优势，生产小麦的成本很低；因其生产技术方面的限制，生产服装的成本却很高。若A国生产50千克小麦的成本可以生产20件服装，而B国生产50千克小麦的成本可以生产30件服装，在这种条件下，如果A、B两国选择合作，各自生产自己的优势产品，即A国生产小麦、B国生产服装，那么两国均可通过贸易获得更多的利益。

资料来源：[1] 黄静波. 国际贸易理论与政策［M］. 北京：清华大学出版社，北京交通大学出版社，2007. [2] 斯密. 国民财富的性质和原因的研究：下卷［M］. 郭大力，王亚南，译. 北京：商务印书馆，1972.

3.1 模型的主要内容

3.1.1 特定要素

在赫克歇尔-俄林模型中,生产要素被假定可以在一国内部自由流动,但是在两国之间完全不能流动,这就是"流动要素"(mobile factor)。相应地,特定要素(specific factor)着眼于要素在生产部门之间的流动性,它是指只能用于特定部门的生产而不能在不同生产部门之间自由流动的生产要素。①这是因为,即使是在一国内部,生产要素的流动也会受限于时间因素。例如,实物资本(机器、厂房等)的用途通常具有特定性,用于生产计算机的机器不能立即用来生产食品,用于食品加工的厂房不能立即用来生产计算机;同样地,拥有某种技能的劳动者通常只适合某类特定的职业,但这并不意味要素的特定性是永久的,只要时间够长,要素投入便会在产业之间发生转移。

在现实生活中,流动要素与特定要素的区分并不是那么绝对的,二者的差异性主要体现在调整的时间上。因此,特定要素可以看作调整时间长、恢复均衡状态耗时长的生产要素。在产业之间调配时间越长的要素,其特定性越强。在这里,长期和短期也是相对的。所谓长期,一般是指所有生产要素可以充分调配的时期;所谓短期,是指在这样一个时期,至少有一种生产要素投入量是固定的。基于此,特定要素模型分析了当特定要素投入无法在产业之间转移时,贸易对收入分配的短期影响。我们可以把该模型看作短期内某些要素不能流动的赫克歇尔-俄林模型,该模型是要素价格均等化理论的短期版本。

3.1.2 模型的假定

特定要素模型(Specific Factors Model)由保罗·萨缪尔森(Paul Samuelson)和罗纳德·琼斯(Ronald Jones)创建并发展的。该模型假定一个国家生产两种产品,劳动要素可以在生产部门之间自由流动。②相较于前文提到的李嘉图模型,特定要素模型中增加了除劳动外的其他要素。其中,劳动作为流动要素,可以在生产

---

① 程大中. 国际贸易:理论与经验分析 [M]. 上海:格致出版社,上海人民出版社,2022.
② 克鲁格曼,奥伯斯法尔德,梅里兹. 国际贸易 [M]. 丁凯,黄剑,汤学敏,等译. 10版. 北京:中国人民大学出版社,2016.

部门之间流动；其他要素只能在特定的生产部门进行生产，具有特定性。

总的来说，除了有关要素流动性的假定，特定要素模型与赫克歇尔-俄林模型的假定基本相同。其具体包括：

1）有关要素的假定

①两种产品的生产都使用劳动；
②劳动是同质的，可在两个部门之间自由流动；
③劳动总量是固定的，并且充分就业；
④资本是特定生产要素，即两个部门的资本不能互相使用；
⑤每个部门的资本投入都是固定不变的[①]。

2）有关市场的假定

①所有商品市场和要素市场都是完全竞争的；
②规模收益不变。

我们不妨把特定要素模型看作一个 2×2×3 的模型，即假定有本国和外国两个国家都生产两种产品（小麦（W）和服装（C）），使用的要素包括：劳动（L）、土地（T）和资本（K）。劳动和土地用来生产小麦，劳动和资本用来生产服装。因此，作为流动要素的劳动可以按需使用，资本和土地作为特定要素只能用作特定产品的生产。假定两种产品的生产函数分别为：

$$Q_W = Q_W(T, L_W) \tag{3-1}$$
$$Q_C = Q_C(K, L_C) \tag{3-2}$$

式中：Q_W、Q_C 分别表示小麦和服装的产量；T 表示一国土地的总供给量；K 表示资本存量；L_W、L_C 分别表示生产小麦和服装的劳动投入量。对于一个国家来说，各部门投入的劳动量之和一定等于该国总的劳动供给量 L，即

$$L = L_W + L_C \tag{3-3}$$

3.1.3　生产可能性

特定要素模型假设，每种特定要素只能用来生产一种产品：土地只能用于生产小麦，资本只能用于生产服装。只有劳动能用于生产两种产品。[②]因此，要分析一个国家的生产可能性，我们只需要知道劳动要素在生产部门之间发生转移时，该国

---

① 程大中. 国际贸易：理论与经验分析［M］. 上海：格致出版社，上海人民出版社，2022.
② 克鲁格曼，奥伯斯法尔德，梅里兹. 国际贸易［M］. 丁凯，黄剑，汤学敏，等译. 10 版. 北京：中国人民大学出版社，2016.

小麦和服装的生产组合是如何变化的。

  图3-1描绘的是小麦的生产函数。由图3-1可知，当土地供给量给定时，小麦的产量会随着劳动要素投入的增加而增加。图3-1中的曲线的斜率表示劳动的边际产量（marginal product of labor），即每增加一个单位的劳动投入所增加的小麦产量。相反，如果固定资本投入量只增加劳动投入，就会得到边际收益递减规律（the Law of Diminishing Marginal Utility）：在一段时间内，在固定资本投入的前提下，每增加一个单位劳动便意味着减少了劳动的平均资本操作量，因此，每单位劳动增加带来的产量增量都比上一单位少。图3-2反映了生产小麦时劳动边际产量的变化。显然，我们可以通过图3-1和图3-2进一步验证该规律：随着劳动投入的增加，生产函数呈现出越来越平缓的趋势，这表明劳动的边际产量随着其投入量的增加而逐步减少。

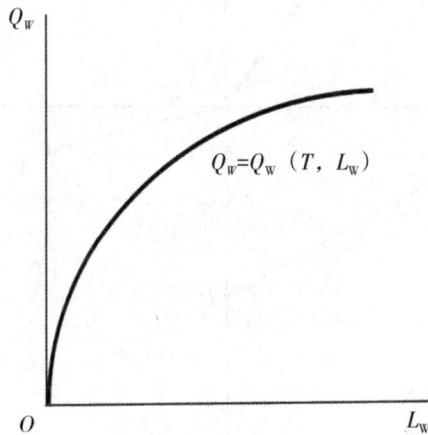

图3-1 小麦的生产函数

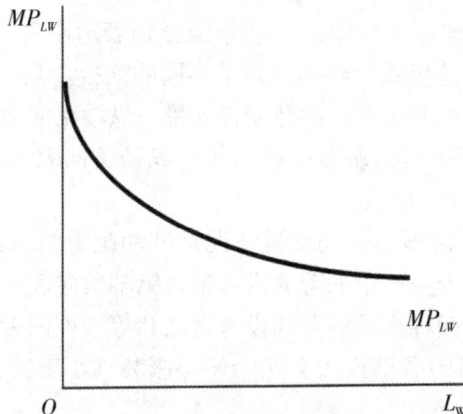

图3-2 劳动的边际产量

同理，我们可以用类似的两个图表示服装的生产函数。结合两种产品的生产函数曲线，我们可以推出该国的生产可能性边界，如图3-3所示。生产可能性边界表明在既定资源和技术条件下所能生产的各种商品最大数量的组合。在本例中，PPF表明的是，给定小麦的产量时该国能生产服装的数量，以及给定服装的产量时该国能生产小麦的数量。

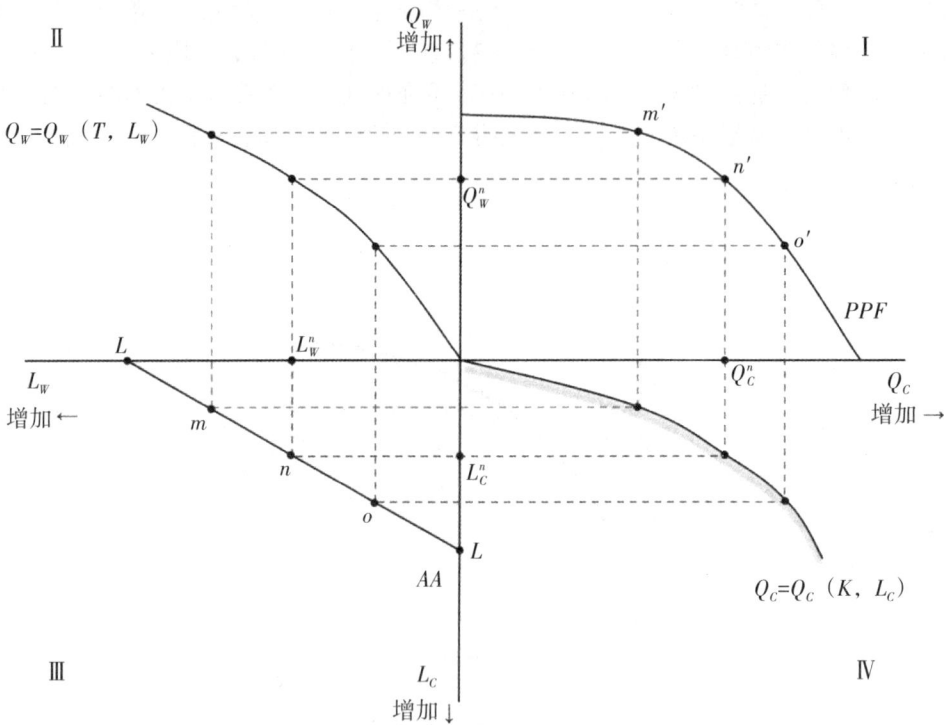

图3-3　特定要素模型中一国的生产可能性边界

图3-3是一个四象限图。第二、四象限分别表示小麦和服装的生产函数曲线，为了描绘的便利性，这里我们将其进行了不同的变换。其中，我们将图3-1进行了翻转：横轴负向表示小麦生产中的劳动投入量，纵轴正向表示小麦的产量。第四象限的曲线表示的是颠倒后的服装生产曲线：纵轴负向表示服装生产中的劳动投入量，横轴正向表示服装的产量。

第三象限表明了该国的劳动配置情况。劳动配置情况的曲线与平常的方向相反：横轴负向表示小麦生产中的劳动投入量，纵轴负向表示服装生产中的劳动投入量。前文提到，生产两种产品的劳动投入量之和等于该国劳动总供给量，即增加小麦（服装）生产部门的劳动投入必然会使得服装（小麦）生产部门的劳动投入减少，因此该国的劳动配置情况大致可以用一条斜率为负的直线来表示。[①]这条以 AA 来命名的直线与两轴呈45°角向下倾斜，即它的斜率是-1。为什么这条直线能代表所有可能出现的劳动配置情况呢？我们可以发现，假定所有劳动都用于生产小麦时，L_W 就等于 L，L_C 等于0。此时，逐渐将劳动要素转向服装生产，每转移一个单位劳动，L_C 便会增加一个单位，而 L_W 会减少一个单位，依次转移直至所有劳动投入服装生产部门，转移的轨迹便形成了一条斜率为-1的直线。该直线表明劳动在两部门之间任意一种配置情况。

当劳动配置情况一定时，如何确定两种产品的产出？假定第三象限中的点 n 为该国的劳动配置情况，即生产小麦的劳动投入为 L_W^n，生产服装的劳动投入为 L_C^n。根据产品的生产函数，我们可以确定，此时小麦的产量为 Q_W^n，服装的产量为 Q_C^n。Q_W^n 和 Q_C^n 共同确定的第一象限中的点 n' 便是该情况下小麦和服装的产量组合。重复上述过程，便可得知其他劳动配置情况，最终得到该国的生产可能性边界。我们可以从第三象限的点 m 开始，此时，绝大部分劳动要素投入小麦的生产中，然后逐渐将劳动要素转移至服装的生产中，直至用于生产小麦的劳动变得非常少，如点 o 所示。相应地，我们可以在第一象限中确定点 m' 和点 o'，连接点 m' 到点 o'，即可得到一条曲线。因此，第一象限的曲线 PPF 就表明了给定劳动、土地和资本时一国的生产可能性。

在李嘉图模型中，劳动是唯一的生产要素，因为用小麦来衡量的服装的机会成本是不变的，所以其生产可能性边界是一条直线。然而，在特定要素模型中，其他生产要素的加入使得生产可能性边界变成了一条曲线。曲线的弯曲是各生产部门中劳动要素的边际收益递减规律导致的，该规律在一定程度上造成了特定要素模型和李嘉图模型的区别。

在绘制 PPF 曲线时，我们是把劳动从小麦生产转移至服装生产。如果将一单位劳动从小麦生产转向服装生产门，新增的劳动投入会增加服装的产出，新增的产量便是服装生产中劳动的边际产量 MP_{LC}。因此，要使服装的产量增加一个单位，就必须多投入 $1/MP_{LC}$ 单位的劳动。同时，每一单位从小麦生产中转移出去的劳动都会减少小麦的产出，减少的量就是小麦生产中劳动的边际产量 MP_{LW}。因此，要增加一个单位服装的产量，该国就必须减少 MP_{LW}/MP_{LC} 单位小麦的产量。所以，曲线 PPF 的斜率即用小麦衡量的服装的机会成本，也就是为了增加一个单位服装的产量所必须牺牲的小麦产量。其计算公式为：

生产可能性曲线的斜率 = $-MP_{LW}/MP_{LC}$ （3-4）

我们现在就可以明白为什么生产可能性曲线 PPF 是向右弯曲的。当我们从点 m' 向点 o' 移动时，L_C 增加而 L_W 减少。然而如图3-2所示，随着 L_C 的增加，服装生产中劳动的边际产量会减少；相应地，随着 L_W 的减少，小麦生产中劳动的边际产量增加。随着越来越多的劳动向服装生产转移，服装生产中该要素带来的边际生产价值会逐渐减少，即每新增一单位服装（放弃小麦生产）的机会成本会上升。因

① 焦军普. 国际经济学［M］. 北京：机械工业出版社，2008.

此，PPF曲线从左至右会变得越来越陡。

在分析了给定劳动配置时各产品的产量如何确定之后，下一步我们继续讨论特定要素模型的均衡。

3.1.4　模型的均衡

根据特定要素模型产品市场和要素市场是完全竞争的假定，小麦和服装的生产者既是价格接受者又是利润最大化的追求者，这意味着他们支付给生产要素的报酬等于每个产品的边际产品价值。[①]于是，小麦生产有：

$$w = MP_{LW} \times P_W \qquad\qquad (3\text{-}5)$$
$$r_T = MP_{TW} \times P_W \qquad\qquad (3\text{-}6)$$

同理，服装生产有：

$$w = MP_{LC} \times P_C \qquad\qquad (3\text{-}7)$$
$$r_K = MP_{KC} \times P_C \qquad\qquad (3\text{-}8)$$

式中：w、r_T 和 r_K 分别表示劳动工资率、土地和资本的租金率；MP_{LW} 和 MP_{LC} 分别表示劳动在小麦和服装生产上的边际产量；MP_{TW} 表示土地在小麦生产上的边际产量；MP_{KC} 表示资本在服装生产上的边际产量；P_W 和 P_C 分别表示小麦和服装的价格。

依据上述条件，可以得到劳动和资本（土地）的实际报酬，以服装生产为例：

$$w/P_C = MP_{LC} \qquad\qquad (3\text{-}9)$$
$$r_K/P_C = MP_{KC} \qquad\qquad (3\text{-}10)$$

这就意味着，此时可以依据资本-劳动比率的变化来确定各生产要素的实际报酬。进一步地，由于边际产量是对应的资本-劳动比率的函数，如果我们知道一种产品的边际产出如何变化，也就可以知道另一种产品的边际产出朝相反的方向变化，因此，一个部门劳动边际产出的增加意味着该部门资本边际产出的下降。[②]换言之，如果 w/P_C 上升，那么 r_K/P_C 必定下降。

在特定要素模型中，资本和土地是特定要素，所以两种产品的边际劳动生产率只取决于劳动投入量。为了弄清劳动市场均衡时价格、工资和劳动配置的情况，我们可以重点分析劳动市场的供给和需求情况。每个生产部门对劳动的需求都取决于该部门产品的价格和工资率，而工资率又取决于小麦和服装厂商对劳动的总体需求。根据给定的小麦和服装的价格和工资率，我们就可以确定每个部门的劳动投入量与产品产出。

首先来看劳动需求。厂商会依据利润最大化原则确定对劳动的需求，此时新增一单位劳动投入产生的收益与雇佣这一单位劳动产生的成本相等。例如，在小麦生

---

① 余淼杰. 国际贸易学：理论、政策与实证 [M]. 北京：北京大学出版社，2013.

② 黄静波. 国际贸易理论与政策 [M]. 北京：清华大学出版社，北京交通大学出版社，2007.

产中，新增一单位劳动投入产生的价值等于小麦生产的劳动边际产量与小麦单位价格的乘积，均衡时要满足的条件如式（3-5）和式（3-7）所示。

根据边际收益递减规律，我们可以推测，在给定小麦价格时，其边际产量是一条斜率为负的曲线。因此，可以定义式（3-5）为小麦生产的劳动需求曲线。类似地，服装生产的劳动需求曲线如式（3-7）所示。

由于假定劳动可以在部门之间自由流动，所以当模型达到均衡时，两个部门的工资率（w）必然相等。也就是说，作为流动要素，劳动会自发地从低工资率的生产部门流向高工资率的生产部门，直至两个生产部门的工资率相等。而工资率又是由劳动的总需求（总就业量）等于劳动的总供给这一条件决定的。

通过在同一个图中绘制这两条劳动需求曲线（如图3-4所示），我们可以看出，在给定小麦和服装价格的情况下，两个生产部门的工资率和劳动雇佣量是如何决定的。图3-4的横轴表示劳动总供给 L。图3-4左侧的纵轴表示服装生产部门劳动的边际产量价值，即图3-2中的曲线 MP_{LC} 与 P_C 的乘积。这就是服装生产部门的劳动需求曲线。图3-4右侧的纵轴表示小麦生产部门劳动的边际产量价值，即小麦生产部门的劳动需求曲线。点 m 代表均衡工资率和劳动在两个生产部门之间的配置情况。当工资率为 w 时，服装生产部门的劳动需求 L_C 与小麦生产部门的劳动需求 L_W 之和正好等于劳动总供给 L。[1]

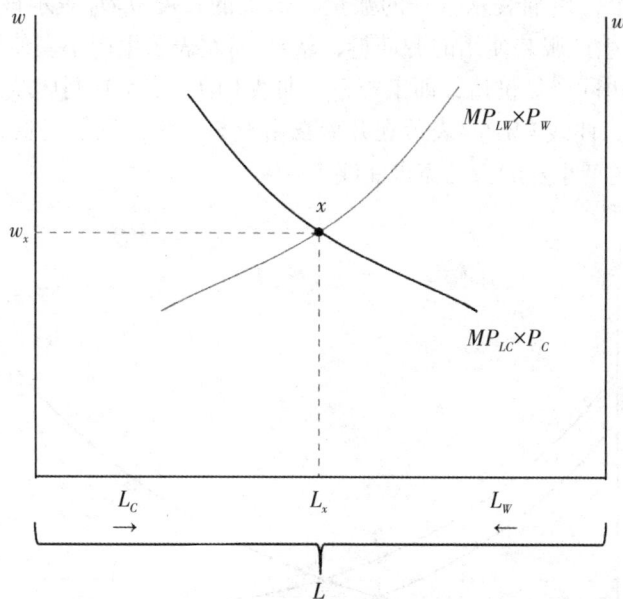

图3-4　特定要素模型中一国劳动的配置

① 克鲁格曼，奥伯斯法尔德，梅里兹. 国际经济学：理论与政策 [M]. 丁凯，黄剑，黄都，译. 11版. 北京：中国人民大学出版社，2021.

在对劳动配置的分析中，我们可以将式（3-5）和式（3-7）联立为：

$$w = MPL_W \times P_W = MPL_C \times P_C \tag{3-11}$$

经过变形，式（3-11）可以改写为：

$$-MPL_W/MPL_C = -P_C/P_W \tag{3-12}$$

式（3-12）左边表示该国生产可能性边界上点的斜率，右边是负的服装的相对价格。这一结果告诉我们，在生产点上，生产可能性边界一定与一条斜率为负的服装价格与小麦价格之商的直线相切。这是一个具有一般意义的结果，它描述了生产沿着生产可能性边界对相对价格的变化作出的反应。

3.2　特定要素模型中的商品价格与要素价格

在同一个短期一般均衡框架下考察小麦和服装两个产业，就要求两个产业之间的劳动可以自由流动，并且两个产业的工资水平互相影响，当其中一个产业的工资率上升时，劳动会自发地流向该产业，最终使两个产业之间的工资率水平一样。这代表了两个产业的劳动边际产量相等，将导致劳动在小麦和服装两个产业之间的重新分配。

在图3-5中，横轴表示劳动的数量，横轴的长度 $O_C O_W$ 表示该国的劳动总量，从 O_C 向右表示生产服装使用的劳动量，从 O_W 向左表示生产小麦使用的劳动量。纵轴表示劳动的边际产量价值，即工资率。曲线 VMP_{LC} 表示在封闭状态下生产服装的劳动需求曲线，曲线 VMP_{LC}' 表示在开展自由贸易时生产服装的劳动需求曲线，曲线 VMP_{LW} 表示生产小麦的劳动需求曲线。

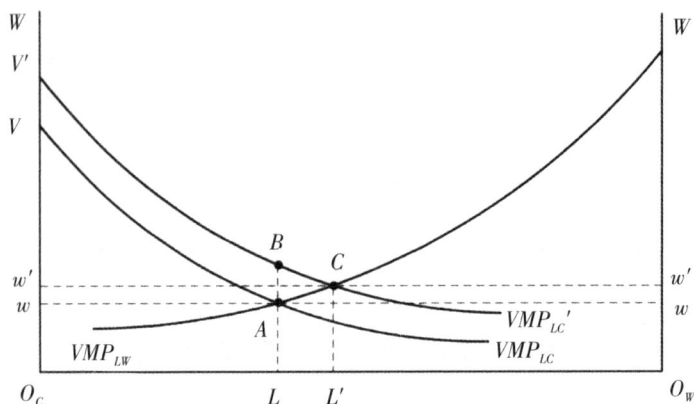

图3-5　商品价格与要素价格的关系

在各部门生产过程中，劳动（L）分别与一定数量的其他要素相结合生产产品。在这一过程中，劳动的边际产量递减，各部门对劳动的需求曲线都是向下倾斜的。边际产量价值（VMP）指的是产品的价格（P）与劳动的边际产出（MP）的乘积。若企业处于竞争条件下，当劳动的价格即工资率等于边际产量价值时，雇佣劳动能获得最大的收益。根据边际收益递减规律，当投入的劳动数量高于最优水平时，每增加一个单位劳动，边际产量的贡献都会减少，因此 VMP 曲线是向下倾斜的。

现在我们假设服装的价格是一定的，服装产业的资本存量也是给定的，随着服装产业投入的劳动数量增加，劳动带来的边际产出减少，因此该产业的劳动边际产量价值曲线 VMP_{LC} 是一条向右下方倾斜的曲线。类似地，曲线 VMP_{LW} 表示生产小麦的边际产量价值。点 A 即封闭状态下本国劳动供给和需求相等的均衡点。

当该国可以进行自由贸易时，假设由于市场发生了变化，服装的价格上涨，其边际产量价值曲线 VMP_{LC} 将会向右移动至 VMP_{LC}'，VMP_{LC} 增加的幅度 $\Delta VMP_{LC}/VMP_{LC}$ 可以由图3-5中的 BA/AL 表示。例如，服装的价格提高10%，边际产出曲线 VMP 也会以相同比例移动，但是点 B 并不是价格上升后新的均衡点，因为在服装价格上升导致服装产业的工资率也随之上升后，会有部分原本属于小麦生产部门的劳动转移到服装生产部门，生产服装所使用的劳动增加，由 L 增加至 L'，服装产业因此能得到更多的劳动以扩大生产、增加出口。劳动要素向服装产业转移，生产服装的边际劳动产出下降，生产小麦的边际劳动产出提高。因此，整个经济体沿着边际产出曲线从点 B 移动到点 C，达到新的均衡。在点 C 处，服装生产部门的劳动要素增加，并且两个产业的名义工资率都上升了（从 w 上升至 w'）。

从图3-5中还可以看出，在自由贸易条件下，服装产业的特定要素资本的总收入和整个经济体中劳动的总工资都增加了，但是小麦生产部门的特定要素土地的总收入下降了。由此可以得出结论：服装产业的名义要素价格、服装价格和工资率上升了，而另一产业的特定要素土地的总收入更低了。所以，与小麦生产部门的劳动和资本所有者的购买力相比，服装生产部门的资本所有者和劳动者能够获得较高的实际收入。也就是说，如果用服装的购买力来衡量，由于服装的相对价格上升，小麦产业的土地所有者的收入实际购买力下降，也即小麦产业的特定要素土地的实际报酬下降了。[①]

接下来，我们具体分析两部门产品价格变化带来的影响。在前文的分析中，我们提到，如果服装和小麦两种产品的价格发生变化，劳动的配置和收入的分配也会发生改变。任何价格的变化都可以归结为以下两种情况：服装的价格 P_C 和小麦的价格 P_W 同比例变化和两者价格不同比例变化。例如，假设服装的价格上升了20%，而小麦的价格上升了10%。在分析两种产品价格变化带来的影响时，可以先考虑如

① 黄静波. 国际贸易理论与政策［M］. 北京：清华大学出版社，北京交通大学出版社，2007.

果服装和小麦的价格都上升10%的影响，然后再来分析如果服装的价格上升10%而小麦的价格不变会有什么影响。这样就可以将价格水平总体改变带来的影响与相对价格改变带来的影响区分开。

3.2.1　商品价格同比例变动

图3-6说明了服装价格 P_C 和小麦价格 P_W 同比例变动带来的影响。如果服装和小麦两种产品的价格都上升10%，其劳动需求曲线也会随之向上移动10%，劳动需求曲线的上移使工资率上升了10%，从 w^1 上升至 w^2。但是，劳动在两个部门之间的配置和两种产品的产出没有改变。

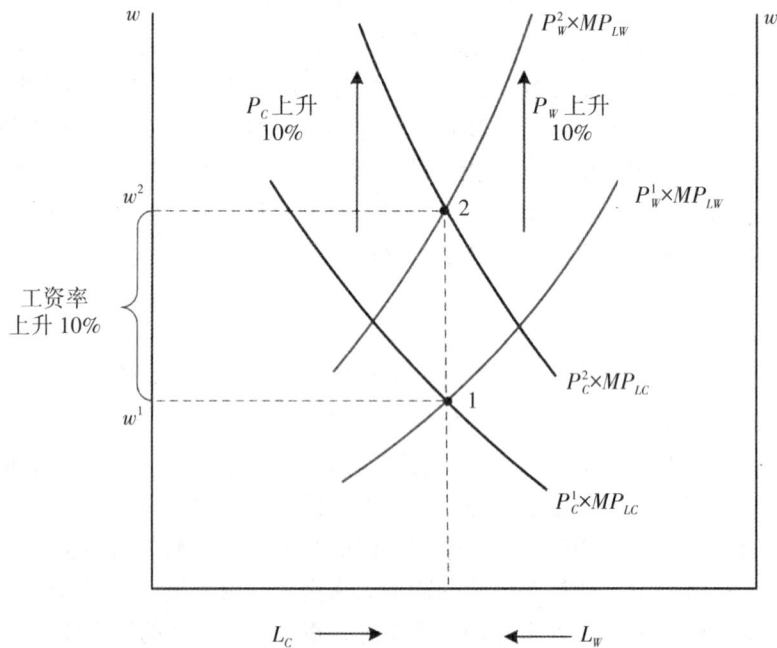

图3-6　服装和小麦价格同比例上升

实际上，当服装和小麦的价格同比例变动时，模型中的其他因素并不会由此发生变化。由于工资率上升的比例与价格上升的比例相同，实际工资率即工资率与产品价格之比没有改变。实际工资率的水平稳定，各部门的劳动也不会发生变动，因此特定要素所有者的实际收入没有发生变化，各部门的情况与价格发生变化之前一样。这表明总价格水平的变化不会对实体经济产生任何影响，即不会改变经济中任何实物的数量；只有相对价格（即服装的价格相对于小麦的价格 P_C/P_W）的改变，才能对实际工资率以及资源配置产生影响。

3.2.2 相对价格的变化

我们设想服装和小麦两种产品的价格变化影响相对价格的情况，图3-7显示了一种产品价格发生变化而另一种产品价格不变所造成的影响。假设服装产品的价格从 P_C^1 上升到 P_C^2，上升了10%，服装价格的上升使得该产业的劳动需求曲线以同样的比例向上移动，并使均衡点从点1移动至点2。需求曲线的移动表明：

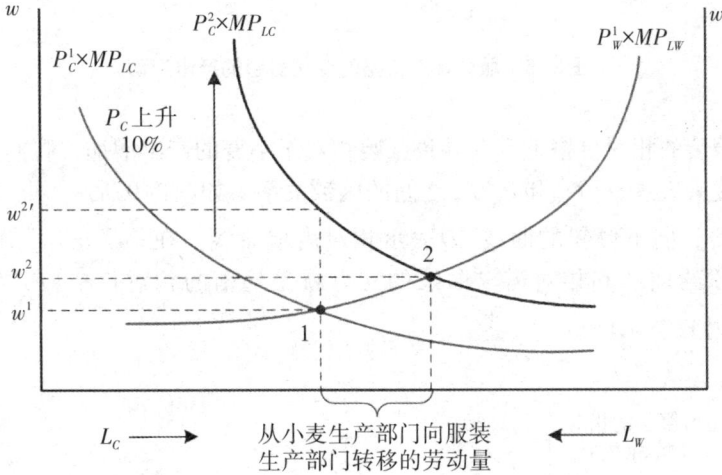

图3-7 服装价格上升的影响

第一，虽然工资率上升了，但是工资率的上升幅度小于服装价格的上升幅度。如果工资率的上升幅度与服装价格的上升幅度一致，那么工资率应该从 w^1 上升到 $w^{2\prime}$，但是实际上，工资率的上升幅度较小，从 w^1 上涨到了 w^2。

第二，与服装和小麦的价格同时上涨的情况不同，当只有服装的价格上升而小麦的价格不变时，劳动会从小麦生产部门向服装生产部门转移，因此，服装的产出会随之增加，小麦的产出会下降。

服装相对价格上升所带来的影响还可以用生产可能性曲线直观地观测到。在图3-8中，我们可以看到服装价格上升的影响，服装价格的上升使服装与小麦的相对价格从 $(P_C/P_W)^1$ 上升到 $(P_C/P_W)^2$。由于生产点总是位于曲线上斜率等于负的服装相对价格的点上，在服装的相对价格上涨后，生产点就从点1移动至点2。因此，服装相对价格上升带来的结果是服装的产出会增加，小麦的产出会下降。

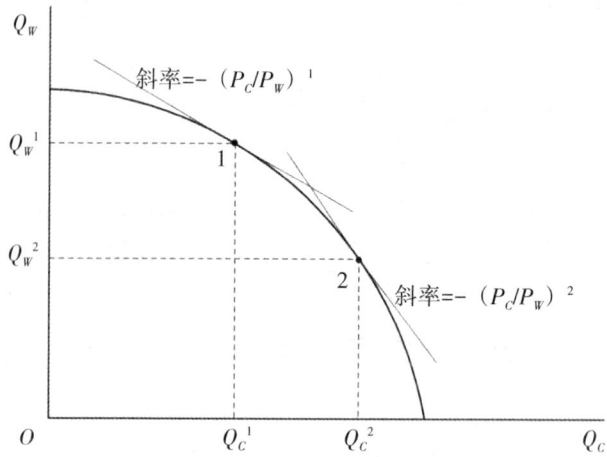

图3-8　服装相对价格的变化引起的产出变动

　　既然服装的相对价格上升会导致服装相对于小麦的产出增加，我们就可以用相对供给曲线来表现Q_C/Q_W和P_C/P_W之间的函数关系。如图3-9所示，曲线RS表示相对供给曲线，向下倾斜的曲线RD表示相对需求曲线。在不考虑国际贸易的情况下，相对供给曲线和相对需求曲线的交点就是均衡的相对价格$(P_C/P_W)^1$和相对产出$(Q_C/Q_W)^1$。

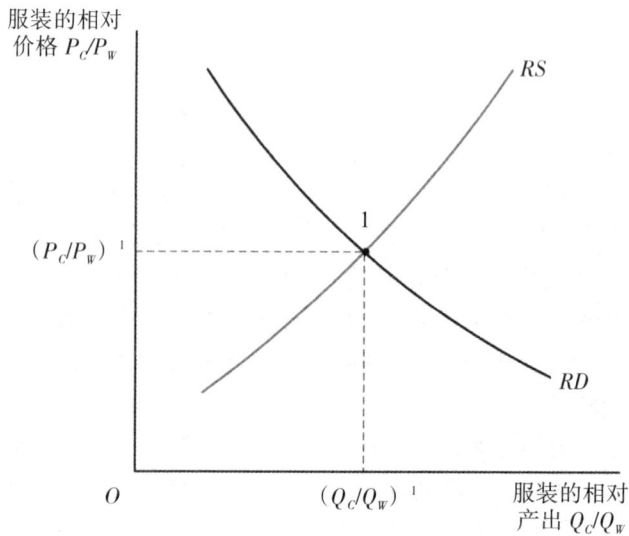

图3-9　相对价格的确定

3.2.3 相对价格和收入分配

到目前为止，我们已经讨论了特定要素模型以下两方面的内容：第一，在给定资源和技术条件下，确定一国的生产可能性；第二，在市场经济条件下，确定资源配置、生产以及相对价格。在分析国家之间进行贸易的影响之前，我们先来研究一下相对价格的变化对收入分配的影响。

在前文提到的服装价格上升带来的影响中，我们已经知道，服装产业的劳动需求曲线会随着服装价格的上升以相同比例向上移动。如果服装价格 P_C 上升 10%，由 $P_C \times MPL_C$ 决定的劳动需求曲线 VMP_{LC} 也会向上移动 10%。根据上述结论，此时除非小麦的价格也上升至少 10%；否则，工资率（w）上升的幅度就会小于服装价格的上升幅度 10%。因此，如果服装价格上升 10% 而小麦价格不变，工资率的上升幅度将会小于 10%，比如说上升 5%。

这个结果将对劳动所有者、资本所有者和土地所有者的收入产生什么样的影响呢？劳动所有者会发现，虽然工资率上升了，但是工资的上升幅度小于服装价格的上升幅度，那么，用服装价格来衡量现在的实际收入（工资能够买到的服装数量），就是 w/P_C 下降了；以小麦价格来衡量现在的实际收入（工资能够买到的小麦数量），就是 w/P_W 却上升了。仅仅从这个角度，我们无法确定劳动所有者是获益了还是受损了，因为这取决于工人是仅购买服装、仅购买小麦还是两者都购买。

不过，毋庸置疑的是，资本所有者获益了。以服装价格来衡量的实际工资水平下降了，因此资本所有者以他们所生产的服装来衡量的利润就随之上升了。也就是说，资本所有者获得的收益上升的幅度比服装价格 P_C 上升的幅度要大，又因为服装价格 P_C 相较于小麦价格 P_W 来说也是上升的，所以不管以哪种产品的价格来衡量，资本所有者的收益都是增加的。相反地，土地所有者毫无疑问遭受了损失，其损失来源于两个方面：首先，用土地生产的产品即小麦的价格来衡量的实际工资上升了，这挤出了他们的一部分收益；其次，服装价格的上升也降低了土地所有者收入的购买力。

如果两种产品相对价格变化的方向相反，即服装的相对价格下降，那么会得到完全相反的结论：资本所有者会受损，而土地所有者会获利。工人获得的福利仍然难以得出结论，因为工人以服装价格衡量的实际工资会上升，而以小麦价格衡量的实际工资则会下降。相对价格的变化对收入分配产生的影响可以总结为：

第一，相对价格上升的部门，其特定要素一定会获利。

第二，相对价格下降的部门，其特定要素一定会受损。

3.3 特定要素模型中的要素价格与要素禀赋

假设特定要素土地的供给增加，它作为小麦生产的特定要素，可以提高小麦产业所使用的劳动的边际产出，如图3-10所示。

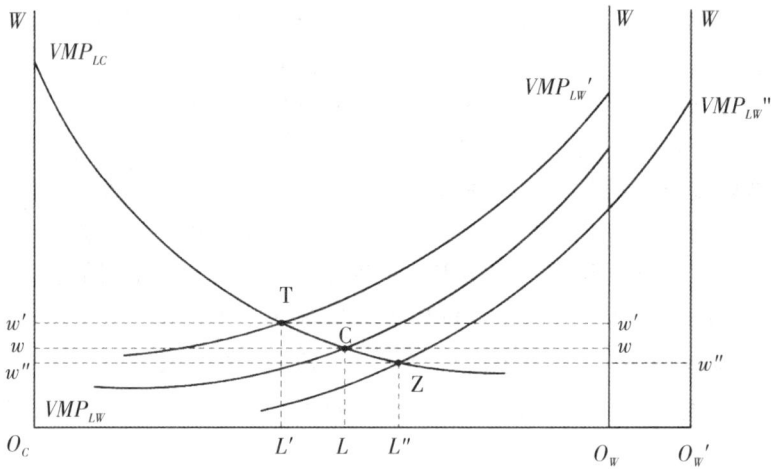

图3-10 要素价格与要素禀赋

在图3-10中，曲线VMP_{LC}和VMP_{LW}分别表示小麦生产的特定要素土地增加之前，服装生产和小麦生产的劳动边际产出曲线，即劳动需求曲线，这时均衡工资率为w。特定要素土地的增加使小麦生产部门的劳动边际产量上升，因此，曲线VMP_{LW}向上移动至VMP_{LW}'。随着边际产量价值的上升，工资率也上升到w'，也就是说，特定要素土地的增加使可流动要素劳动的报酬（w）也上升。

假设可流动要素劳动的供给增加，使得图3-10中开始的劳动总量O_CO_W增加到O_CO_W'，与此同时，纵轴也由原来的O_WW移动至$O_W'W$。这时小麦生产部门的边际产量价值曲线VMP_{LW}'向右移动至VMP_{LW}''，其移动距离就是劳动的增加量$LL' = O_WO_W'$，劳动市场供给曲线和需求曲线的新均衡点可由点Z表示。从均衡点Z可以看出，小麦生产和服装生产的均衡工资率为w''，与劳动供给增加前的工资率（w）相比，现在的工资率更低了。

从上述例子中我们可以看出，对于要素禀赋的变化，如果产品价格不变，任何特定要素的要素禀赋增加，都会使得可流动要素，如劳动的回报上升；与之相对应，特定要素的真实报酬会下降。而当可流动要素的要素禀赋增加时，就会使得特定要素的真实报酬上升，而可流动要素的真实报酬下降。

从要素禀赋变动引起的产出变动来看，特定要素的要素禀赋增加会使生产中应用这种要素的生产部门的产出水平提高，而另一部门的产出水平则会下降。可流动要素的要素禀赋上升会导致所有应用这一要素的生产部门的产出水平上升。

下面再来看一个例子。如图3-11所示，假设某国分别生产食品（S）和汽车（C）两种产品，生产食品需要投入劳动和土地（资本），生产汽车则需要投入劳动和钢铁（资本）。劳动可以在两个产业之间完全自由流动，但是生产两种产品需要的特定要素资本只属于特定产业。同时，我们假设该国的总劳动为50名工人。

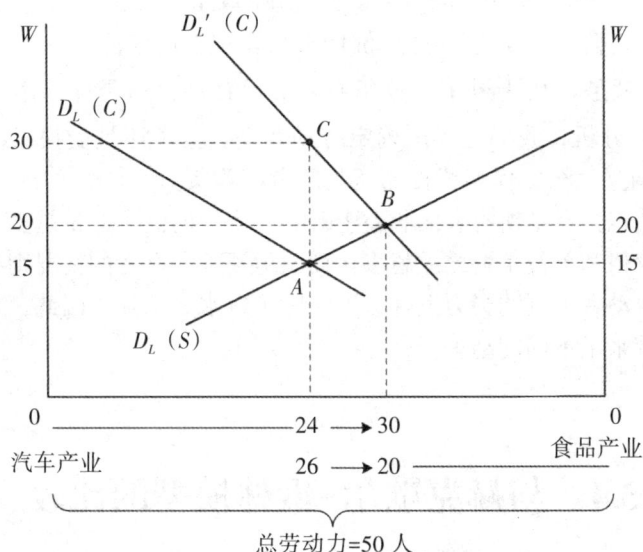

图3-11 某国的食品和汽车产业

在图3-11中，汽车产业的劳动需求曲线为$D_L(C)$，而食品产业的劳动需求曲线为$D_L(S)$。由于劳动是一种可以在两个产业之间完全自由流动的要素，所以当某一产业的工资率改变时，劳动会自发地流向工资率更高的产业中，直到两个产业的工资率达到一致。假设汽车产业和食品产业的两条劳动需求曲线的交点为点A，这一均衡点确定的工资率为15美元/小时。在这一工资率水平上，汽车产业会雇佣24名工人，而食品产业会雇佣26名工人进行生产。

假设在该国市场上，消费者对汽车的需求量更大。在自由贸易条件下，由于需求扩大，该国汽车价格上升了50%，由原来的20 000美元/辆上升至30 000美元/辆。商品价格的上升会使劳动需求曲线上移，汽车产业对劳动的需求也会增加，需求曲线向右上方移动至$D_L'(C)$。对劳动需求的增加使得均衡点由点A移动到了新的均衡点B，点B确定的工资率为20美元/小时。

汽车产业对劳动需求的增加会带来两方面的影响：

第一，均衡工资率上升，从15美元/小时上升至20美元/小时，但是工资率的上涨幅度（33%）小于汽车价格的上升幅度（50%）。

第二，汽车产业对劳动需求的增加和工资率水平的上升会吸引劳动者由食品产业流向汽车产业。在劳动供求达到新的均衡点B时，有30名工人从事汽车生产，有20名工人从事食品生产。与开始的均衡点A相比，有6名劳动者从食品产业转移至汽车产业，结果就是汽车的产量上升而食品的产量下降。

根据上面这个例子，我们可以看出自由贸易对劳动所有者、钢铁资本所有者和土地资本所有者三方的收入分配产生了什么影响。劳动者会发现，虽然他们的工资水平上升了，但是以汽车价格来衡量现在的实际收入（工资能购买的汽车数量），就是w/P_C下降了，但是以食品价格来衡量现在的实际收入（工资能购买到的食品数量），就是w/P_S上升了。这里我们假设食品价格是保持不变的。但是仅仅从这方面进行分析，我们还无法确定劳动者是获益了还是受损了，因为这取决于劳动者是仅购买汽车、仅购买食品还是两者都购买。

自由贸易使钢铁资本所有者的收益上升了，生产的汽车数量越多，钢铁所有者能获得的汽车价格和单位工资之差越多。而土地资本所有者的情况则相反，由于汽车价格上升，劳动者工资购买力下降，即实际工资水平下降。因此，自由贸易给不同要素所有者带来了不同的结果。

3.4　与赫克歇尔–俄林模型的比较

在第2章中，我们已经学过了赫克歇尔–俄林模型，它包括四个定理，分别为赫克歇尔–俄林定理、斯托尔珀–萨缪尔森定理、罗伯金斯基定理和要素价格均等化定理。现在我们来分析赫克歇尔–俄林模型中的四个定理在特定要素模型中是否依然成立。从劳动市场的均衡等式可以看出，一国的工资率会受到一国资本和劳动要素存量的影响，因此，要素价格均等化定理不成立。

3.4.1　修改版的斯托尔珀–萨缪尔森定理

那么，斯托尔珀–萨缪尔森定理是否成立呢？在上一节的例子中，我们假设汽车在世界市场上的价格上升了10%，而食品的价格保持不变，那么汽车的劳动边际产量价值就会向上移动10%。如果两个生产部门的劳动完全不能自由流动，即汽车产业中的劳动者数量不变，那么汽车产业中劳动的工资率将上升10%，即从图3-12的E点移动到D点。但是在实际生产中，劳动作为流动要素，可以在两个生产部门之间流动，因此这两个产业的劳动会重新分配，其劳动边际产量都会发生改变。因此，均衡点会沿着劳动需求曲线从E点移动到B点，用于生产汽车的劳动从O_cG增加到O_cG'。

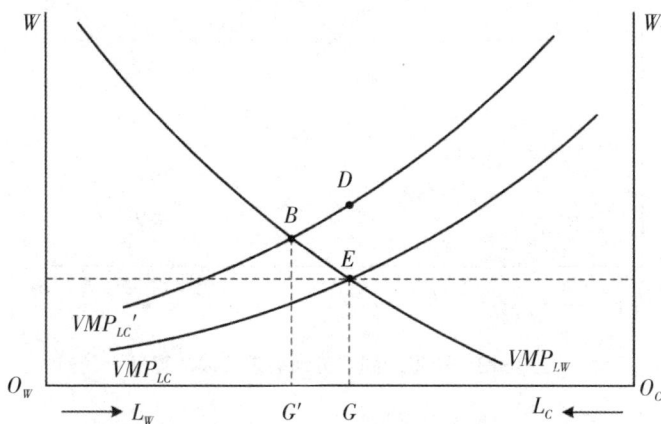

图3-12 两生产部门劳动需求曲线的变动

在赫克歇尔-俄林模型中，商品价格的上升会使其密集使用的要素的真实回报上升，而另一要素的真实回报下降。但在特定要素模型中，商品价格的变化会使名义工资上升，但是上升幅度小于商品价格的上升幅度。

我们同样可以看到相似的斯托尔珀-萨缪尔森定理，但是这里的放大效应，或者说是琼斯不等式的形式有较大的不同。共有要素，即劳动的收入变动与商品价格的变动水平相比更低了。从这个方面来说，斯托尔珀-萨缪尔森定理是成立的，只是形式有些许变化①。

3.4.2 修改版的罗伯金斯基定理

接下来，我们探讨在特定要素模型中要素禀赋的变化对产出的影响，以对应赫克歇尔-俄林模型中的罗伯金斯基定理。

首先来看特定要素变化的情况。如图 3-13 所示，假设土地要素增加，那么生

---

① 余淼杰. 国际贸易学：理论、政策与实证［M］. 北京：北京大学出版社，2013.

产1单位食品所需要的劳动数量会下降，这会导致劳动的边际产量上升。由于食品价格没有发生变化，土地存量的增加则会导致其边际产量价值曲线向上移动。因此，工资率会随之上升，在均衡状态下，用于生产食品的劳动也会增加。

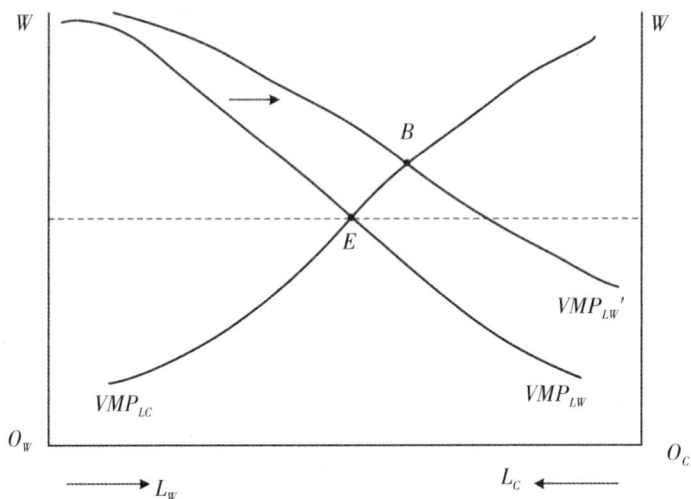

图3-13　两生产部门劳动需求曲线的变动

现在，由于生产食品的劳动增加，土地资本也随之增加，食品的产出随之上升。另外，由于生产汽车的劳动减少，而钢铁资本不变，因此汽车的产量会下降。

由上述分析可以看出，当特定要素禀赋增加时，使用这一特定要素产业的产量会增加，而另一产业的产量会下降。这与罗伯金斯基定理的内容相符，因此，我们可以得出结论：对于特定要素，罗伯金斯基定理在特定要素模型中依然是成立的。

再来看共用要素的变化情况。假设劳动存量增加，这在图3-14中体现为横轴向右延伸，右边的纵轴向右移动。由之前的结论可以得出，生产食品的劳动要素增加，而给定的土地要素不变，经济体中将会生产出更多的食品；由于在新的均衡点上，工资率会下降，但汽车的价格不变，因此，劳动的边际产量也会随之下降，会有更多的劳动流入汽车产业，因此，汽车的产量也会随之上升。

也就是说，食品和汽车的产量都会增加。从这一例子中可以发现，劳动这一共同要素禀赋的增加会使使用这种要素的生产部门的产量都上升，罗伯金斯基定理并不成立。出现这种情况的原因在于，劳动的供给增加会使均衡工资率增加，这将导致两个产业都使用更多的劳动，因此两个产业的产量均会上升。

由此，我们可以得出结论：在特定要素模型中，罗伯金斯基定理对于特定要素仍然成立，但是对于共用要素则不成立。

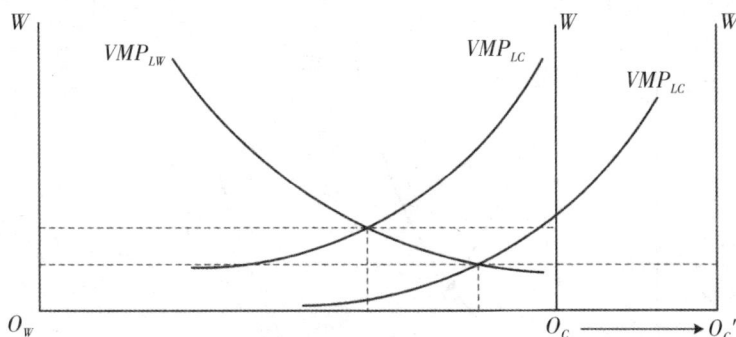

图3-14 要素禀赋变动引起劳动力需求曲线右移

3.5 特定要素模型中的国际贸易

　　我们已经分析了特定要素模型中的相对价格变化对收入分配的显著影响，一部分人受益，而另一部分人受损。在本节，我们会将国际贸易纳入考虑中，进而将上述关于受益者与受损者的判断与一个部门的贸易导向联系起来。

　　我们知道，当一个国家进行国际贸易前后所面临的相对价格有所差异时，国际贸易才会发生。前文中的图3-9以一国服装的生产为例，说明了特定要素模型中相对价格是如何确定的。现在，我们在图3-15中增加一条世界相对供给曲线 RS^W。增加该曲线的原因在于：世界各国的经济与技术发展均不相同，就如李嘉图模型所显示的一样。此外，在特定要素模型中，生产要素不是只有一种，各国在土地、资本和劳动总量上的差异也可能导致相对供给的不同。更为重要的是，当该国存在国际贸易时，其面临的相对价格也会发生变化。

　　图3-15展示了国际贸易中服装的相对价格变化。当该国存在国际贸易时，服装的相对价格由世界相对需求和世界相对供给共同决定。由图3-15可知，服装相对价格从 $\left(P_C/P_W\right)^1$ 上升至 $\left(P_C/P_W\right)^2$，这会促使该国服装生产部门扩大生产。（这一过程也在图3-8中得以体现，即生产点沿着该国的生产可能性边界从点1移动至点2。）同时，服装相对价格的上升会导致该国消费者增加对小麦的相对需求。因此，在更高的相对价格 $\left(P_C/P_W\right)^2$ 上，该国会选择出口服装并进口小麦。随着此类国际贸易的持续进行，服装的相对价格又会逐渐趋于下降，上述相对供求情况便会发生逆转，直至该国选择出口小麦而进口服装。概括来说，当存在国际贸易时，一国会出口相对价格上升的产品，并进口相对价格下降的产品。

服装的相对价格

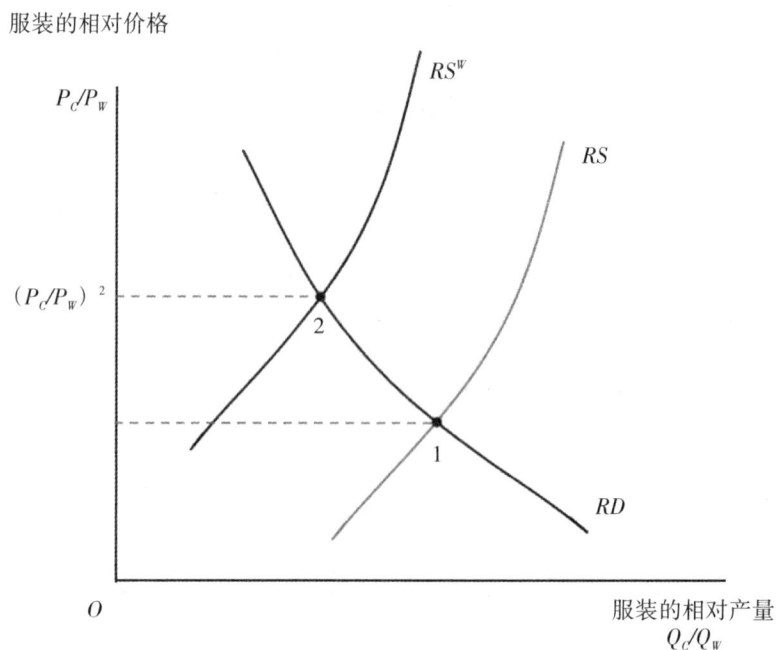

图3-15 国际贸易中相对价格的变化

3.6 国际劳动力流动

在前文，我们已经探讨了劳动要素是如何在两个生产部门之间流动的，在现实生活中，这种流动也会发生在国家之间，进而对各国的贸易情况产生一系列影响。此外，作为一种特殊的商品，劳动力在国家之间流动也会对要素市场的供需情况和社会福利产生影响。在本节，我们将运用特定要素模型进行分析。

3.6.1 劳动力的国际流动

劳动力流动是指出于对更高报酬的追求，劳动力在不同部门、工作、企业、行业、区域等方面的转移和转换。①劳动力的国际流动作为劳动力流动的一部分，也可分为短期流动和长期流动，主要表现为外籍劳工和移民两种。其中，短期流动主要是因为劳动力的国外求职行为，主要表现为劳动市场上劳动力的数量变化；长期

---

① 张樨樨，刘秋霞，韩秀元. 劳动力流动问题研究热点分析 [J]. 经济学动态，2015（6）：125-136.

流动则主要是因为移民，主要表现为各国移民数量的变动。①流动的性质主要受各个国家移民政策的影响，流动的方向则主要受工资率高低的影响。

劳动力国际流动的原因可以分为经济原因与非经济原因。经济原因主要在于：

首先，最直接的原因是劳动力转移前后成本与收益的比较，即转移的成本或代价与转移后获得收入、生活水平改善等方面收益之间的比较；若收益大于成本，便有了国际流动的基础。

其次，各国经济周期变化的差异是劳动力国际流动的催化剂。在繁荣阶段，国家为了扩大生产规模，会增加对劳动力的需求，推动实际工资率上升，自然也就吸引劳动力的流入；反之，在萧条阶段，便会出现劳动力的流出。

最后，各国劳动力禀赋差异也会影响劳动力的国际流动。在劳动力资源丰富的国家，实际工资率相对较低，将导致国内劳动力外流；反之，将吸引国外劳动力迁入。由于劳动力禀赋状况难以在短期内改变，因此形成了劳动力流动的基本走向。②

非经济因素主要包含人口、政治压力、民族传统、宗教信仰、自然灾害及战争。然而，大多数国际劳工迁徙，特别是第二次世界大战后，是由于受到国外高收入的美好前景的吸引，即更多的是经济原因。

3.6.2　国际劳动力流动的经济效应

我们在前文探讨了特定要素模型均衡时劳动要素在两个生产部门之间的流动过程，即劳动力会从低工资率部门转向高工资率部门，直至两部门的工资率相等。同理，将该过程扩大至国家视角，一旦存在国家之间的劳动力流动，劳动力也会从低工资率国家流动至高工资率国家。出于简化分析过程及专注劳动力国际流动的考虑，我们假定，两个国家均使用劳动和土地生产小麦这一种产品。既然两国均只生产小麦，就不可能发生贸易。但是，在劳动服务部门会发生"贸易"，因为劳动力总会追逐较高的工资率。在不存在劳动力的国际流动时，技术差异可以导致国家之间的工资率差别，而土地相对于劳动的禀赋差异也可以导致工资率的差别。

图 3-16 展示了劳动力的国际流动。我们可以看出，图 3-16 与图 3-4 十分相似，差异仅在于横轴由某国的劳动总供给变为了世界的劳动总供给，两条边际产量曲线由表示一国两种产品的生产情况变为两国小麦部门的生产情况。此时，我们并不用这两条曲线与产品价格相乘，而是假定纵轴上所衡量的工资率代表实际工资（工资除以每个国家这种单一产品的价格）。我们假定起初该国国内的劳动力为 OL^1，国外的劳动力为 L^1O^F。在这样的就业情况下，技术和土地的禀赋差异使得外国的实际

---

① 伊兰伯格，史密斯. 现代劳动经济学理论与公共政策 [M]. 刘昕，译. 13 版. 北京：中国人民大学出版社，2021.

② 张二震. 略论国际劳动力流动及其原因 [J]. 世界经济文汇，1991（6）：28-30.

工资（点B）比本国的实际工资（点C）高。

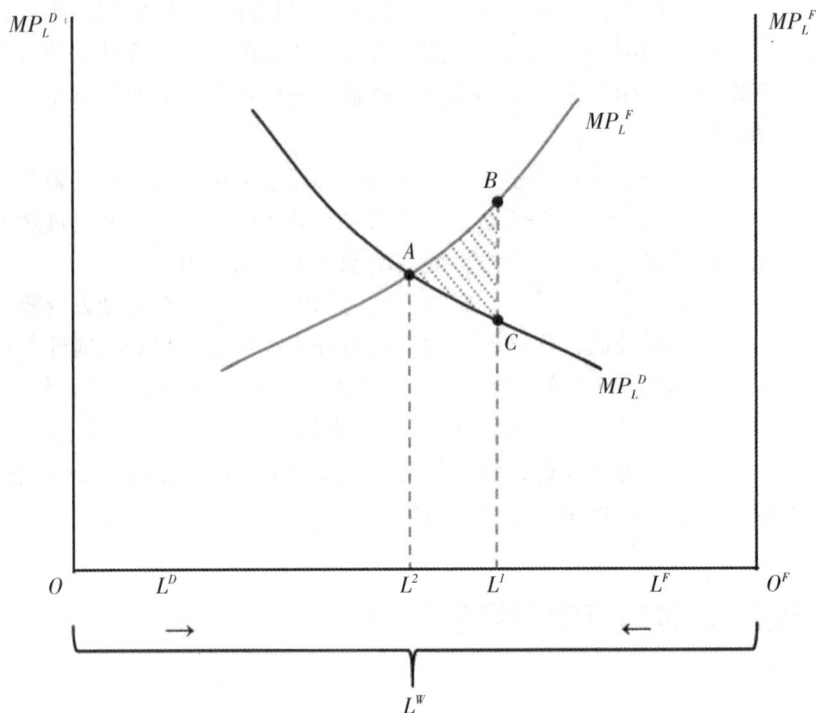

图3-16 劳动的国际流动

现在我们假定两国之间发生了劳动力的转移，劳动力会从本国流动到外国。此时，本国的劳动供给减少，从而使本国的实际工资提高；同时，外国的劳动供给增加，从而使外国的实际工资下降。如果劳动力的流动没有障碍，这个过程会一直持续到两国的实际工资相等。这时，世界劳动总供给的最终分配状况是本国雇佣OL^2的劳动力，外国雇佣L^2O^F的劳动（点A）。

关于劳动力的再分配，我们还需要注意以下三点：

第一，它会导致实际工资趋同。劳动力流出的国家实际工资会上升，劳动力流入的国家实际工资会下降。

第二，它增加了世界的总产出。外国的总产出会从其边际产量曲线MP_L^F下方OL^1所对应的面积增加到OL^2所对应的面积，而本国的产出减少了其边际产量曲线MP_L^D下方从OL^1到OL^2所对应的面积。[①]从图3-16中可以看出，外国产量增加的部分要大于本国产量减少的部分，其净值等于阴影区域ABC的面积。

第三，尽管存在上述净收益，仍有一些人会因劳动力的国际流动而受到损害。

———————
① 克鲁格曼，奥伯斯法尔德，梅里兹. 国际贸易［M］. 丁凯，黄剑，汤学敏，等译. 10版. 北京：中国人民大学出版社，2016.

那些原本在本国工作的劳动力流动至外国后，获取了更高的实际工资；而那些原本就在外国工作的劳动力由于本国劳动力的流入，获得的实际工资却下降了。外国的土地所有者会从扩大了的劳动总供给中获益，本国土地所有者的境况却会恶化。

与讨论国际贸易的所得一样，国际劳动力流动虽然在理论上可以使得每个人的福利都得以改善，但在现实中会使得部分群体的利益遭受损失。只要有在短期固定不变的生产要素，即使模型更复杂一些，假定各国都生产并进出口不同的产品，这一主要结论也不会发生变化。不过，与赫克歇尔-俄林模型的情况不同，若所有要素都可以在生产部门之间流动，在长期就不必固守这一结论了。只要一国通过贸易融入世界市场，该国劳动禀赋的变化就不会改变所有要素的福利状况。着眼长期，上述论断对于移民具有十分重要的意义。对于经历了大规模移民增长的国家来说，这一论断也得到了实证检验。

明德园地

党的二十大报告指出："推动货物贸易优化升级，创新服务贸易发展机制，发展数字贸易，加快建设贸易强国。"我国货物贸易、服务贸易分别跃居全球第一位和第二位，货物与服务贸易总额连续两年位居全球第一位，贸易大国地位进一步巩固，贸易结构不断优化，贸易效益显著提升，向贸易强国迈进。过去我国经济腾飞离不开贸易的带动作用，未来贸易仍将是我国经济高质量发展的重要动力。建设贸易强国是全面建设社会主义现代化国家的必然要求，具有重大且深远的意义。

我们要深入学习领会党的二十大精神，推进高水平对外开放，加快建设贸易强国，更加注重自主创新，更加注重高质量发展，推动内需和外需、进口和出口、货物贸易和服务贸易、贸易和双向投资、贸易和产业协调发展，牢牢把握发展和安全的主动权，开创开放合作、包容普惠、共享共赢的国际贸易新局面。

一是推动货物贸易优化升级。促进贸易创新发展，夯实贸易发展的产业基础，增强贸易创新能力，推动外贸质量变革、效率变革、动力变革，增强对外贸易综合竞争力。

二是促进服务贸易创新发展。持续推进服务贸易深层次改革、高水平开放、全方位创新，推动服务贸易总量增长、结构优化、效益提升，促进服务贸易高质量发展。

三是发展数字贸易。抓住数字经济发展机遇，加快发展数字贸易，建立健全促进政策，积极参与国际规则与标准制定，打造建设贸易强国的"新引擎"。

四是深化国际经贸合作。坚定不移地扩大对外开放，坚持真正的多边主义，全方位扩大国际经贸合作，深度参与全球产业分工和合作，维护多元稳定的国际经济格局和经贸关系，为建设贸易强国营造良好的外部环境。

五是提升风险防控能力。贯彻总体国家安全观，树立底线思维，防范和化解贸易领域风险，筑牢安全屏障。

资料来源：王文涛. 加快建设贸易强国（认真学习宣传贯彻党的二十大精神）[N]. 人民日

报，2022-12-20（9）.

【案例点评】

贸易在我国经济腾飞中的作用至关重要，为当前我国贸易在全球的领先地位和显著成就奠定了坚实的基础。在具体的实践路径方面，我国推动货物贸易优化升级、促进服务贸易创新发展、发展数字贸易、深化国际经贸合作以及提升风险防控能力等措施既体现了对传统贸易领域的巩固和提升，又突出了对新兴贸易领域的开拓和创新，展现了我国贸易发展的全面性和前瞻性。

【价值塑造】

我国在推动贸易发展的同时，也高度重视风险防控和国家安全。本案例的点评充分展现了我国建设贸易强国的决心和信心，以及在新时代推动贸易高质量发展的前瞻性和指导性。在党的二十大精神指引下，我国的贸易发展将取得更加辉煌的成就。

关键术语

特定要素　流动要素　边际收益递减规律　生产可能性边界　边际产量价值

基础训练

一、简答题

1.一个国家使用劳动和资本生产产品 A，使用劳动和土地生产产品 B。假设该国的劳动总量为 100 单位。在资本供给量给定时，两种产品投入的劳动和产出变动见表 3-1。要求：

（1）画出产品 A 和产品 B 的生产函数。

（2）画出生产可能性边界，说明为什么生产可能性边界曲线是弯曲的。

表3-1　　　　　　　　产品A和产品B投入的劳动和产出

投入产品 A 的劳动	产品 A 的产出	投入产品 B 的劳动	产品 B 的产出
0	0	0	0
10	25.1	10	39.8
20	38.1	20	52.5
30	48.6	30	61.8
40	57.7	40	69.3
50	66.0	50	75.8
60	73.6	60	81.5

续表

投入产品A的劳动	产品A的产出	投入产品B的劳动	产品B的产出
70	80.7	70	86.7
80	87.4	80	91.4
90	93.9	90	95.9
100	100.0	100	100.0

2.根据上一题计算得出的生产函数，劳动的边际产量曲线见表3-2。要求：

（1）假设产品B对产品A的相对价格为2，请画图确定均衡工资率和两个部门各自使用的劳动量。

（2）根据上一题画出的图，确定两种产品的产出，然后画图说明生产可能性边界在该点的斜率和相对价格之间的关系。

（3）假设产品B的相对价格下降到1.3，（1）和（2）的结果有什么变化？

（4）产品B的相对价格从2下降到1.3后，对特定要素所有者的收入有什么影响？

表3-2　　　　　　　　　　　　劳动的边际产量曲线

雇佣的劳动	部门A的 MP_L	部门B的 MP_L
10	1.51	1.59
20	1.14	1.05
30	1.00	0.82
40	0.87	0.69
50	0.78	0.60
60	0.74	0.54
70	0.69	0.50
80	0.66	0.46
90	0.63	0.43
100	0.60	0.40

二、论述题

在特定要素模型中，国际贸易对于国内不同要素所有者的收入会产生什么影响？

第4章 基于技术差距的贸易模型

学 习 目 标

学习目标

1. 理解技术差距理论的现实前提。

2. 了解技术差距理论发展过程中的争议与研究支点。

3. 理解单独的技术差距模型和系列商品技术差距模式。

重点与难点

1. 理解技术差距影响双边贸易的机理分析。

2. 掌握基于技术差距的标准贸易模型。

❖ 引导案例

中国与东南亚地区技术合作与贸易

东南亚地区是共建"一带一路"倡议海上丝绸之路建设的先行地区,又是中国实现产业技术转移的重点地区。当前包括东南亚在内的整个亚太地区是全球经济发展最为活跃的地区,2023年亚太地区经济增速为4.6%,对全球经济增长贡献率高达70%。东盟国家多数处于工业化的初期、中期阶段,大部分国家经济规模相对较小,基础工业尚未成熟,需要引进外来资金和技术发展本国产业技术体系。中国通过在东南亚国家建立产业园,实现了中国现有成熟技术向东南亚地区的梯度转移,对于产业技术贸易而言,将现阶段居于产业链中下游位置的生产技术转移到东南亚国家,通过国际贸易就地解决了当地的初级产品需求,为技术进步提供了成长空间和资金来源。通过建立联合实验室,将中国具有优势的科学技术向东南亚非发达国家扩散,一方面使科学技术得到更广阔的落地空间,另一方面通过技术合作使中国在相关技术发展中占据上层主导地位,此外技术回流同样可以促进中国本土技术的进一步提升。

【案例启示】作为提升互联互通水平的有效方式,将中国成熟的技术标准、技术成果布局到共建"一带一路"国家，可以带来哪些效果？

第一，提升中国企业在周边国家的影响力，技术产品是联结技术输出国和技术接受国之间的桥梁，相关国家对中国技术产品的认可可以上升到对中国企业的认可；从微观认可中国技术产品可以外溢到中观层面认可中国企业，从而进一步升华到对"中国形象""中国故事"的高度认可。

第二，推动中国技术与其他技术接轨。共建"一带一路"国家发展程度不尽相同，同一类技术、同一种技术产品会存在多种技术标准。技术接受国出于设备及人力成本的考虑，不愿意或者更愿意以较小的代价实现不同技术标准之间的对接，能够实现中国先行优势技术标准与接受国现有技术对接，可以提升中国与其他标准体系之间的兼容性，助力中国技术与共建"一带一路"国家技术协同进步。

第三，技术标准的互通，也会改善中国技术输出的困境，降低与共建国家现有技术的集成难度，实现产业空间的扩展、工程质量的提升。

资料来源：高程，薛琳，部彦君."一带一路"建设与中国破局美国技术遏制——以中国与东南亚地区合作为例［J］. 南洋问题研究，2023（3）：1-19.

4.1 技术差距理论

4.1.1 技术差距理论的定义

技术差距理论（technological gap theory）又称技术差距模型（technological gap model），是把技术作为独立于劳动和资本的第三种生产要素，探讨技术差距或技术变动对国际贸易影响的理论。由于技术变动包含了时间因素，技术差距理论被看成对H-O定理的动态扩展。

技术差距理论产生于1961年，代表人物为美国学者迈克尔·V.波斯纳（Michael V. Posner）在《国际贸易与技术变化》中提出了国际贸易的技术差距模型。该理论认为，技术是一种生产要素，实际科技水平虽然一直在提高，但在各个国家的发展水准并不一样，这种技术上的差距可以使技术领先的国家具有技术上的比较优势，从而出口技术密集型产品。随着技术被进口国的模仿，这种比较优势消失，由此引起的贸易也就结束了。

技术差距论可以通过引入模仿时滞（imitation lag）的概念来解释国家之间发生贸易的可能性。在创新国（innovation country）和模仿国（imitation country）的两国模型中，一种新产品成功后，在模仿国掌握这种技术之前，创新国具有技术领先优势，可以向模仿国出口这种技术领先的产品。随着专利权的转让、技术合作、对外投资或国际贸易的发展，创新国的领先技术流传到国外，模仿国开始利用自己的低劳动成本优势，自行生产这种商品并减少进口。创新国逐渐失去该产品的出口市场，因技术差距而产生的国际贸易量逐渐缩小，最终被模仿国掌握，技术差距消失，以技术差距为基础的贸易也随之消失。

1963年，戈登·道格拉斯（Gordon Douglas）运用模仿时滞的概念，解释了美国电影业的出口模式，即一旦某个国家在给定产品上处于技术领先的优势，该国将在相关产品上继续保持这种技术领先的优势。1966年，盖瑞·克莱德·胡弗鲍尔（G. C. Hufbauer）利用模仿时滞的概念，解释了合成材料产业的贸易模式，即一个国家在合成材料出口市场的份额，可以用该国的模仿时滞和市场规模来解释。当他按照各国的模仿时滞对国家进行排序时发现，模仿时滞短的国家最早引进新的合成材料技术，并开始生产新的合成材料，然后向模仿时滞长的国家出口，随着技术的传播，模仿时滞长的国家也逐步开始生产这种合成材料，并逐步取代模仿时滞短的国家的出口地位。对技术差距理论的经验研究，支持了技术差距理论的观点，即技术是解释国家贸易模式的最重要因素。

4.1.2　技术差距理论前提

第一，最初的技术进步必须建立在存在于某国经济中的一系列制度性内生变量的基础之上。

所谓制度性内生变量（systematic and endogenous variables），是指一国同他国相比能够引发技术进步的诸多他国所不具备的因素。以第二次世界大战以后的美国为例，美国之所以能够长期居于世界科学技术水平的领先地位，主要就是得益于诸如美国拥有雄厚的总体经济实力、较高的人均国民收入、国际竞争能力强劲的大型和特大型公司企业、充足的科技投入、庞大的科技队伍、完善的风险投资机制等一系其他国家无法望其项背的有利条件。这些就是美国经济中独有的制度性内生变量。

这些因素或者从需求的方面提出了技术创新的要求，或者从供给的方面保证了技术创新的现实可能性。比如，人均国民收入越高，居民的消费就越是倾向于能带来较高层次的多重满足的高科技新产品，因而刺激了技术的发展与创新。全社会较高的工资水平又使这些高科技新产品能够较为顺利地进入市场，并通过市场进入居民的日常生活消费中。再如，实力雄厚、队伍庞大的科技人员和受教育程度较高的劳动大军以及完善的风险投资机制，使技术创新的机会不断萌生。一方面，日益激烈的市场竞争迫使各行各业的企业将更多的人力、物力、财力投入技术研究和新产品开发；另一方面，随着各行业企业规模的扩大和利润的积累，它们也有能力增加投入，从事大规模的研究与开发，进而使技术创新转化成为一系列的高科技产品，并使之商品化。可以说，正是基于这样一些制度性内生变量的作用，才使美国成为第二次世界大战以后新一轮科学技术革命的发源地。

第二，技术成果的国际传递受多方面因素的制约，难以顺利进行，所以在一定时期内，率先完成某项技术创新的国家（即所谓技术创新国）能较为稳定地保有因技术创新带来的技术差距比较优势。

技术成果难以在国际上迅速地传递，一般来说是基于以下三方面原因：

①由于技术成果本身是获得巨额利润的源泉，因此在完成某项技术创新以后，技术创新国必然采取技术垄断和技术封锁等多种措施对其进行保护。技术创新国将尽可能充分地享受该项技术创新带来的收益，直到该项技术创新成为一种相对成熟的技术以后，才有可能愿意考虑其技术成果的转让问题。

②技术成果本身同时又是耗费巨大的现实资源投入（包括人力、物力和财力）的产物，而且，技术创新投资从本质上看是一种高风险投资，所以，在国际进行技术转让的过程中，技术成果作为一种特殊的商品，也体现着使用价值与价值的统一。其使用价值表现为该项技术成果创造利润的能力，其价值表现为研究完成该项技术成果的过程中全部投入和所承担风险的价值总和。因此，技术成果的价格既要包括研制过程中的全部现实投入和风险投资及其回报，又要包括该项技术成果转让后在剩余的使用年限内继续为其所有者创造利润能力的一定比例。所以，以"专利转让费"或"生产特许权转让费"的形式出现的技术成果的转让价格一般相当昂贵。这就从需求的方面制约着技术成果的迅速转让。

③与上述两方面因素相联系，非技术创新国也可能试图通过自身的研究与开发取得某项技术成果，以实现变相的技术转移，但极有可能受到该国自身的诸多制度性内生变量的制约，遇到多方面的困难和障碍，使其在短期内难以实现掌握某项技术成果并将之用于现实生产的目的。

4.2　技术差距理论模式

技术差距理论包括两类模式：一类叫单独的技术差距模式（discrete models），它没有考虑技术密集程度，包括克鲁格曼–维农模式和技术差距中的贸易、创新和增长模式等。这类模式当中克鲁格曼–维农模式最为典型，其他模式是该模式的发展，所以下面将对克鲁格曼–维农模式予以详细介绍。第二类模式叫系列商品技术差距模式（model with a continuum of goods），这类模式考虑了技术密集程度，包括被称为李嘉图式的技术差距模式和综合性的技术差距模式。

4.2.1　单独的技术差距模式

1）克鲁格曼–维农模式

保罗·克鲁格曼（Paul Krugman）于1979年在《政治经济学》杂志发表题为《创新、技术转让和世界收入分配模式》论文。在该论文中提出了一般均衡条件下的产品周期贸易模式，即克鲁格曼模式。由于该模式是以维农的产品周期论为基础，故该模式通常被称为克鲁格曼–维农模式，这是最初有代表性的单独技术模式。

克鲁格曼–维农模式包括基本假定条件和模式的含义两部分：

①基本假定条件。

②关于什么是国际贸易的决定因素。

第一，按克鲁格曼–维农模式，世界被分为两类国家，即北方国家（以下简称北方）和南方国家（以下简称南方），假定国际贸易的决定因素是北方在开发新产品方面具有的绝对优势。北方创新及出口新商品；南方只模仿和供应仿制的产品。两种活动不断进行。随着仿制取得成效，每一种新商品变为旧的。模仿意味着特定的生产技术变成共同的财产。

第二，关于国际技术转让的决定因素。按克鲁格曼–维农模式，决定国际技术转让的是北方对南方的工资比率。假定北方和南方的产品劳动生产率是同一的，北方对南方的工资比率大于1（$W_n/W_s > 1$），就会使北方完全专业化于生产和出口新产品，南方则专业化于生产和出口老产品，北方的高工资是他们进行创新并垄断供应新商品得到的租金。如果北方与南方工资相等，那么北方既会生产新产品也会生产老产品，南方也会如此。

第三，在生产要素上，克鲁格曼–维农模式假定劳动力被当作唯一的要素，并且这一要素是同质的和不能移动的。

第四，在供给商品的类型和数量上，克鲁格曼–维农模式假定供给的是 n 个各种各样的商品，这些商品被分为新商品和模仿商品两种。

第五，在生产商品的技术上，克鲁格曼–维农模式假定这种技术是同质的，是能够供应各种各样新产品的产品技术，对于能够改进产品的工艺技术则未予考虑。

第六，克鲁格曼–维农模式假定在北方对南方工资比率大于1的情况下，北方只供应新商品，南方则生产和供应仿制产品。

第七，北方的创新率和南方的模仿率都是外生的。

第八，按克鲁格曼–维农模式，所有商品的需求函数都是同一的，商品之间具有完全替代性。

第九，商品市场和要素市场都是完全竞争的市场。

该模式的基本含义包括技术变化在北方发生的影响、技术变化在南方加快发生的影响、劳动力变化发生的影响等。

2）克鲁格曼-维农模式的扩展、修正

多拉（Dollar）、詹森（Jensen）和瑟斯比（Thursby）、谢洛斯特洛姆（Segerstrom）等对克鲁格曼-维农模式进行了新的探讨，使其获得了扩展。

多拉试图把克鲁格曼-维农模式同新古典赫克歇尔-俄林贸易模式结合起来。他假定技术转让的速度受北-南之间生产费用差别的积极影响，并引入资本作为第二种生产要素。资本可以在两个地区之间缓慢流动，因而资本的租金可以在两个地区之间均衡化，但是两个地区之间的工资差别因北方对创新的垄断而不会消失。就对贸易的影响而言，北方的高工资意味着每单位产品使用劳动数量较少，资本劳动比率北方比南方高，因而北方将会出口资本密集型产品、进口劳动密集型产品。

多拉认为，如果南方劳动力供应增长，短期内会扩大北-南的成本差别，但在长期内这种差别会缩小，技术和资本的流动会增加。南方劳动力供应增长对北方工资会产生不利影响，对高技术扩散也会产生不利影响。

詹森和瑟斯比认为，北方在研究与开发上的投资对贸易条件的影响是不确定的。最后的结果将依赖于北方一般制造部门的相对规模，如果一般商品的制造部门与一般商品的潜在需求相比相对较小，那么以先前进行着的一般商品来衡量，劳动力的机会成本应该是很高，贸易条件甚至可以得到改善。

他们认为，南方加快模仿速度可以促使北方更多地投资于研究与开发，生产更多新产品。北方研究部门的扩大，就会吸收更多研究与开发人员。如果研究与开发部门对劳动力的需求超过一般制造部门解聘工人的数量，一般制造部门就业也会受益。总之，加快向南方的技术转让有利于北方研究与开发部门的发展，使其安置更多的劳动力。

4.2.2　系列商品技术差距模式

1）李嘉图式的技术差距模式

道恩布斯施·也特·阿尔（1977）、维尔逊（1980）及克鲁格曼（1985）从商品的技术密集程度和比较成本优势来研究技术差距问题。他们建立了两类国家模式，其中技术上先进的国家在技术密集型商品方面具有比较优势。他们认为，假定劳动力被视为唯一生产要素，国家之间的特性和商品特性决定了贸易模式。他们提

出的模式被称为李嘉图式的技术模式，其特点在于试图调和北-南贸易和赫克歇尔-俄林定理。

他们提出，假定北方在生产每一种产品上均比南方的效率更高，这样北方在所有商品上具有绝对优势。但是，北方劳动生产率的优势在高技术密集型商品方面更大一些，也就是说具有比较优势。当然南方某些商品也具有比较优势。

在劳动生产率同工资的关系上，某些商品在北方绝对劳动生产率优势超过绝对工资率的劣势。于是，北方在高级产品上具有比较优势，因而其专业化高于技术密集产品；南方的情况则和北方的情况相反，在低级产品上具有比较优势，因而其专业化低于技术密集型产品。在两类国家之间存在边际产品，这种产品两类国家均可以在同一成本下生产。

劳动生产率变化所产生的利益并不是在商品之间平均分布的，从变化中获益最大的是北方生产的高技术密集型商品。

技术变化引起北方劳动生产率迅速提高，导致技术差距的扩大。北方不仅可从出口高技术密集型产品获利，还可通过把某些商品的生产转移到南方以获得低价产品。

因为技术进步向着有利于技术密集型产品发展，南方多出口传统产品，因而获益不多。加上技术变化还有可能减少北方对南方传统出口产品的需求，南方可能丧失在某些部门的比较优势，并出现贸易逆差。为了恢复贸易平衡，北方的工资应提高，以抵消获得的比较成本差额。

南方在技术变化中相对北方处于不利地位，它不能在高级产品中取得比较优势，因而它越来越专业化生产和出口低技术劳动密集型产品，并且它在世界收入中所占份额趋向下降。但不可否认，南方也会在北方技术进步中获得某些好处，例如可以进口高技术密集型产品。

南方技术进步，可能对北方出口产生不利影响。北方对南方赶超的反应，一是加快本身技术创新的速度，二是实行技术上的保护主义。

2）综合技术差距理论

英国萨塞克斯大学的西莫尔（Cimol）及索艾特（Soete）提出了综合性的技术差距理论，试图调和单独技术差距模式和系列商品技术差距模式。他们提出的模式假定条件、含义和前面所述模式大同小异。基本思路也是北方在高技术上占据优势，生产高技术密集型产品，南方生产和出口仿制产品（他们称仿制商品为李嘉图商品），然后两类国家相互交换。他们认为，中级和低级的技术密集型产品，其国际竞争力大小主要依赖生产效率提高的程度，这类商品的贸易多决定于比较成本法则；高技术密集型产品生产的情况则相反，其国际竞争力多有赖于研制新商品的能力，这类商品的贸易模式主要依靠在创新上所具有的绝对优势。

4.2.3 两种模式对比

1）两种技术差距模式的不同点

第一，如前所述，单独的技术差距模式没有考虑商品的技术复杂性，即技术密集程度，而系列商品技术差距模式却考虑了这一点。

第二，两种技术差距模式在论述技术进步形式时强调的侧重点不同，前者强调技术创新及其所产生的影响，后者则强调劳动生产率的变化。

单独的技术差距模式强调技术创新和随后的模仿，认为决定贸易的主要因素是北方在开发新产品或开发差别化产品上具有的绝对优势；北-南技术转让的基本原因是北方和南方存在的工资差别（$W_n > W_s$）。在北方工资高于南方工资（$W_n > W_s$）的条件下，单独的技术差距模式预示着北方供应创新产品以交换南方的模仿产品。北-南之间技术差距的大小依赖于连续创造新产品的能力与模仿的速度。

系列商品技术差距模式则假定北方在所有商品上具有最先进的技术。在 $W_n > W_s$ 条件下，北方和南方的生产活动，以及贸易方向决定于比较成本。按这种观点，南方的仿制活动和劳动生产率的变化对技术转让的影响极大。南方在仿制上具有成本低的比较优势，南方劳动生产率的提高与仿制能力的增强不但会提高南方在成本上的比较优势，而且还会使产品的生命周期缩短。这样北方必须提高创新率，加快对南方技术转让的速度。

第三，按照系列商品技术差距模式，北-南两个地区工资上的差别，决定于劳动生产率。北方的劳动生产率高，决定了其工资水平也高；同时，在北方于所有商品劳动生产率上具有绝对优势的前提下，工资差别构成了国际贸易存在的前提条件。

2）两种技术差距模式的共同点

上述两种技术差距模式的共同点是重视技术因素，把技术因素作为解释北-南之间的贸易和技术转让的主要原因。这一点同以自然条件为基础的李嘉图比较成本说有显著区别，与赫克歇尔和俄林把不同的劳动和资本禀赋作为国际分工的依据也不相同。由于技术在经济和贸易发展中起着越来越重要的作用，有必要作出与传统的国际贸易理论不同的新的解释。在这方面，技术差距理论是有贡献的。

技术差距理论重视把技术因素作为解释北-南贸易主要因素的表现有：

第一，由非竞争性的生产者不断开发和出口新产品。

第二，不同的技术能力可以部分地解释国家之间存在的工资差别、创新和模仿过程包含有重大的福利效应。

第三，学习很重要，要把它作为知识积累和日益增长的有效手段，以保持国家的长期增长。

第四，研究与开发是一项复杂的活动，进行这项活动要得到外部的融资。

第五，企业参加技术竞赛来取得领先地位是一个不确定的长期过程。

第六，开发新产品可以经常导致比较成本的变化。

所有技术差距模式中明确地或暗含阐述的大部分动态性问题，受到了张伯伦（Chamberlain）及熊彼特（Schumplter）关于在动态性非竞争市场上开发新产品的思想影响。在这里贸易理论和其他经济学的相互补充是显而易见的。特别是近年来贸易理论、工业组织理论及经济增长理论的影响十分突出。再者，技术差距理论像大多数国际贸易的非竞争模式一样认为，所有消费者都对各种各样的商品具有强烈的爱好，因而促成了部门之间的贸易和部门内的贸易活动。这一点传统的国际贸易理论也未曾涉及。

某些技术贸易差距理论，试图把其模式同赫克歇尔-俄林定理结合起来，把自己的模式视为后者的延伸，即北方把拥有的技术作为开发新产品的特别生产要素禀赋，从而北方在研究与开发和创造新产品上具有比较优势，并且假定成本的创新可以立刻转变为实际供应的新产品。根据技术差距模式，工资差别来源于北方垄断创新的租金，只要北方在技术上领先于南方，工资差别就不会消失。所以，按技术差距理论，赫克歇尔-俄林定理中所说的自由贸易下要素价格均衡化永远也不会发生。

4.3 技术差距理论发展

4.3.1 早期技术差距理论的主要观点

早期的技术差距理论受新古典增长理论的明显影响，致力于探讨"是否存在技术后来者能够分享的增长红利"。对这一命题的诠释集中于技术差距的长期均衡，并以技术差距长期内是否会收敛作为分水岭形成三大主要观点：赶超论、累积论与新累积论。

1）赶超论

最早对技术差距进行系统研究的是波斯纳。他发现随着贸易的扩展，技术的示范效应不断强化，最终被技术创新国之外的其他国家掌握，从而使得国际技术差距收敛（Posner，1961）。对此的一个模型表述是技术追赶模型。技术追赶模型认为技术差距是实现技术收敛的一个必要非充分条件。赶超论意味着技术落后的区域可以通过技术引进与技术扩散来实现赶超，从而存在后来者红利，这对发展中经济体是一种极大的理论鼓励。

2）累积论

一部分学者认为并不存在技术落后区域的后来者红利。从供给角度来看，北方的创新模型和南方的模仿模型表明了发展缓慢的南方没有机会形成赶超北方的发展速度，因此，形成了南方和北方的持续性差距（Grossman and Helpman，1991）。从需求角度对"技术差距最终趋于非收敛"这一观点进行的系统解释，是由卡尔多的循环累积因果理论引发的，并遵循凡登-卡尔多法则、沿着D-T模型这一路径不断发展和深化。凡登-卡尔多法则揭示了区域经济增长差异中的累积因果动态过程。Dixon和Thirlwall证明如果凡登系数大于零，产出与生产率之间将通过技术更新指标和出口指标的传递形成一种循环累积的反馈机制（Dixon and Thirlwall，1975）。后来的学者证明了凡登系数大于零，从而为D-T模型提供了强有力的支持（Harris and Lau，1998）。

3）新累积论

继Kaldor、Dixon和Thirlwall之后，很多学者对循环累积模型进行拓展，使之成为新循环累积模型（简称新累积论）。新累积论的最大贡献在于为技术差距理论研究的转向奠定了实证基础。新累积论的研究显示技术差距的长期均衡具有多元性。如果一国缺少利用技术的潜能或制度、配置和总需求等要素间的相互作用无效，那么技术差距的结果就需要具体考虑。对57个国家1965—1990年的数据分析显示，虽然第二次世界大战后技术差距从总体上有缩小的迹象，但是在赶超中发达经济体和发展中国家都从中受益；同时技术的中性也显示发达经济体从技术进步中获利更多，因此，技术差距最终是否收敛并不确定（Kumar and Russell，2002）。正是基于这种多元性的结论，是否存在后来者红利这一命题有所弱化，如何形成后来者红利成为更重要的研究主题，因此，新累积论者开始关注形成技术差距的一些内生因素。

4）三大主要观点的区别

（1）理论推导机制存在差异
赶超论中起核心作用的是追赶机制。累积论的推导机制为循环累积系数。新累积论基本延续了累积论的循环累积系数，但不同的是将循环累积系数与其他因素结合起来进行动态分析。

（2）比较优势认同的差异

赶超论认为基于内生比较优势的技术吸收能力和技术转化能力最为重要。累积论和新累积论则同时强调外生比较优势和内生比较优势：初期的技术优势作为一种外生比较优势能够提高优势地区的增长起点，此后，循环累积机制会形成一种内在的技术优势并不断强化。

（3）政策方案选择的不同

赶超论认为赶超需要政府强有力的支持才能实现后发优势，因此，侧重于产业政策、财政货币政策和技术政策的全面实施。累积论主张加强自由贸易。新累积论则认为技术差距的弥补需要落后区域提高自身技术能力和吸纳外来扩散两个方面，因此不仅需要从技术创新能力区域差异、技术投入等方面着手提高落后地区自身的技术创新能力，而且需要提高落后地区吸纳技术扩散的能力。这些理论的争论与融合为技术差距理论的发展奠定了坚实的基础。

4.3.2　中后期技术差距理论研究支点

在新累积论的基础上，2000年以后的技术差距理论开始转向对技术差距内容的研究。在这一主题中技术差距的结构主义分析方法、技术差距的指标选择与测算、技术差距的影响因素成为主要的研究支点。

1）技术差距中的结构主义分析方法

第一，通过共同边界函数将技术差距作为技术效率的主要构成部分（Battese，2004）。其基本思想是将技术效率分解为两部分：一是不同群体之间的非效率引起的；二是由群体之间的技术差距引起的。其中，技术差距通过共同成本边界函数中最大可能技术产出与某区域的实际技术产出之间的比例技术差距率来表示。

第二，以偏离份额法为基础，将区域差距分解为三个方面：

①区域增长分量，即由产业产值增长速度差异带来的差距；

②产业结构偏离分量，即由产业增值偏离平均值而带来的差距；

③竞争分量，即在剔除经济增长和结构变动的因素之后剩下的因素所带来的区域差距。

最初，偏离份额法主要应用于区域经济差距的分析。当选用的因变量为劳动生产率或TFP指标时，测算的区域经济差距则主要来自技术差距。通过修正后的偏离份额法考察加入凡登系数之后的部门技术差距，发现技术差距主要来源于三部分：

产业间的生产率增长差异；由更高生产率增长水平所带来的静态偏离效应；由劳动生产率的增长速度差异所导致的动态偏离效应。其中结构性因素对产业之间的技术差距影响较小，而部门之间生产率的普遍提高对技术差距的缩小起到主导作用（Tmmer and Szimai，2000）。

2）技术差距的指标选择与测算

传统上测定技术差距的指标以人均 GDP 为主，这是考虑数据的可获得性。但是不同国家反映技术的主要指标 R&D/GDP 与人均 GDP 之间存在较大差异，因此指标选取的工作值得关注。其中，有三个重要的原则需要遵循：技术差距指标不仅应反映应用数量，还应反映交付质量；不仅应关注硬件，还应关注人力资本等软件；不仅应关注创新的产品，还应关注中间过程和方法。

3）技术差距的影响因素

近年来对技术差距影响因素的讨论呈现出向纵深发展的趋势，具体表现在三个方面：

第一，技术扩散因素由扩散行为转向扩散能力的培育并进而向建立国家或产业的扩散系统转变。作为缩小技术差距的重要影响因素，技术扩散并不是一种自发效应，而首先是企业相关技术行为的结果。在国内和国外公司的相互影响中，重要的学习活动是使用国外已有的先进中间产品而获得的技术扩散（Keller，2002）。然而，要加速技术扩散的实现必须依赖技术扩散接受方的技术吸收能力。适当的技术差距有利于技术接收方接受外部的技术扩散，同时可以加强其内部技术交流。总体来看，技术扩散既不单纯依赖企业的扩散行为也不单纯依赖吸收技术扩散的能力，而依赖由技术扩散源—技术扩散汇—技术扩散环境共同组成的技术扩散系统的整体作用。

第二，空间因素由距离向空间依赖性转变。长期以来，空间因素对技术差距的作用机制主要是通过距离对技术扩散的影响，进而间接影响技术差距。然而距离仅是空间的一种体现，随着空间经济学的发展，以空间依赖性为主的研究得到发展。以偏离份额法为主，结合不同区域的空间作用，可推演出 20 种含有空间结合和不含空间结构的分析公式（Nazara and Hewings，2006）。

第三，政策因素由单纯技术政策向综合经济政策转变。技术政策不能独立于其所在的经济和制度背景而独立被评估。技术政策涵盖于标准的经济政策中，技术学习补偿了传统经济响应，进一步刺激了经济增长，政策对技术差距的作用得到强化，如保护性关税、知识产权保护、反倾销政策、创新政策等。在缩小技术差距的努力中，政府应采取行动弥补市场失灵，并针对拥有市场的现有技术和国内竞争较为激烈的现有技术采取其他措施，以制定适应并接纳这些技术的技术政策和经济政策。其中起到双重作用的外延政策和传播政策是关键，一方面可以向大众普及技术解决方案，另一方面可以向技术提供者反馈有关解决方案的实用性和对解决方案的需求信息。

4.4　技术差距影响双边贸易的机理分析

4.4.1　两国技术差距构成其双边贸易的现实基础

基于李嘉图（1817）比较优势理论的分析，在两国两产品的模型下，如果两国存在技术差距，技术领先国的劳动生产率应该会大于技术落后国，那么对于两国而言，领先国在其中一种产品上具有相对于另一种产品更高的劳动生产率，那么由技术领先国负责该种产品的生产并向技术落后国出口该种产品，而技术落后国则负责生产另外一种产品并出口到领先国。这将能提高两国整体的生产效率。故在这种技术差距下，各国应该出口各自具有比较优势的产品，从而提升整体的生产效率，在这种分工的基础上，贸易双方也均能从这种贸易模式下获利，并促进贸易的产生，为两国的贸易奠定基础。

从要素禀赋的角度考虑，H–O定理虽然不包括技术要素，但实质上是将技术的影响反映在劳动和资本两种基础要素上，即一个国家的技术水平，会影响一国的要素禀赋。为了更直观地反映技术要素对一国分工与贸易的影响，波斯纳（1961）在其技术差距理论中也提出，应当将技术要素作为独立于劳动和资本的第三种要素纳入到生产模型中。在这种理论框架下，一国应该出口自身技术要素丰富的产品，进口技术要素稀缺的产品。这种技术要素的差异奠定了两国分工和贸易的基础，从而决定两国各自进口什么产品、出口什么产品。

通过上述理论的研究分析我们可以发现，技术差距在影响双边贸易的机制上主要是通过影响两国的贸易基础和贸易格局来发挥作用的。在双边贸易中，两国间的技术差距会影响两国间的比较优势差异。从相同行业的角度分析，在产品层面上，技术领先国相对于技术落后国在生产高质量的产品方面具有比较优势，这种产品质量差异上的优劣势会使得两国该行业上的贸易格局变为技术领先国出口高质量产品，进口低质量产品；而技术落后国出口低质量产品，进口高质量产品。在这种比较优势下，因技术差距影响的产业贸易格局也就形成了。技术差距决定双边贸易基础的原理如图4-1所示。

两国存在技术差距	两国劳动生产率差异	两国比较优势差异形成	各自出口比较优势产品	贸易分工形成	奠定两国贸易基础

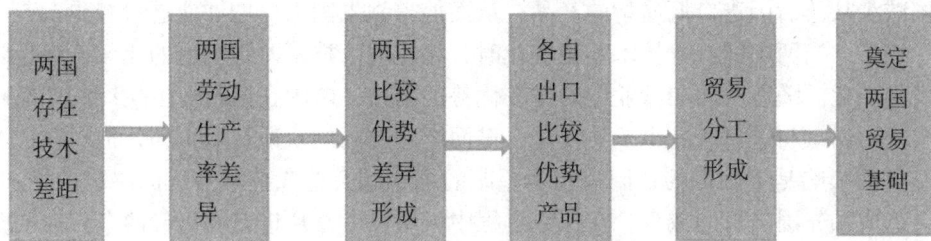

图4-1 技术差距决定双边贸易基础的原理

4.4.2 两国技术差距变化决定双边贸易结构的动态转换

当两国技术差距发生变化时，由技术差距产生的比较优势差异也会转变，从而影响两国各自的出口和进口。从 Vernon（1966）提出的"产品生命周期理论"的角度考虑，一个产品从研发到退出市场会经历导入期、成长期、成熟期和衰退期四个阶段。在导入期和成长期，两国间该产品的技术差距较大，技术落后国还没有模仿生产的能力，只能通过进口领先国的该种产品满足国内需求；而当产品进入成熟期时，两国间的技术差距会缩小，落后国具备了一定的模仿能力并开始自己生产该种产品，这会使得技术领先国的出口减少，同时技术落后国的进口减少，由技术差距产生的贸易减少；随着产品进入衰退期，落后国与领先国的技术差距进一步缩小，因这种技术差距产生的贸易逐渐消失。

从产品生命周期理论来看，技术差距的缩小会使两国贸易减少。但这种理论建立在产品同质的基础上，而且它假设一国在某类产品上不是进口就是出口。这无法解释现实中某国对某产品既出口又进口的贸易情况。为进一步探讨技术差距变化对双边贸易结构转化的影响，基于 Falvey（1981）提出的垂直产业内贸易理论，假设产品存在质量阶梯，两国对一种产品类型下的不同质量的产品均有需求。两国行业贸易因行业技术存在差距，形成技术领先国出口高质量的产品而进口落后国生产的低质量的产品，而落后国正好相反的贸易格局。此时，如果落后国发生技术进步使得两国技术差距缩小，则表现为落后国生产的产品质量升级。一方面，落后国因为产品质量的升级使得产品竞争力提升，而这种更高质量的产品势必会与领先国国内生产的高质量产品形成国际市场竞争效应，进而挤占领先国的国内市场，增加了对领先国的出口；另一方面，落后国因为自身可以生产比原来质量更高的产品从而使得本国产品与从领先国进口的高质量产品形成国内市场竞争效应，减少从领先国的进口。相反，如果因为领先国的技术升级造成两国间技术差距扩大，则领先国具备了生产更高质量产品的能力，而落后国因为技术落后，国内对高质量产品的需求只能通过进口来满足，同时领先国的产品质量升级带动的国内需求结构升级会使得领先国减少从落后国进口低质量的产品，从而使得领先国出口增加而进口减少。

　　综上，当两国间行业技术差距变化时，相应的由技术差距创造的比较优势也随之发生变化。随着两国在行业中的比较优势的变化，两国在该行业上生产的产品随之改变，出口与进口产品也发生变化，进而影响两国的双边行业贸易，但对双边贸易总量的影响是不确定的，因为技术差距的缩小既会造成技术落后国出口的增加，也会造成领先国出口的减少，在探究过程中，可以考虑从进口和出口两个方向同时入手。技术差距变化对双边行业贸易机制的影响如图4-2所示。

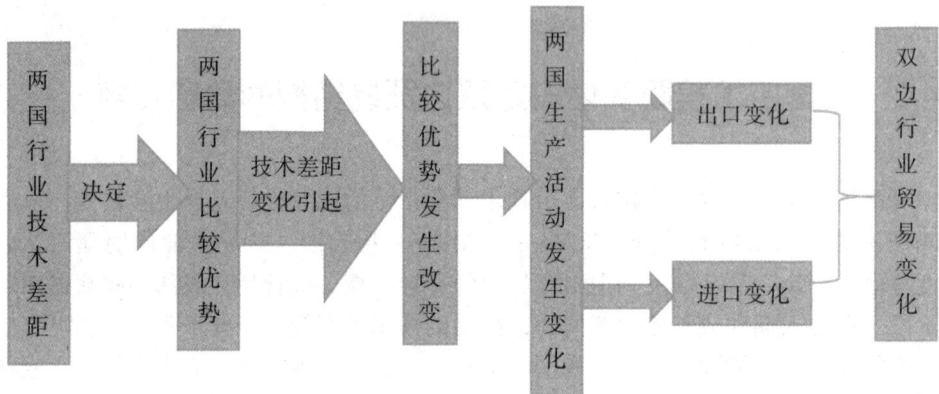

图4-2　技术差距变化对双边行业贸易机制的影响

4.4.3　两国技术差距决定双边贸易在全球价值链中的位置

　　全球价值链实际是指一个产品生产包括多个生产工序，而这些生产工序可以由不同的国家主体进行完成，每个国家在各自的生产工序上获得附加值的生产过程。主要的贸易形式是产业内贸易进一步演化而成的产品内贸易，载体是生产过程中的中间产品。

　　两国在全球价值链位置上的分工因两国行业技术差距的存在，形成了技术领先国处于价值链高端位置，向落后国出口技术密集型的核心中间品，而落后国处于价值链低端位置，进口核心中间品进行加工组装、生产一般零部件的贸易格局。在这种贸易模式下，如果落后国实现技术进步从而缩小与领先国的技术差距，则可以改变落后国与领先国在价值链中的相对位置。具体表现为落后国技术进步引起本国技术水平上升，使得本国有了生产更高级零部件的能力，从而减少从领先国的进口，同时，如果本国的技术进步带来了产品创新或者核心生产技术的突破，则会使得本国有能力向领先国出口中间品，从而达到价值链升级，扩大本国的出口。相反，如果技术进步发生在领先国，则领先国将掌握更高技术含量产品的核心生产技术，增加这类中间品向落后国的出口，而落后国因技术差距被"低端锁定"，使得本国成为一个"组装工厂"，大量进口中间品而减少中间品的出口，从而无法获得在全球价值链上的生产优势。

从上述分析可知，基于全球价值链的产品内贸易实质上是垂直分工专业化的进一步细化，从产品层面深入到生产工序层面，而形成这种垂直分工的原因正与主体间的技术差距导致的比较优势差异有关。当两国技术差距变化时，相应的双边中间品贸易的进出口情况也会产生变化，从而引起双边贸易的变化。

4.5 基于技术差距的标准贸易模型

1986年，克鲁格曼对基于技术差距的贸易模型作了标准化的描述。假定有一种生产要素——劳动，并对每种产品（如Z）都有一种最佳生产技巧（a best-practice technique of production），以劳动的要求来定义，为 $a^*(z)$。

随着技术的变化，这些最佳生产技巧也将持续地改进，因而 $a^*(z)$ 随时间 (t) 的推移而下降，例如有这样一种关系：

$$a^*(z) = e^{-g(z)t} \tag{4-1}$$

或 $$a^*(z) = e^{-g_z \cdot t} \tag{4-2}$$

$g(z)$ 或 g_z 是最佳生产技巧的改进率，在不同的国家是不同的，因而产品也就可以根据其技术密集性来排队。

国家也是一样，也可按它们的技术水平来排队，即用它们比最佳生产技巧落后的程度来表示。令 λ_i 和 λ_j 为两个国家（I和J）以年数表示的技术差距，并令 $\lambda_i < \lambda_j$，因而I国将能以比J国更少的劳动投入生产全部产品，因为对所有的z和t有：

$$a_i(z) = e^{-g(z)(t-\lambda_i)} < a_j(z) = e^{-g(z)(t-\lambda_j)} \tag{4-3}$$

或 $$a_i(z) = e^{-g_z(t-\lambda_i)} < a_j(z) = e^{-g_z(t-\lambda_j)} \tag{4-4}$$

对任何产品（z），有

$$\frac{a_j(z)}{a_i(z)} = e^{g_z(\lambda_j - \lambda_i)} \tag{4-5}$$

因此，I国作为更具有技术先进性的国家将在所有产品上具有绝对优势，但是，I国的比较优势将集中于那些具有更大技术密集性的产品上，因为两国的技术差距与那些经历缓慢技术进步的产品关系很小。

因此，在克鲁格曼的模型中，如图4-3所示，有一个国家构成的梯子，技术更先进的就在顶端；也有一个产品的度量，在这个度量中越高的就经历越快的技术进步。在这个梯子中越高的国家将有越高的工资。如果一个国家只有较差的技术而具有较高的工资，则该国不会在任何产品生产上具有成本优势。

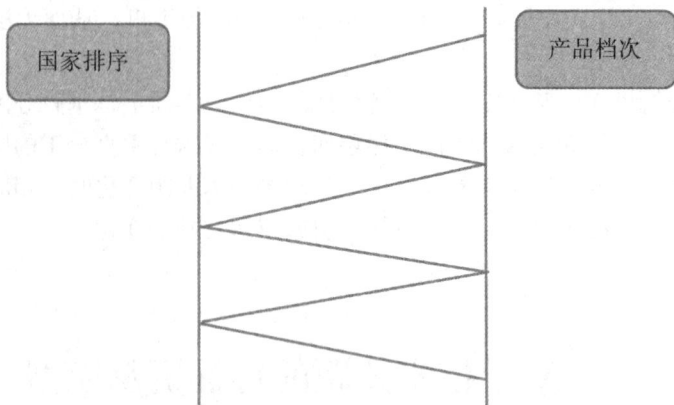

图4-3　国家排序和质量阶梯

　　为简便起见，现假定只有两个国家，A国技术先进而B国技术相对落后。再假定两国具有相同的偏好，这意味着对于各种物品有一个不变的支出比例。在给定的一个产品序列Z，将有一种产品（Z*），这种产品的生产成本在两国相等。由于A国是技术更先进的国家，其劳动具有更大的生产力，在这个界上，这种生产率将决定工资率：

$$\frac{w_A}{w_B} = \frac{a_B(z^*)}{a_A(z^*)} \tag{4-6}$$

因而A国将生产的产品范围为Z>Z*，B国将生产Z<Z*范围的全部产品。

　　现在考虑富裕的先进国家发生技术外生性改进的情形。这会加大各国的技术差距，但在生产率的增加方面是那些有较高技术密集度的产品更大。富裕国家的相对工资上升，产品数量增多，因而欠发达经济体生产的产品范围缩小。

　　富裕国家无疑会从中获益，用全部产品衡量的实际工资上升；以A国生产的产品的数量衡量也是上升的，因为生产率提高了；以B国生产的产品数量来衡量同样也是上升的，因为相对工资提高了（可相当于更多的B国产品）；以原来在B国生产的产品现在在A国生产也是如此。

　　技术水平较低的国家会受到相对工资反向变化的困扰，并且会变得更加专业化于最低技术密集的产品。但这个国家仍然得益，因为其购买力上升了。以国内生产的产品衡量的实际工资没有变，但过去传统上从A国购买的产品价格下降，这种购买力的上升是因为A国相对工资的上升要小于边际产品Z*的生产率的上升。

　　从式（4-6）可以看到，$a_A(z^*)$上升了，但A国生产的产品数量（种数）也增加了，所以新的相对工资由一种在产品序列中低于Z*的产品来决定。既然全部A国生产的产品Z>Z*的生产率增加更多，所以过去由A国生产的全部产品的价格都下降了，故其他技术水平低的国家（B国）的购买力上升了。此外，那些B国原先生产的产品现在也可以更便宜地从国外获得，所以实际工资必然上升。

明德园地

新能源汽车行业发展见证中国制造新成长

近年来，以电动载人汽车、锂电池和太阳能电池为代表的外贸"新三样"持续走俏，成为中国外贸出口的新增长点，形成强大竞争力。2023年，"新三样"产品累计出口1.06万亿元，首次突破万亿元大关。中国已成为推进世界能源发展转型和应对气候变化的重要推动者。新能源汽车产业发展对减少交通领域污染物排放、促进高质量碳达峰、降低石油进口依赖、支撑建设全球汽车强国具有重要意义。从萌芽破土而出，到拥有全球最大的新能源汽车市场、完整的产业配套体系和完善的政策支持体系，中国已培育成长出一批具有国际竞争力的优秀龙头企业，走出了一条以创新引领发展的向"新"之路。

从出口规模和增长来看，中国新能源汽车的出口在近年来实现了爆发式增长。2021年，中国新能源汽车出口31万辆，同比增长38.39%；2022年，这一数字更是达到了67.9万辆，占据了全球新能源汽车出口总量的1/3，显示出中国新能源汽车在全球市场的强劲增长势头。2023年，中国新能源汽车市场快速增长，销量949.5万辆，市场占有率31.6%，同比增长37.9%。其中，新能源汽车出口120.3万辆，同比增长77.6%，产销量占全球比重超过60%。据中国汽车工业协会预测，2024年新能源汽车销量将达到1 150万辆，继续保持稳中向好发展态势，将是中国新能源汽车行业在全球地位进一步提升的关键一年。

在出口市场和品牌方面，中国新能源汽车主要出口亚洲和欧洲地区，其中欧洲市场在2022年对新能源汽车的需求激增，成为中国新能源汽车出口的重要增长点。同时，中国品牌如上汽、比亚迪、东风等在新能源汽车领域实现了出口品牌、技术自主的突破，标志着中国在新能源汽车领域的国际竞争力显著提升。

资料来源：张瑾. 新能源汽车行业发展见证中国制造新成长 [EB/OL]. (2024-03-15) [2024-11-26]. https://www.ndrc.gov.cn/wsdwhfz/202403/t20240315_1364969_ext.html.

【案例点评】

中国新能源汽车产业在技术和规则上保持领先，是出口、投资、消费的重要动能。从竞争格局来看，新能源汽车行业是制造业中竞争非常激烈的一个行业，将进入深度重塑期，行业集中度会不断提升，全面提升技术和竞争力才是企业的发展之道。

【价值塑造】

中国智能网联新能源汽车出海，对改善世界环境具有积极意义。用中国技术向世界推广可负担的电动汽车，将推动中国标准与国际标准进行互通，提升中国新能源汽车的国际竞争力。保持"贸易+海外生产"模式，逐步由贸易为主变成海外投资本地化发展为主，是国际化的基本规律。引导学生认识到技术进步的重要性，树立科技报国思想，培养其全球化视野，培养其社会责任感和使命感。

关键术语

技术差距　制度性内生变量　克鲁格曼-维农模式　赶超论　累积论　新累积论　凡登-卡尔多法则　全球价值链　产品生命周期理论

基础训练

一、简答题

1.什么是技术差距理论?

2.技术差距理论的前提是什么?

二、论述题

1.对比技术差距理论的两种模式。

2.两国技术差距是如何构成其双边贸易的现实基础的?

3.两国技术差距变化如何决定双边贸易结构的动态转换?

第5章 产业内贸易理论

学习目标

❖**学习目标**

1. 了解产业内贸易的形成和发展历史。

2. 熟悉产业内贸易的分类标准以及各类产业内贸易的特点。

3. 掌握产业内贸易的测度方法及主要模型。

4. 了解我国产业内贸易的现状及面临的问题。

❖**重点与难点**

1. 学习并掌握产业内贸易与跨国公司之间的关系。

2. 学会运用不同的测度方法与模型解释产业内贸易的成因。

❖ **引导案例**

俄罗斯钢铁出口的转变

俄罗斯是世界钢铁主要出口国之一。俄罗斯钢厂主要分布在西南地区，其中，85%的产能是由谢韦尔（Severstal）集团、耶弗拉兹（Evraz）集团、新利佩茨克钢铁公司（Nlmk）和马格尼托哥斯克尔钢铁公司（MMK）四大钢厂创造的，出口集中在黑海区域，北方地区及沿海地区钢铁产业布局较少。当西伯利亚地区需要大量钢材时，俄罗斯选择就近从中国东北地区进口，而非从位于欧洲的俄罗斯其他地区购买。2022年2月24日，普京以北约东扩及顿巴斯冲突为由，宣布对乌克兰实施"特别军事行动"，试图在该区域推行非军事化和去纳粹化，俄乌冲突正式爆发。在俄乌冲突的影响下，俄罗斯钢铁出口受欧盟制裁，可能会向亚洲国家出口产品，亚洲国家转而将产品出口至欧洲。

资料来源：世界钢铁统计数据、S&P Global、俄罗斯卫星通讯社。

5.1 产业内贸易的概念及理论发展

5.1.1 产业的界定

为界定产业内贸易，关键要清晰界定什么是产业。产业的集合范围界定决定着产业内的专业化分工程度，不同集合范围的产业所对应的产业内贸易的规模也不相同。例如，"汽车"这一层次的产业内贸易的规模大于"轮胎"这一层次的产业内贸易规模。若错误地将本质上属于不同产业的产品集合在一起，便会导致产业内贸易规模的夸大，从而失去研究意义。那么，我们该如何界定产业呢？

总体来看，理论上大多数学者都是通过以下三种主要依据来界定产业的：

1）消费的可替代性

在使用这种依据界定时，将具有相似用途且消费者可在一定程度上使用其他产品替代某一产品的所有产品集合视为某一特定产业，尽管这些产品的投入或要素比例是不相同的。

2）生产的可替代性

在使用这种依据界定时，将投入或要素比例大致相同的所有产品集合视为某一特定产业（或行业），尽管这些产品的使用用途不相同。

3）相同技术密集度

在使用这种依据界定时，将使用大致相同的生产技术或过程生产出来的产品视为某一特定产业。

通过以上三种依据可以看出，在使用不同依据界定产业时会导致不同的结果。因而在研究某一具体问题时，应根据所获得的数据选择一个较为适宜的依据。在实践中，关于产业的分类国际上主要采用官方统计分类：《国际贸易标准分类》（Standard International Trade Classification，SITC）、《国际标准行业分类》（International Standard Industrial Classification of All Economic Activities，ISIC）和《商品名称及编码协调制度》（Harmonized Commodity Description and Coding System，HS）。

为便于统计国际进出口贸易及与其他国家贸易活动进行横向比较，绝大多数国际机构采用《国际贸易标准分类》（STIC）对国际贸易商品进行统计和分类。自1951年颁布以来，《国际贸易标准分类》共进行了4次修订，根据最新一次修订的结果，该标准分类方法将商品分为十大部类、63章、223组、786个分组及1 924个项目，具体各部类名称见表5-1。

表5-1　　　　　　　　　　　　　　国际贸易标准分类

SITC 分类	部类名称
SITC 0	食物及主要供食用的活动物
SITC 1	饮料及烟类
SITC 2	非燃料或非食用未加工材料
SITC 3	矿物燃料、润滑剂及有关原料
SITC 4	动植物油、脂肪及蜡
SITC 5	未列明在其他编码的化学品及有关产品
SITC 6	按原料分类的制成品
SITC 7	机械及运输设备
SITC 8	杂项制造品
SITC 9	其他处理商品

由于各国在经济发展水平、技术水平、自然资源、气候条件等方面存在差异，为使得各国数据具有可比性，联合国统计委员会于1948年构建了国际标准产业分类体系，为各国提供了产业分类体系标准。随着时间的推移，为适应新兴产业的需要，国际标准产业分类先后经历了四次修订，联合国统计委员会于2006年召开了第三十七届会议，审议并通过了《国际标准行业分类》修订本第4版，该产业划分方法正式成为国际公认的标准。

《国际标准行业分类》共分为四个层次结构，具体分为21个门类，进一步分为88个类、238个大组和419个组。门类为最高层次，分别为：农业、林业及渔业；采矿和采石；制造业；电、煤气、蒸气和空调的供应；供水，污水处理、废物管理和补救活动；建筑业；批发和零售业，汽车和摩托车的修理；运输和储存；食宿服务活动；信息和通信；金融和保险活动；房地产活动；专业、科学和技术活动；行政和辅助活动；公共管理与国防，强制性社会保障；教育；人体健康和社会工作活动；艺术、娱乐和文娱活动；其他服务活动；家庭作为雇主的活动，家庭自用、未加区分的物品生产和服务活动；国际组织和机构的活动。每个门类下分为若干个类，每个类下分为若干个大组，每个大组下分为若干个组。比如，农业、林业及渔业门类下面包括作物和牲畜生产、狩猎和相关服务活动，林业与伐木业等类；作物和牲畜生产、狩猎和相关服务活动类下面包括非多年生作物的种植、多年生作物的种植、植物繁殖、牲畜生产等大组；非多年生作物的种植大组下面包括谷类（水稻除外）、豆类和油籽类作物的种植，水稻的种植，甘蔗的种植等组。通过划分层次细化到具体的产业领域，有利于各国进行数据统计和分析。

1983 年世界海关组织将海关合作理事会税则商品分类目录（CCCN）与国际贸易标准分类（SITC）两大分类标准相协调，制定了一套系统性、多用途的商品名称及编码协调制度，对各种进出口产品相关税率进行量化管理。该分类标准于 1998 年 1 月 1 日正式实施，每隔 4 年修订一次，目前，世界上已有 200 多个国家、地区使用 HS 编码制度。HS 编码由 6 位数字构成，把国际贸易商品分为二十二大类、99 章，章由前两位数表示，中间两位数表示目，最后两位数表示子目。

5.1.2　产业内贸易的概念

产业内贸易是产业内国际贸易的简称，是指一国或一地区在一段时间内，相同或相似的产业的产品既进口又出口的贸易现象，实现双向流动，因此也被称作双向贸易。比如中国不仅向韩国出口某种品牌卫衣，同时又从韩国进口某种品牌衬衣的这一贸易现象。此外，产业内贸易还包括中间产品的贸易，如某种产品的零部件、中间产品的国际贸易。

而产业间贸易是指不同产业之间不同产品的贸易，如一国生产的农产品与其他国家生产的工业品之间产生的贸易活动。相同或相似的产业、行业产品只进行单向流动，如一国只出口生产的农产品，而不从别国进口农产品到本国。

从以上表述中可以得出，产业内贸易可以概括为：某一产业的产品在消费和（或）生产上具有严密替代关系，并在不同国家或地区之间双向流通。

5.1.3　产业内贸易理论的产生和发展

产业内贸易理论产生于第二次世界大战之后，是对比较优势理论与要素禀赋理论的创新和发展，其更好地解释了国际贸易实践中的产业内贸易现象。自 20 世纪 60 年代以来，出现了如"里昂惕夫之谜"等无法用传统比较优势理论解释的国际贸易现象，经济学家们发现要素禀赋相似的发达经济体之间出现了大量的产业内贸易活动，即具有相似特征的同类产品的双向贸易，由此便开始了对产业内贸易理论的研究。

从研究进展看，最早的产业内贸易研究诞生于经验分析阶段，这其中包括佛得恩对"荷比卢经济同盟"集团内贸易格局的研究，以及巴拉萨对欧共体成员制成品贸易情况的分析等；随后进入理论研究阶段，由格鲁贝尔和劳埃德于1975年合著的《产业内贸易：差别化产品国际贸易的理论与度量》，系统地论述了部分产业内贸易理论；最后进入丰富发展阶段，由迪克西特、克鲁格曼、斯蒂格利茨等建立起新张伯伦模型，并将其运用到相关领域中。在此之后，布兰德和克鲁格曼建立差别模型解释了标准化产品的产业内贸易现象。

具体的产业内贸易理论将在本章5.4部分进行详细阐述。

5.2 产业内贸易的分类

美国学者格鲁贝尔（H. G. Grubel）和澳大利亚学者劳埃德（P. J. Lloyd）在其专著《产业内贸易——差别化产品的国际贸易理论与度量》中，将产业内贸易分为同质产品的产业内贸易和差异产品的产业内贸易两大类。

5.2.1 同质产品

同质产品是指可以完全被替代，彼此之间品质相同、消费者的消费偏好完全一致，且需求交叉弹性极高的产品，比如相同品种的苹果。此外，格鲁贝尔认为同质产品还满足生产区位、制造时间不同的条件。一般情况下，这种产品的贸易活动主要发生在产业间，但有时受到市场和经济条件的影响，会出现在产业内贸易活动中。导致同质产品发生产业内贸易的原因主要有：

1）运输成本

部分产品的生产依赖自然资源的可获得性，因此，生产区位存在一定限制。若生产的商品在国内不同区域之间流转的运输费用大于从国外进口的成本加关税等费用，国内供应商为了达到利润最大化的目的，往往会选择从其他国家进口，进而形成同类产品在该国既进口又出口的现象。

2）季节性因素

对于某些产品来说，气候、温度等季节性因素是制约其生产的重要因素，若产品的生产时期与消费者的购买时期不一致，便会出现储存现象。此时，若其他国家生产该产品的时期与国内消费时期相同，且两国之间的运输成本低于国内的储存成本，便会产生进口现象，同理也会产生向国外出口该类产品的现象。其中，最具代表性的便是农产品。这种根据不同季节对产品进行"削峰填谷"并使其达到供需平衡的现象也叫作产业内贸易。

3）转口贸易

转口贸易是指进出口产品并不在生产国和消费国之间直接进行，而是借助转口国进行中转再销往消费国，在转口国不进行加工，只经过储存、分类、包装、运输等环节的一种贸易方式。由于同类产品同时出现在转口国的进出口项目上，因此在进出口统计数据中形成了产业内贸易。

4）政府政策

国家颁布的补贴政策、与其他国家或地区签订的某种协议等因素会引起产品相对价格的变化。例如，国家为促进出口对部分产品实行出口补贴政策，国内企业为了达到利润最大化的目的将该类产品出口到其他国家；同时，该国也从实行补贴的国外进口该类产品，以享受他国补贴价格优惠，进而产生了产业内贸易。

5）跨国公司

除运输成本、季节性因素、转口贸易、政府政策等原因外，跨国公司也是产生产业内贸易的重要原因之一。

5.2.2 异质产品

异质产品又称差别产品或差异产品，是指同类产品在质量性能、外观色彩、使用材料、规格大小等方面存在差异，即特性大体相似但不完全相同的产品，产品间不能完全替代，有较小的需求交叉弹性。一般来说，异质产品是产业内贸易的主体。根据贸易是发生在不同生产阶段之间，还是发生在同一生产过程的不同阶段之间，可将异质产品分为水平差异产品和垂直差异产品。

1）水平差异产品

水平型产业内贸易的主体产品存在水平差异。随着经济水平的发展，消费者的需求结构不断变化，对于质量和价格等关键方面相似的同一类产品，在大小、颜色、规格设计、品牌等特有属性方面存在着不同的消费需求。由于一个国家无法做到兼顾所有消费者的需求，因而产生了该国从国外进出口该类具有水平差异产品的贸易活动，以满足国内消费者的多元化需求。一般来说，水平型产业内贸易发生在经济发展水平相似、产业结构和技术水平差异较小的国家之间，主要发生在发达经济体之间。

2）垂直差异产品

垂直型产业内贸易的主体产品存在垂直差异。

首先，一个国家的不同消费者之间在收入水平上存在差异，对于不同档次的产品有着不同的需求。收入水平高的消费群体倾向于购买质量高、档次高、价格高的产品，收入水平低的消费群体倾向于购买质量较低、中低档次、价格较低的产品。

其次，不同国家的生产投入成本、自然资源条件、生产技术水平等方面不一致。具体而言，部分发达经济体在技术上占据主导地位，研发支出高，创新水平不断提升；技术水平相对落后的国家则只能生产技术水准低、品质低的中低档次产品。因此，为满足不同收入水平消费群体的消费需求，收入水平高的国家可能进口品质较低、外观较差的产品，以满足国内低收入群体的需求；收入水平低的国家可能会进口品质较高、外观较好的产品，以满足国内高收入群体的需求。这些不同品质的同类产品的进出口构成了垂直型产业内贸易，这类产业内贸易的主体国家是技术水平、经济水平差距较大的国家，主要发生在发达经济体与发展中经济体之间。

5.3 产业内贸易的测度

产业内贸易的测度可分为产业内贸易水平的测度及产业内贸易类型的测度。其中，产业内贸易水平的测度包括静态指标 G–L 指数、修正后的静态指标 G–L 指数、Aquino 矫正指数及动态指标 MIIT 指数。

5.3.1 产业内贸易水平测度

1）静态指标G-L指数

1975年经济学家格鲁贝尔和劳埃德通过对产业内贸易进行的大量分析和研究，提出了产业内贸易指数（G-L指数），他们认为国际贸易是由产业间贸易与产业内贸易加总而得，产业内贸易程度等于产业内贸易在产业贸易总额的比重大小。该G-L指数在经济学上的含义表示为：在一特定时期内，某一国家与其贸易国在某一产业上，相对于该产业的贸易总额，出口额被进口额抵消的程度大小。计算公式见式（5-1）：

$$GL_{ij}^k = 1 - \frac{\left| X_{ij}^k - M_{ij}^k \right|}{X_{ij}^k + M_{ij}^k} \tag{5-1}$$

式中：GL_{ij}^k表示国家i与国家j在k产业上的产业内贸易指数；X_{ij}^k和M_{ij}^k分别表示国家i在k产业上对国家j出口贸易额与进口贸易额。由公式可知，产业内贸易指数范围在0~1之间。当该产业的出口贸易额或进口贸易额为零，即GL_{ij}^k等于0时，表明这一产业在两国之间只存在单向流动的贸易活动，该产业变为产业间贸易；当该产业的出口贸易额与进口贸易额越接近，即GL_{ij}^k越接近1时，该产业的产业内贸易水平越高（见表5-2）。一般来说，若某一产业的G-L指数数值超过0.5，意味着该产业的产业内贸易水平较高。

表5-2　　　　　　　　　　产业内贸易水平划分

G-L指数	0	(0，0.25)	[0.25，0.5)	[0.5，0.75)	[0.75，1)	1
产业内贸易水平	零	低	较低	较高	高	完全

式5-1表示两国之间某一产业的产业内贸易水平，若要测度全部产业的产业内贸易水平，可将各类产业加总取得总G-L指数：

$$GL = 1 - \frac{\sum_{k=1}^{n} \left| X_{ij}^k - M_{ij}^k \right|}{\sum_{k=1}^{n} \left(X_{ij}^k + M_{ij}^k \right)} \tag{5-2}$$

式中：n为产业总数。

2）修正后的静态指标 G-L 指数

G-L 指数在测度产业内贸易水平上获得了广泛的应用，但实质上 G-L 指数是一个向下偏误的测量式，未考虑到国家和产业的贸易不平衡因素，比如一国在缺乏宏观调控时，贸易失衡现象时有发生。因此，经济学家格鲁贝尔和劳埃德提出了修正，对式（5-2）乘上一个调整权数 1/（1-K），得到修正后的 G-L 指数：

$$\overline{GL}_{ij}^{k} = \frac{\sum_{k=1}^{n}\left(X_{ij}^{k}+M_{ij}^{k}\right)-\sum_{k=1}^{n}\left|X_{ij}^{k}-M_{ij}^{k}\right|}{\sum_{k=1}^{n}\left(X_{ij}^{k}+M_{ij}^{k}\right)-\left|\sum_{k=1}^{n}X_{ij}^{k}-\sum_{k=1}^{n}M_{ij}^{k}\right|} \tag{5-3}$$

式中：调整因子 $K = \dfrac{\left|\sum_{k=1}^{n}X_{ij}^{k}-\sum_{k=1}^{n}M_{ij}^{k}\right|}{\sum_{k=1}^{n}\left(X_{ij}^{k}+M_{ij}^{k}\right)}$，表示整体贸易的相对顺差或逆差。贸易失衡

越严重，K 值越大，$\overline{GL}_{ij}^{k}$ 越大。修正后的 G-L 指数虽然能够纠正贸易失衡引起的扭曲，适用于测度整体的产业内贸易水平，但不适用于测度某一产业的产业内贸易水平。

3）Aquino 矫正指数

阿奎罗（Aquino）认为修正后的 G-L 指数只是对整体贸易失衡进行了调整，而没有解决单个产业的贸易失衡问题，而实际上，整体贸易失衡是由于单个产业贸易失衡所致，因此，阿奎罗在假设整体贸易失衡对单个产业的影响程度相同的前提下，对单个产业失衡进行调整，提出了 Aquino 矫正指数。

首先，对单个产业的进口额和出口额进行修正：

$$\overline{X}_i = \frac{X_i\sum_{i=1}^{n}\left(X_i+M_i\right)}{2\sum_{i=1}^{n}X_i} \tag{5-4}$$

$$\overline{M}_i = \frac{M_i\sum_{i=1}^{n}\left(X_i+M_i\right)}{2\sum_{i=1}^{n}M_i} \tag{5-5}$$

经整理，得出 Aquino 矫正指数为：

$$C_i = \frac{\sum\left(X_i+M_i\right)-\sum\left|\overline{X}_i-\overline{M}_i\right|}{\sum\left(X_i+M_i\right)} \tag{5-6}$$

式中：X_i、M_i分别表示某国产业i的出口额与进口额。当C_i取值为1时，意味着进出口额相同，该国产业i表现为完全的产业内贸易；当C_i取值为0时，则意味着该国产业i表现为完全的产业间贸易。Aquino矫正指数虽然能够消除部分贸易失衡引起的误差，但仍存在两个缺点：第一，该指数是在假设整体贸易失衡对单个产业的影响程度相同的前提下得出的，显然并不符合实际情况；第二，该指数并未考虑周期性等其他因素对贸易收支的影响。

4）动态指标MIIT指数

静态指数只能衡量某一产业特定时期的产业内贸易水平，因此，为研究某一产业一定时间跨度内的动态产业内贸易水平，Brülhart提出了MIIT指数的概念，将某一时期内的某一产业的进出口额相比，衡量产业内贸易的动态变化情况，具体的计算公式为：

$$MIIT_i = 1 - \frac{\Delta X_i - \Delta M_i}{|\Delta X_i| + |\Delta M_i|} \tag{5-7}$$

式中：$MIIT_i$表示一定时期内产业i的边际产业内贸易指数。ΔX_i、ΔM_i分别表示一定时期内产业i的出口额变化量与进口额变化量。$MIIT_i$的取值范围为0~1，当$MIIT_i$取值越接近1时，意味着产业i的产业内贸易水平越高；当$MIIT_i$取值越接近0时，意味着产业i的产业内贸易水平越低。

5.3.2　产业内贸易类型测度

产业内贸易指数除了能够反映产业内贸易水平的大小，还可以体现出产业内贸易水平的类型结构。Greenaway和Milner于1994年提出了GHM指数法，对水平型产业内贸易和垂直型产业内贸易进行区分和测度。其具体计算公式如下：

$$UV_i^x = \frac{XV_i}{XQ_i} \tag{5-8}$$

$$UV_i^m = \frac{MV_i}{MQ_i} \tag{5-9}$$

$$GHM = \frac{UV_i^x}{UV_i^m} \tag{5-10}$$

$$1 - \alpha \leq \frac{UV_i^x}{UV_i^m} \leq 1 + \alpha \tag{5-11}$$

式中：UV_i^x、UV_i^m分别表示产品i的单位出口价格及单位进口价格，XV_i、MV_i分别表示产品i的出口额及进口额，XQ_i、MQ_i分别表示产品i的出口量及进口量，α为离散因子，针对不同研究对象或目标统计口径。α的取值不同，取值范围一般在

0.15~0.25。当 $1-\alpha \leqslant UV_i^x/UV_i^m \leqslant 1+\alpha$ 时，将该产品视为水平型产业内贸易，用 *HIIT* 表示；当 $UV_i^x/UV_i^m \leqslant 1-\alpha$ 时，将该产品视为低质量垂直型产业内贸易，用 *LVIIT* 表示；当 $UV_i^x/UV_i^m \geqslant 1+\alpha$ 时，将该产品视为高质量垂直型产业内贸易，用 *HVIIT* 表示，*LVIIT* 和 *HVIIT* 统称为垂直型产业内贸易，用 *VIIT* 表示。

5.3.3　影响产业内贸易的因素

1）国家特征

（1）人均收入水平差异

在一般情况下，一国的人均收入水平能够直接反映出该国的消费能力，并且影响该国的产品需求及供给情况。从一个国家的角度来看，在需求层面，人均收入水平越高，该国的消费者对异质产品的需求越大，进而促进了国内本土生产商对差异化产品的生产，推动了产业内贸易的发展；在供给层面，人均收入水平越高，该国的生产企业生产差异化产品的能力越强，同样可以推动产业内贸易的发展。从两个国家相比较的角度来看，通常情况下，两国的人均收入差距越小，两国消费者的需求结构及市场结构越相似，对两国间开展水平型产业内贸易有促进作用，限制垂直型产业内贸易的发展；反之，两国的人均收入差距越大，使得两国消费者对于不同质量产品存在需求偏好，这会对两国间开展垂直型产业内贸易有促进作用，削弱水平型产业内贸易的发展。因此，人均收入水平差异的大小会对产业内贸易的发展产生影响。

（2）要素禀赋差异

两国之间要素禀赋差异在一定程度上决定了国际贸易中的分工地位。各国的资本和劳动投入比例及价格有差异，进而影响产品生产的质量，劳动力相对丰富的国家倾向于生产和出口低质量的劳动集约型产品，资本相对丰富的国家倾向于生产和出口高质量的资本集约型产品。产品生产质量的不同促使两国之间开展垂直型产业内贸易。

（3）对外开放程度差异

对外开放程度代表着贸易的自由化程度，通常情况下，贸易的自由化程度越大，越容易形成产业内贸易，而两国的对外开放程度差异越大，贸易的自由化程度差异越大，越不利于形成产业内贸易。一国的对外开放程度受经济制度、地缘政治及人文环境等因素的影响，主要反映在贸易政策、贸易壁垒等方面。在贸易政策方面，若一国对某产品采取进出口限制政策时，将会降低该产品的进出口数量，限制该产品的产业内贸易；若对该产品采取进出口鼓励政策，将会使得该产品的进出口数量增加，有利于该产品的产业内贸易发展。在贸易壁垒方面，关税是贸易壁垒中最常用的手段，对某产品征收进出口关税越高，进出口数量就越少，能够抑制该产品的产业内贸易；反之，则能够促进该产品的产业内贸易。

（4）贸易失衡

贸易失衡包括贸易顺差和贸易逆差，由于产业内贸易是指两国之间进口及出口同时存在的情况，当贸易失衡严重时，意味着两国的贸易地位不平等，若此现象长期存在将会偏离产业内贸易的发展方向。

（5）技术水平差异

雷蒙德·弗农（Raymond Vernon）认为产品必须经过新产品阶段、成熟阶段和标准化阶段。在新产品阶段，相关技术尚未成熟，此时新产品会激发国内市场需求，生产出来的产品主要用来供给国内市场。产品处于成熟阶段时，技术也随之成熟，产品的宣传使得国外市场产生消费需求，产品贸易因此产生。同时，技术也会随产品进入进口国，进口国掌握基础生产技术后在本地进行生产。进入标准化阶段后，进口国生产技术不断娴熟，可以通过大量生产满足本土市场需求，甚至出口至其他国家或企业。由于各国掌握的技术水平存在差异，所处生产阶段也不同，技术水平高的国家出口高质量、工艺成熟的产品，进口低质量、工艺较差的产品，技术水平低的国家则与之相反，由此促进了垂直型产业内贸易的发展。

2）产业特征

（1）规模经济

规模经济是指随着企业生产规模的扩大，单位产品的生产成本会逐渐降低，为实现利润最大化，企业将凭借自身生产要素优势，对于取得生产成本优势的产品实施专业化生产，放弃生产部分缺乏竞争力的产品，即放弃相应消费者需求，而那些未满足的差异化产品需求将通过产业内贸易来实现。规模经济降低了产品多样性，一定程度上抑制了产业内贸易的发展。但企业若积极参与到国际贸易中，不同企业产品生产的差异性能够促进产业内贸易的发展。

（2）外商投资

由于投资目的的不同，外商直接投资对产业内贸易既有促进作用又有抑制作用。一种投资是为了降低自身生产成本、实现规模经济从而获取经济效益，将产品的不同生产阶段分布在各地，投资的子公司将生产所需的中间产品出口到母公司，从而促进了垂直型产业内贸易的发展；另一种投资是为占据被投资国家的市场份额，子公司生产满足被投资国家消费需求的产品，因此，部分进口产品份额被子公司产品供给所替代，从而抑制了产业内贸易的发展。

5.4　产业内贸易的理论与模型

5.4.1　同质产品产业内贸易理论

1）需求偏好相似理论

林德（S. B. Linder）从需求角度阐释了发达经济体之间的产业内贸易现象，他认为一个国家的消费偏好及需求结构取决于该国的人均收入水平，相似的需求结构是两国发生产业内贸易的重要成因。[①]此外，林德还探讨了发达经济体与发展中经济体之间产生的产业内贸易现象，他认为人均收入水平低的国家拥有高消费水准的富人，同样，人均收入水平高的国家拥有低消费水准的穷人。因此，不同人均收入水平的国家之间存在重叠的需求结构，该理论又被称为重叠需求理论。

该理论包含以下内容：

首先，国内企业生产的产品是基于已满足国内市场需求的基础上，向国际市场出口，并且随着生产规模的不断扩大及技术水平的不断提高，向外开拓市场，实现提效降本增产的目标。

其次，相似人均收入水平的国家之间需求结构也相似，产业内贸易量也越大；人均收入水平差异较大的国家之间尽管需求结构不同，但仍存在收入水平相同的重叠群体，该群体中消费者的偏好也相同。

2）双寡头垄断产业内贸易模型

詹姆斯·布兰德（James Brander）于1981年首次提出了同质产品相互倾销的概念，证明了在寡头垄断市场中，即使不存在成本差异和规模经济，寡头之间为实现利润最大化也会导致产业内贸易的发生。该模型存在以下假设：

第一，世界上只存在两个国家，且生产技术条件完全相同。

第二，两国各有一个生产同质产品的企业，生产成本相同，生产函数表达式为：

$$C(x) = \alpha + \beta x \qquad (\alpha > 0,\ \beta > 0) \tag{5-12}$$

式中：$C(x)$为总成本；x为总产量；α为固定成本；β为边际成本，且在封闭经

---

① KJELDSEN-KRAGH S. International economics［M］. Copenhagen：Copenhagen Business School Press DK，2002：214.

济条件下，该企业在国内市场中处于完全垄断的状态。

第三，两国的消费者需求偏好完全相同。

在开放经济下，整个产业的市场将由国内市场与国外市场共同组成，两国厂商均可自由进入对方市场出口同质产品，此时便形成了双寡头垄断市场。由于两国厂商生产技术条件完全相同，任何一方都无法拥有控制价格的绝对优势，因此双方在竞争中会相互妥协。即使两国厂商并不清楚对方的实际产量，但可通过对对方产量的猜测来决定自身的最佳产量。寡头垄断厂商的反应曲线如图5-1所示。

在图5-1中，Q、Q^*分别表示为本国厂商及国外厂商的产量，R、R^*分别代表本国厂商及国外厂商的反应曲线。假定国外厂商生产q_a^*产量的产品，根据本国厂商反应曲线R来看，当本国厂商的产量为q_a时，才能实现利润最大化。对此，国外厂商便会将产量由q_a^*调整至q_c^*，国内厂商进一步对此作出反应，将产量调整至q_c，如此互相作出反应，最终将达到均衡状态——两条反应曲线相交的点G，即国内厂商生产q产量的产品，国外厂商生产q^*产量的产品。

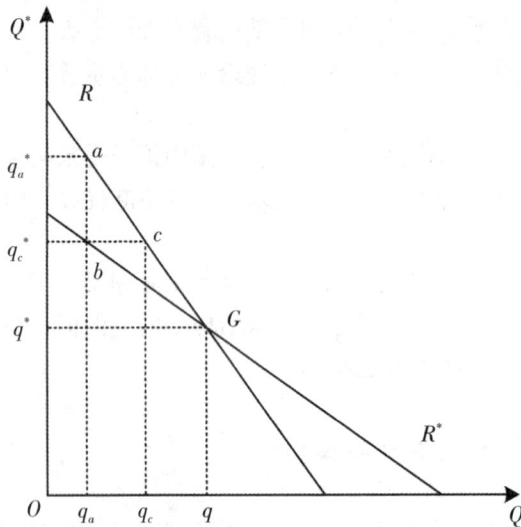

图5-1 寡头垄断厂商的反应曲线

若用函数来表示，用Q_1表示国内市场产品的需求量，用Q_2表示国外市场产品的需求量，国内市场中本国厂商与外国厂商的销售量分别用m_1和m_2表示，国外市场中本国厂商与外国厂商的销售量分别用n_1和n_2表示，本国厂商与外国厂商的总利润分别用π_1和π_2表示，国内价格与国外价格分别用P_1和P_2表示，固定生产成本为F，边际成本为c，α、β为常数。

国内市场、国外市场的反需求函数为：

$$P_1 = \alpha - \beta Q_1 \tag{5-13}$$

$$P_2 = \alpha - \beta Q_2 \tag{5-14}$$

式中：$Q_1 = m_1 + m_2$，$Q_2 = n_1 + n_2$，本国厂商的总利润由国内市场和国外市场两部分构成，外国厂商的总利润同样由国内市场和国外市场两部分构成，用公式表示为：

$$\pi_1 = P_1 m_1 + P_2 n_1 - F - c(m_1 + n_1) \tag{5-15}$$

$$\pi_2 = P_1 m_2 + P_2 n_2 - F - c(m_2 + n_2) \tag{5-16}$$

分别对国内外厂商利润求导并联立，求得各厂商在国内外市场的均衡产量及最大利润为：

$$m_1 = m_2 = n_1 = n_2 = \frac{\alpha - c}{3\beta} \tag{5-17}$$

$$\pi_{1\max} = \pi_{2\max} = \frac{2(\alpha - c)^2}{9\beta} - F \tag{5-18}$$

该模型证明了开放经济的寡头垄断市场中，两国生产的同质产品也会发生产业内贸易。在假设条件下，由于向外扩张市场并不会影响国内市场价格，因此厂商会选择以更低价格将产品倾销至国外市场，以获取额外利润。与此同时，国外厂商也会采取相同做法，最终形成相互倾销。

3）相互倾销模型

克鲁格曼对1981年布兰德提出的模型加以改进，仍以寡头垄断市场为背景，对寡头垄断厂商进行研究，提出了相互倾销模型。[①]出口倾销是指寡头垄断厂商为实现利润最大化，在国内以垄断价格出售的前提下，将增加的产品产量以低于国内垄断价格的价格出口倾销至国外，在不影响国内利润最大化的同时增加了国外市场的利润。该模型存在以下假设：价格是由寡头垄断厂商决定的，且国内消费者无法从国外以更低价格买入，寡头垄断厂商所面临的国外需求弹性大于国内的需求弹性。寡头垄断厂商的需求曲线如图5-2所示。

在图5-2中，P_d表示国内市场的垄断价格，MC表示寡头垄断厂商保持不变的边际成本，D_d表示国外市场的需求曲线，MR_d表示国外市场的边际收益曲线，P_f表示寡头垄断厂商的出口价格，Q_f表示国外市场达到利润最大化时的出口数量，矩形$P_f GHP_e$的面积为寡头垄断厂商在国外市场出口倾销获取的利润。

该模型认为，在不影响国内利润的前提下，寡头垄断厂商为获取更多利润，以低于国内市场的价格将增加的产品产量出口至国外市场。因此，克鲁格曼认为即使不同国家的寡头垄断厂商生产技术条件相同，生产的产品是同质的，仍可通过制定不完全竞争厂商的市场战略进行产业内贸易。

---

① 克鲁格曼. 克鲁格曼国际贸易新理论 [M]. 黄胜强，译. 北京：中国社会科学出版社，2001：45.

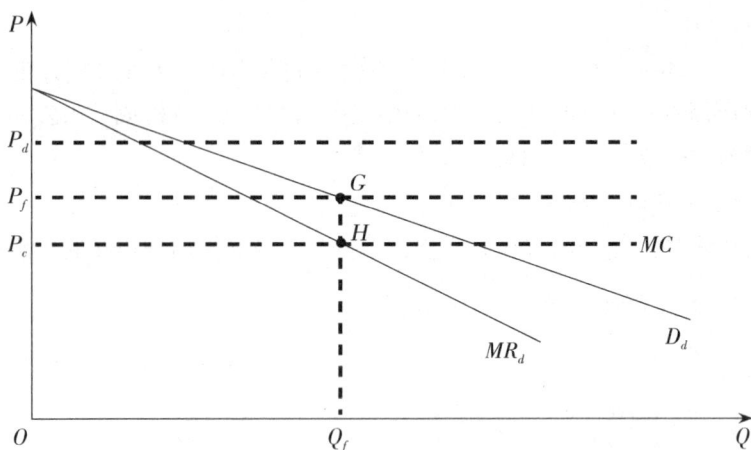

图5-2 寡头垄断厂商的需求曲线

5.4.2 水平异质产品产业内贸易理论

1）新张伯伦模型

20世纪70年代末，克鲁格曼将阿维纳什·K.迪克西特（Avinash K. Dixit）和约瑟夫·E.斯蒂格利茨（Joseph E. Stiglitz）两人共同提出的垄断竞争模型由封闭经济背景拓展到开放经济背景下，解释了差异产品和规模经济能够促使产业内贸易的发生。其中，规模经济是指企业内部的规模经济。因此，该模型又被称为"新张伯伦模型"。[①]该模型存在供需两个方面的假设：

在供给方面，只存在一种生产要素——劳动，由于规模经济的存在，每个厂商均生产一个品种的产品，厂商均可通过扩大产量来降低平均劳动投入，且该产业的任意厂商均可以自由进入和退出，所有品种的产品的生产函数均相同，可以表示为：

$$l_i = \alpha + \beta x_i \quad （\alpha、\beta 均大于0） \tag{5-19}$$

式中：i表示产品品种；x_i表示生产i品种产品的数量；l_i表示生产x_i数量的产品所需提供的劳动力数量。

在需求方面，消费者每增加一单位任意品种的产品消费，总效用的增加是相同的。每个消费者的效用函数均相同，可以表示为：

$$U = \sum_{i=1}^{n} v(c_i) \quad , \quad \frac{\partial v(c_i)}{\partial c_i} > 0 \tag{5-20}$$

---

① 克鲁格曼. 克鲁格曼国际贸易新理论 ［M］. 黄胜强，译. 北京：中国社会科学出版社，2001：18.

式中：U表示一国的总效用；c_i表示品种i的产品消费量。因此，在产品消费量不变的情况下，消费的产品品种越多，总效用就越大。

在以上假设条件下，由于规模经济的存在，且厂商可自由进入或退出产业，最终生产者数量将等于产品品种数量。给定工资率w，每个厂商的利润为：

$$\pi_i = P_i x_i - w(\alpha + \beta x_i) \tag{5-21}$$

由于厂商间是自由竞争的，长期均衡时每个厂商的利润都为零，且由模型的对称性可知，每个厂商生产不同品种的产品数量及平均价格相同，平均价格可表示为：

$$P_i = w\left(\frac{\alpha}{x_i} + \beta\right) \tag{5-22}$$

厂商的数量表示为：

$$N = \frac{L}{l_i} = \frac{L}{\alpha + \beta x_i} \tag{5-23}$$

总效用表示为：

$$U = Nv(c_i) = \frac{L}{\alpha + \beta x_i^v}(c_i) \tag{5-24}$$

新张伯伦模型在以上假设基础上，将范围由封闭经济扩展到开放经济，各国之间除产品品种不同以外，其余生产情况相同，且不存在贸易壁垒和运输成本。由于垄断市场下产品差异化及消费者偏好的存在，各国之间出现产业内贸易现象。对消费者来说，可供消费的产品品种增加，提高了总效用；对生产者来说，规模经济降低了生产成本，增加了社会总福利。该模型说明，在开放经济条件下，对于要素禀赋完全相同的两个国家，为使消费者的消费品种增加，同时降低生产者的生产成本，便会开展产业内贸易。

2）兰卡斯特模型

兰卡斯特同样以产品的水平差异性为研究对象，认为每个产品的品种都不是单一的，产品品种的多样性会产生不同的消费偏好。该模型以完全竞争市场为研究背景，存在供需两个方面的假设：假定只存在两个相同国家，在供给方面，厂商可以自由进入或退出市场，可以选择生产任意产品的不同品种且成本相同。此外，任意产品品种均存在规模经济。在需求方面，消费者对于不同产品品种有着不同的消费偏好，且只购买选定偏好的产品品种，不购买其他品种产品。该模型认为：在以上贸易条件下，各国会根据国内外市场调整企业战略，在长期均衡下，各国将分别由一个厂商生产一种产品，实际生产的产品品种将均匀地分布在"光谱"上，由该模型的对称性可知，各国厂商将以相同价格生产同等数量的不同品种的产品，获得相同的正常利润，即平均成本等于价格，最终两国将分别生产一半的品种，使得各国的市场规模扩大，生产的平均成本降低，且可供消费者消费的产品品种比封闭条件下多，由此促进了同质产品产业内贸易的发展。

5.4.3 垂直异质产品产业内贸易理论

经济学家通过进一步研究发现，产业内贸易现象不仅出现在经济水平相似的国家之间，还出现在经济水平差异较大的国家之间。他们试图将劳动、资本等要素与差异产品联系起来，建立了许多新的理论模型。其中，法尔维（Falvey）和凯克斯基（Kierzkowski）对传统的H-O模型的假定作出调整，使得模型更具广泛的解释力，该模型被称之为"新赫克歇尔-俄林模型"。

该模型假定在完全竞争市场下存在两个国家及劳动、资本两个生产要素。其中，国家a拥有充足的资本，国家b拥有充足的劳动力，且劳动力在两国间可以自由流动，两国拥有的其他要素完全相同。此外，两个国家均拥有两个产业，即一个产业生产无差异产品，如小麦产品，另一个产业生产差异产品，如布产品，且布产品的差异性体现在布的质量方面，布的质量与生产所需的劳动、资本数量相关，劳动资本的数量越大，质量就越高。对两国消费者来说，收入水平越高，越倾向于购买质量较高的布产品；反之，收入水平越低，越倾向于购买质量较低的布产品。[1]因此，有以下式子：

$$P_a(\theta) = C_a(\theta) = W_a + \theta R_a \tag{5-25}$$
$$P_b(\theta) = C_b(\theta) = W_b + \theta R_b \tag{5-26}$$

式中：a、b分别表示国家a、国家b，W表示劳动力的报酬；R表示资本的报酬；θ表示生产质量为θ的布产品，需要每单位的劳动及θ单位的资本。由于国家a拥有充足的资本，因此假定$R_a < R_b$，国家b拥有充足的劳动力，因此假定$W_a > W_b$，即$\frac{R_a}{W_a} <$ $\frac{R_b}{W_b}$。又由于劳动、资本是连续变化的，因此存在质量为θ'的布产品，使得：

$$C_a(\theta') = C_b(\theta') \tag{5-27}$$
$$W_a + \theta' R_a = W_b + \theta' R_b \tag{5-28}$$
$$\theta' = \frac{W_a - W_b}{R_b - R_a} \tag{5-29}$$

两国生产任意质量布产品的单位成本差值为：
$$C_b(\theta) - C_a(\theta) = (W_b + \theta R_b) - (W_a + \theta R_a) = (W_b - W_a) + \theta(R_b - R_a) \tag{5-30}$$
将θ'代入，得：
$$C_b(\theta) - C_a(\theta) = (W_b - W_a) + \theta(\frac{W_a - W_b}{\theta'})$$

① FALVEY R E. Commercial policy and intra-industry trade [J]. Journal of International Economics, 1981, 11 (4): 495-511.

$$= \frac{W_a - W_b}{\theta'}(\theta - \theta') \tag{5-31}$$

由以上式子可知，当国家a的单位成本低于国家b，即 $C_b(\theta) - C_a(\theta) > 0$ 时，才具有成本优势，且 $W_a > W_b$，推导出 $\theta > \theta'$，此时意味着当国家a生产质量高于 θ' 的布产品时，相对于国家b在生产上有明显的成本优势；相对地，当国家b的单位成本低于国家a，即 $C_b(\theta) - C_a(\theta) < 0$ 时，才具有成本优势，且 $W_b > W_a$，推导出 $\theta < \theta'$，此时意味着当国家b生产质量低于 θ' 的布产品时，相对于国家a在生产上有明显的成本优势。

从图5-3中可以直观地看出，国家a生产质量在 $0 \sim \theta'$ 范围内的布产品时具备成本优势，国家b生产质量在大于 θ' 范围的布产品时具备成本优势，即资本相对充裕的国家生产质量高的产品更具备成本优势，劳动力相对充裕的国家生产质量低的产品更具备成本优势。

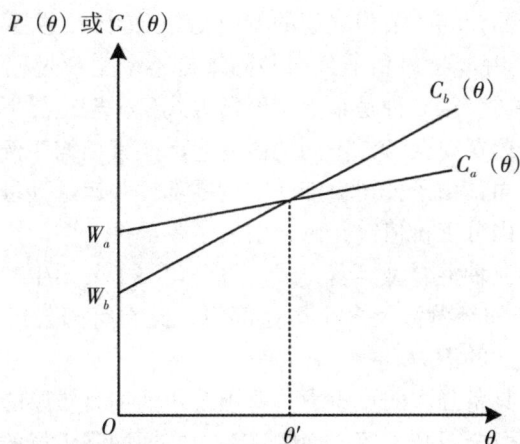

图5-3 国家a、国家b生产差异产品成本优势

5.5 跨国公司与产业内贸易

传统的产业间贸易主要是指生产要素禀赋差异较大的国家之间以及不同产业之间的贸易活动，一般发生在发达经济体与发展中经济体之间，发达经济体往往向发展中经济体出口技术水平高的资本密集型产品，发展中经济体则向发达经济体出口原材料等技术水平低的劳动密集型产品。随着科技的不断发展，国际贸易中出现了两个与传统贸易活动相悖的新现象：一是发达经济体之间的贸易量不断增加，占据

世界贸易活动的主要部分；二是同质产品之间的贸易量不断增加，许多发达经济体在出口工业产品的同时，又进口大量相似的工业产品，许多行业出现了双向贸易的现象。产业内贸易是由内部和外部两大市场共同组成，其中，跨国公司的快速发展促进了内部市场的产业内贸易。

跨国公司这一名称是在 1974 年的联合国经济及社会理事会上决定的，主要是指母公司通过对外直接投资在其他国家或地区设立子公司，从事国际化生产和经营活动。联合国跨国公司中心发表的第三次调查《世界发展中的跨国公司》，认为跨国公司是指：第一，不论各国的法律形式和领域如何，至少要包含两个国家实体；第二，在一个决策体系下经营，各决策分支能够协调策略并取得一致；第三，各实体之间的联系是通过股权或其他形式形成的，共同分享资源和承担责任。

作为企业国际化经营的产物，跨国公司对世界贸易的发展具有越来越重要的作用。跨国公司具有以下特点：

第一，跨国公司存在多种经营方式。第一种是水平型经营方式，这种情况下的跨国公司生产一类产品，与子公司之间的专业化分工较少，主要是通过公司内部进行技术及专利转移，由母公司和子公司共同维持整个生产过程，如星巴克、肯德基、麦当劳等跨国公司。第二种是垂直型经营方式。一般情况下，跨国公司为降低生产成本，在设立子公司时会考虑不同地区的生产要素结构。例如，在劳动密集型地区设立或兼并子公司，由子公司生产所需的零部件并运送到母公司，子公司被嵌入了母公司全球产品内分工价值链，由此引发了零部件、中间产品、加工产品等产品种类的进出口。第三种混合型经营方式。母公司与子公司生产不同的产品，经营的业务无关联，生产和经营涉及多个产业部门，此类跨国公司主要为分散经营风险，加大公司规模扩大的潜力。

第二，跨国公司具备强大的竞争力。跨国公司因拥有雄厚的经济实力及先进的技术水平，能够发挥资金及技术等方面的优势，实现国际市场的扩张并获取高额利润，激励跨国公司技术水平的再次提高。

第三，跨国公司从全球战略出发制定决策。跨国公司在全球范围内将利益最大化和长期发展作为出发点，在全球范围内找寻市场并布局生产和经营；其次，各决策分支共同协调策略，并根据自身所处区域的生产要素及市场特点，灵活调整决策活动。这种一体化管理有利于生产和经营的合理布局及资源的合理配置。

第四，跨国公司以对外直接投资作为基础经营手段。对外直接投资主要有跨境并购、绿地投资和对外工程承包三种方式。其中，跨境并购是指一国公司通过掌握另一国公司的全部或部分资产或股份，对另一国公司的生产经营管理实现整体或部分控制；绿地投资是指跨国公司依照子公司所在国境内的法律，设立的全部或部分资产所有权归属于投资者所有公司；对外工程承包是指跨国公司承包境外建设工程项目的活动。跨国公司通过对外直接投资的经营手段在全球范围内布局生产和经营，实现了不同地区生产要素的最佳配置。

以宝洁集团为例，1837 年，宝洁集团在美国俄亥俄州辛辛那提市成立。它是目前全世界最大的日用消费品公司之一，在全球超过80个国家设立工厂及子公司，旗下拥有潘婷、沙宣、吉列、汰渍、佳洁士、帮宝适、欧乐B、SK-Ⅱ、ONLY、护舒宝等著名品牌，涵盖洗发护发用品、家居护理用品、清洁用品、婴儿护理用品、护肤用品、化妆品、女性卫生用品等多个领域。在我国，宝洁集团在日用品行业具有重要的地位。

1915年，因极具创意的广告拍摄，越来越多的消费者了解到宝洁产品，为满足国内市场日益增长的香皂需求，宝洁集团在辛辛那提以外设立工厂，第一个境外工厂设立在加拿大的安大略省，由此开启了国际化进程；1930年，宝洁集团收购了位于英格兰的Thomas Hedley有限公司，开启了海外业务拓展之路；1935年，宝洁集团收购了菲律宾制造公司，在远东地区建立第一个运作机构；1948年，宝洁集团在拉丁美洲建立了第一家公司，在墨西哥成立了国际分部，与母公司共同管理日益增加的国际业务；1954年，宝洁集团在法国马赛租用了一间用于生产洗衣粉的工厂，开启了在欧洲大陆的业务；1957年，宝洁集团收购了Charmin Paper Milk公司，该公司此前生产Bounty纸巾及卫生巾，由此宝洁集团正式进入纸品领域；1961年，宝洁集团打造全新品牌"帮宝适"，进军婴儿护理用品领域，在沙特阿拉伯开设分公司，开始发展中东地区业务；1963年，宝洁集团收购了J. A. Folger & Co.，拓展了咖啡领域；1973年，宝洁集团收购了Nippon Sunhome公司，开始发展日本市场；1980年，宝洁集团成为美国最大的跨国公司之一；宝洁集团在1982年和1985年分别收购了Norwich Eaton制药公司和Rechardson-Vicks公司，正式进军个人保健用品领域；20世纪80年代末至90年代初，宝洁集团又收购了Noxell公司、密丝佛陀、Ellen Betrix公司，开拓了化妆品以及香料市场，此后继续在全球范围内收购及建立子公司；1988年，宝洁集团在中国广州市建立合资企业，于1993年至1994年，在中国建立了4家公司、5个生产基地；2005年，宝洁集团收购Gillette公司，进军男士剃须用品领域；2022年，宝洁集团收购了高端护肤品牌Tula Skincare。

宝洁集团作为一家成功的跨国企业，以国际需求为导向，在生产经营布局以及市场开发等方面调整企业发展战略，利用自身宝贵的实体资源、技术创新及良好商誉等优势，积极开展对外业务，打造全球产业链，进入并占据国际市场，具备强大的竞争力。

拓展阅读5-1

明德园地

加快建设贸易强国，把握发展与安全的主动权

党的二十大报告指出："加快建设贸易强国。营造市场化、法治化、国际化一流营商环境。推动共建'一带一路'高质量发展。有序推进人民币国际化。深度参与全球产业分工和合作，维护多元稳定的国际经济格局和经贸关系。"对外贸易是我国开放型经济的重要组成部分，是畅通国内国际双循环的关键枢纽。当前，国际经济格局持续调整，全球经济治理体系深刻重塑，一些国家推动脱钩断链，将世界经济政治化、工具化和武器化。研究表明，近10年来"世界开放指数"持续下滑，全球产业链和供应链正趋向本土化、区域化和短链化。

加快建设贸易强国，要求注重自主创新和高质量发展，协调内外需求、贸易与投资，牢牢把握发展与安全的主动权，开创普惠共赢国际贸易格局。从贸易大国向贸易强国转变，应做到扩大高水平对外开放，增强贸易综合实力；推进科技、制度、业态和模式创新；协同内外贸一体化发展，提升全球资源配置能力；深化多双边与区域合作，积极参与制定国际经贸规则；落实总体国家安全观，统筹发展与安全。

我们要深入贯彻党的二十大精神，加强党对建设贸易强国的全面领导，培育新的贸易竞争优势，为党和国家作出更大贡献。具体措施包括：一是通过优化贸易结构、扩大进口以及加快发展贸易新业态，推动货物贸易优化升级；二是优化服务进出口结构，加速服务外包转型升级，创新服务贸易机制；三是推动贸易全链条数字化，完善数字贸易治理体系；四是深化双边、区域和多边合作，同时提升风险防控能力。

资料来源 王文涛. 加快建设贸易强国 [N]. 人民日报，2022-12-20（9）.

【案例点评】

党的二十大报告强调，在当前国际经济格局调整和全球治理体系重塑的背景下，我国需要加快推动贸易高质量发展。面对脱钩断链的挑战，必须注重自主创新、协调内外需求，增强贸易综合实力，提升全球资源配置能力。具体措施包括优化贸易结构、推动服务贸易创新、实现贸易数字化和深化多边合作，这些举措不仅有助于提升我国的贸易实力和国际地位，还能促进经济的安全稳定与可持续发展。

【价值塑造】

帮助学生了解国家的对外贸易政策和全球经济战略，深入理解中国在国际贸易中的战略定位，增强学生的全球视野和国际竞争意识。

关键术语

产业内贸易　产业间贸易　同质产品　异质产品　转口贸易　水平差异　垂直差异　国际贸易标准分类　G-L指数　Aquino矫正指数　MIIT指数　GHM指数需求偏好相似理论　规模经济　相互倾销　跨国公司　比较优势　内部化

基础训练

一、简答题

1.试比较新贸易理论与比较优势理论的异同。

2.阐述产业内贸易形成的原因。

二、计算题

1.运用静态指标G-L指数计算下列进出口水平下的产业内贸易水平。

(1) 进口：2 000，出口：2 000。

(2) 进口：2 000，出口：1 500。

(3) 进口：2 000，出口：750。

(4) 进口：2 000，出口：0。

2.假定在完全竞争市场下，存在国家A与国家B，只存在劳动力、资本两个生产要素且劳动力在两国间可以自由流动，两国均生产玉米产品和衬衣产品，国家A生产衬衣产品的成本函数为 $C_A(\theta) = 100 + 2\theta$，国家B生产衬衣产品的成本函数为 $C_B(\theta) = 50 + 4\theta$。要求：计算国家A与国家B生产的衬衣产品质量在何种范围内具有成本优势，以及当生产衬衣产品的质量 θ' 为30时，两国生产衬衣产品的单位成本差。

第6章 国际要素流动模型

学习目标

学习目标

1.明确资本、劳动力和技术等生产要素跨国流动对全球化的影响，认识国际金融市场、跨国公司和数字经济平台在促进要素跨国流动、推进全球化中发挥的作用。

2.理解国际资本流动的基本原理。

3.理解国际劳动力流动的基本原理。

4.掌握贸易与投资替代模型。

5.了解跨国公司进行对外直接投资的原因和类型，理解国际外包的概念。

重点与难点

1.掌握国际资本流动的效应分析，并运用所学知识解释实际国际经济问题。

2.掌握国际劳动力流动的效应分析和经济影响。

3.掌握跨国公司理论。

❖ **引导案例**

东南亚投资潮：全球经济一体化时代的机遇与挑战

20世纪70年代，东南亚地区的经济增长和市场潜力吸引了大量日本企业前来投资。日本企业掀起了对东南亚地区的投资热潮并持续至今。日本企业选择对东南亚地区进行投资的原因在于：

首先，东南亚地区的资源优势是吸引日本企业投资的首要因素。东南亚地区拥有丰富的自然资源，如锡矿、石油等矿产资源，为日本企业提供了稳定的原材料供应。东南亚地区的人口红利也为日本企业提供了丰富的劳动力资源，劳动力相对廉价，其受教育程度较高，有助于降低生产成本。

其次，东南亚地区的地理优势是吸引日本企业投资的重要因素。东南亚地区处于太平洋和印度洋、亚洲和大洋洲的"十字路口"，是世界海洋运输和航空运输的重要枢纽，为日本企业的国际投资和贸易提供了交通便利。日本企业利用东南亚地区重要的地理位置和天然良港的优势，通过加速扩大海外投资，把建立海外生产基地和销售市场作为经济增长点，促使其经济从"商品输出为主"向"资本输出为主"的转型。

日本企业在东南亚地区的投资主要集中于制造业、基础设施建设、金融服务业等领域。通过绿地投资、合资、并购等方式，日本企业逐渐在东南亚地区建立起完整的产业链和供应链，实现了产业的多元化布局。这些投资不仅带动了当地经济的发展，也为日本企业带来了可观的利润。

资料来源：[1]石川幸一，嶋田正博，凡义．日本对亚洲太平洋地区直接投资的新高潮［J］.东南亚研究，1989（2）：82-93.[2]黄继朝，陈兆源．竞争与差异化：日本对东南亚基础设施投资的策略选择［J］.日本学刊，2022（2）.

在之前的章节中，我们已经探讨了诸如李嘉图模型、赫克歇尔-俄林模型、特定要素模型等解释贸易模式的理论模型。将这些模型放在一起分析，我们会发现它们有一个共同的假定条件，即全部或者部分要素可以跨部门流动，但是不可以跨国流动。如果取消这一限制，允许各要素跨国流动，世界总福利将如何变化呢？

当前，全球经济一体化的发展加速了生产要素的跨国流动。国际要素流动是指资本、劳动力、技术等生产要素跨越国界的流动，这种流动可以采取多种形式，包括直接投资、移民、技术转移等，国际要素流动对全球经济的资源配置、生产效率和收入分配等具有重要影响。本章内容包括国际要素流动与全球化、国际资本流动、国际劳动力流动、贸易与投资替代模型、跨国公司与国际外包5节。

6.1　国际要素流动与全球化

当前，全球经济体系的互联互通性逐渐增强，资本、劳动力、技术等生产要素跨越国界自由流动，日益成为影响全球化进程的重要力量。国际金融市场、跨国公司和数字经济平台等作为主要载体，提供了必要的基础设施和机制，从而使国际要素流动成为可能。本节旨在探讨国际要素流动为何能够影响全球化进程，并从其影响全球化的方式和载体两个维度进行分析。

6.1.1 国际要素流动影响全球化的方式

国际要素流动主要通过以下3种方式影响全球化的进程，并重塑世界经济的格局。

1）资本流动和全球投资

资本的跨国流动是全球化的一个显著特征。投资者在全球范围内配置资本以获取更高的投资回报。这种资本的跨国界流动能够促进全球投资，有助于资源的有效配置，提高生产效率并推动技术转移和创新。

此外，资本流动还有助于发展中经济体和新兴市场的基础设施建设和产业发展，从而加速这些地区的经济增长和融入全球经济。近年来，疫情暴发、气候变化和经济冲击接踵而至，这些因素对国际投资流动产生了显著影响。2022年，全球外国直接投资相比2021年下降了12%，但是流向发展中经济体的投资却略有增加。2022年，发展中经济体实现与可持续发展目标相关的绿地投资项目和国际项目融资的总额达到4 710亿美元。有数据表明，相比于2021年，2022年发展中经济体新宣布的绿地投资项目数量增长了37%、国际项目融资交易量增长了5%，工业和基础设施的投资力度得以切实加大。①

2）劳动力流动和全球劳动力市场

根据联合国经济和社会事务部发布的数据，2000—2020年，全球国际移民总数从1.73亿人增长至2.81亿人。这一增长使得国际移民在世界总人口中所占的比例从2.8%上升到3.6%，主要的移民流向是从发展中经济体至发达经济体，且这种流动呈现多样化的趋势。美国作为国际移民的主要目的地，吸引了超过5 100万的移民；印度则以近1 800万的海外居民数量，成为世界上最大的移民输出国。中国作为第四大移民输出国，约有1 000万中国人在海外生活。②国际劳动力的流动为全球劳动力市场带来了灵活性和多元化，促进了不同国家间的人才交流和技能互补。通过移民和临时工作安排，劳动力可以转移到劳动力短缺的地区，填补技能缺口，促进劳动力市场的供需状况达到更好的平衡，这也为劳动力本身提供了更多的就业机会和更高的生活水平。劳动力流动还有助于减少国家间的收入不平等，这缘于劳动力的国际流动使得劳动者有机会在收入水平更高的国家工作。

---

① 联合国贸易和发展会议. 2023年世界投资报告［R］. 日内瓦：联合国贸易和发展会议，2023.

② 全球化智库. 全球人才流动趋势和发展报告［R］. 北京：全球化智库，2022.

3）技术流动与全球技术创新

技术流动指的是技术知识、技能、方法或工艺在不同国家、地区或组织之间的转移和传播，如通过专利授权、技术许可协议等方式推动技术转移，或通过人员培训和学术交流等方式进行技术传播。技术流动是全球技术创新的催化剂，是推动全球技术创新的重要力量。技术流动影响着全球技术创新格局：从微观视角来看，技术流动有助于企业有效利用全球技术资源，提升研发质量。企业通过共享研究设施、数据和专业知识，进行技术合作与交流，共同推进企业的技术创新。从宏观视角来看，技术的跨国流动有助于全球范围内的资源优化配置以及国际合作的加强。技术的跨国流动加速了知识、技能、方法或工艺的全球传播，而知识、技能、方法或工艺在不同国家和地区之间的传播交流会进一步提高全球范围内的研发效率和创新能力。

6.1.2　国际要素流动影响全球化的载体

国际金融市场、跨国公司和数字经济平台在促进要素跨国流动和加速全球化进程中发挥着举足轻重的作用。

1）国际金融市场

国际金融市场为资本、劳动力和技术等生产要素的跨国流动提供了高效的平台，是国际要素流动影响全球化的重要载体之一。

推动资本跨国流动是国际金融市场的核心功能之一。通过股票市场、债券市场和外汇市场的互联互通，资本得以流向需求地区发挥作用。这种流动不仅加速了资源的有效配置，也为接受国提供了发展经济和改善基础设施所需的资金。

国际金融市场为劳动力流动提供了间接支持。一方面，跨国机构和企业通过国际金融市场筹集资金，扩展其全球业务，从而在不同国家和地区创造就业机会，吸引劳动力跨国就业；另一方面，国际金融市场提供的多样化金融产品和风险管理工具，如外汇交易、国际信贷、保险服务等，为劳动力国际迁移提供保障。

国际金融市场为技术跨国流动提供有力支撑。创新型企业和初创公司往往位于技术发展的前沿，国际金融市场为这些企业提供资金支持，不仅助推了企业的成长，还推动了全球的技术创新。

2）跨国公司

要素流动通过跨国公司这一载体推进全球化。作为微观载体，跨国公司促进了资本、劳动力和技术等生产要素的跨国流动，是全球化的主要驱动力。跨国公司通过整合不同国家和地区的资源，创造了具有竞争力的新型生产和流通方式及财富创造模式。这不仅促进了资源的流动、效率的提升，也推动了全球化的进程。

在资本流动方面，跨国公司通过外国直接投资在全球范围内配置资源，不仅为东道国带来资金，还通过建立分支机构，提供生产设施，促进当地经济发展。此外，跨国公司的跨境并购活动加速了资本在全球的重新配置，对促进全球经济一体化具有重要作用。

在劳动力流动方面，跨国公司通过全球人力资源管理策略，促进了专业人才的跨国流动。跨国公司在不同国家、地区设立的研发中心和运营基地，吸引着全球人才，促进了知识、技能和经验的交流与融合。这种人才流动不仅提升了劳动力市场的多样性和竞争力，也加速了全球劳动力技能的提升和创新思维的传播。

在技术流动方面，跨国公司通过全球研发网络和战略联盟，加速了技术创新和知识传播。跨国公司在不同国家设立的研发中心能够快速吸收和融合当地的技术优势，通过内部技术转移机制，将这些创新推广到全球市场。此外，跨国公司还通过专利授权、技术合作等方式，与全球合作伙伴共享技术成果，推动了全球技术标准的统一和新技术的广泛应用。

3）数字经济平台

数字经济平台作为全球化的新载体，通过促进资本、劳动力和技术等生产要素的国际流动，推动了全球化进程。

在资本流动方面，数字经济平台通过在线市场和金融科技服务，为全球投资者提供了一个快速、透明、低成本的资金配置渠道。同时，数字支付和区块链技术的应用，提高了跨境资金流动的效率和安全性，降低了交易成本和时间。

在劳动力流动方面，数字经济平台通过在线工作平台和远程协作工具，打破了地理和时间的限制，使得全球劳动力市场更加灵活和高效，促进了人才的全球优化配置和劳动力的多元化。

在技术流动方面，数字经济平台通过开源社区、在线教育和虚拟研发实验室等，加速了技术知识的共享和传播，促进了技术进步和创新成果的快速扩散。

6.2　国际资本流动

6.2.1　国际资本流动的动因及特征

从 16 世纪起，随着国际贸易快速发展，各国开始不满足于仅在本国内赚取所创造的价值，从而资本在国际上流动的现象应运而生。在经济学意义上，资本指的是用于生产的基本生产要素，而国际资本流动是指资本在不同的国家和地区之间的流动。按照资本的流动方向，国际资本流动可分为资本流入和资本流出两种。资本流入意味着本国对外国的负债增加，即外国对本国的资产增加；而资本流出意味着本国对外国的资产增加，即外国对本国的负债增加。

1）动因

国际资本流动理论的发展源远流长，其演进轨迹可清晰地划分为近代与现代两个阶段。

在近代，动因理论逐步分化为单一动因与复合动因两大理论体系。单一动因理论的代表人物有：大卫·李嘉图，他强调边际产出的变动是国际资本流动的主要驱动力，指出资本倾向于从边际产出较低的国家流向边际产出较高的国家，以追求更高的投资者利润和更合理的消费者价格；约翰·斯图亚特·穆勒则另辟蹊径，认为边际成本差异是国际资本流动的根源，资本因此从高边际成本国家流向低边际成本国家；沃尔特·巴杰特则聚焦于利率，认为利率差异是决定资本跨国流动的关键因素，资本通常从高利率国家流向低利率国家，利率的变动成为吸引或排斥国际资本的重要信号。

随着研究的深入，国际资本流动的复杂性日益显著，单一因素难以全面阐释其动因。除高利润吸引外，信息、风险及投资者偏好等因素也起着重要作用，促使复合动因理论获得经济学家广泛认可。马歇尔强调了利率与投资风险对资本流动的影响，低利率促外流、抑内流，而信息透明度、收益保障及法律环境适应性与投资风险呈反向关系。投资者为了规避风险，可能与低利率促外流、抑内流的规律相悖。俄林通过要素流量模型和直接投资模型来解析内生资本流动。要素流量模型指出高收益率源于利差与直接投资利润，流动有助于利率保持平衡；直接投资模型则揭示在利差微小或不存在时，资本流动由资本特性与风险偏好主导。艾佛森认为，转移成本、利差、资产组合分散化、个人偏好等均为资本流动的动因，且经济政策、消费行为、收入水平及生产要素的差异均可通过利差来影响流动，因此复合动因理论增强了对现实世界的解释力。

进入现代，随着全球经济格局、货币制度及政策导向的深刻变化，国际资本流动理论经历了从第二次世界大战后到20世纪90年代的演变。第二次世界大战后的初期，西方经济以凯恩斯理论和布雷顿森林体系为主导，国际资本流动受到严格管制。20世纪70年代后，全球化加速，凯恩斯理论受到挑战，自由市场思想兴起，布雷顿森林体系瓦解，牙买加体系建立，汇率浮动增加了经济的波动性。国际资本流动从严格管制到逐渐自由化，再到全球化，有关国际资本流动的理论研究成果日益丰富，包括流量理论、组合理论、货币分析理论和交易成本理论等。

流量理论（1955）认为国内外利差是国际资本流动的主要原因。高的国内利率吸引外资流入并抑制内资外流；反之，低的国内利率导致内资外流并阻碍外资流入。利差作为信号，决定国际资本流动方向。组合理论（1952）引入了风险与信贷能力的考量，强调投资者在追求收益最大化的同时，也会关注风险与收益的平衡，从而解释了高利率国家也可能出现资本流出的现象。货币分析理论则从宏观层面出发，认为货币政策和信贷政策对长期国际资本流动方向具有决定性影响，货币需求的变动、国际储备的改善和利率的波动均会引导资本的跨国流动。此外，交易成本理论（1937）也为我们提供了一个新的视角，它指出国内外交易成本的变化会直接影响投资者的决策，进而影响国际资本流动的方向。投资者在评估投资成本时，会综合考虑交易成本的高低，从而作出是否进行跨国投资的决策。

近年来，国际资本流动的动态演变显著，其驱动力的分析自Calvo等（1993）与Fernandez-Arias（1996）开创性地划分为基于国际与国内环境的推动与拉动两大类别以来，推拉理论作为分析框架便在学术界普遍使用。在新兴市场的背景下，拉动因素被认为占据了主导地位。这些关键因素广泛涵盖了经济增长潜力、财政健康状况、外债水平、国内资产回报率等周期性指标，以及制度健全性、本土金融市场成熟度、主权债务规模、贸易开放度、汇率稳定机制和外汇储备规模等结构性因素。

全球金融危机之后，对推动因素的关注显著增强，尤其是在周期性层面，如全球资本流动状况、美元汇率波动、主要发达经济体货币政策的溢出效应、国际市场风险偏好变化、全球经济增速、跨国银行业杠杆水平以及大宗商品价格波动等，成为焦点议题。同时，推动因素中的结构性维度也不容忽视，它更多地关联到全球机构投资者的发展格局演变及其资产配置策略的调整趋势。

2）特征

随着国际金融体系和国际经济格局的变化，国际资本流动呈现以下新特征：

第一，金融危机后全球组合投资流动规模上升，银行跨境贷款资金重要性减弱。国际资本流动包括直接投资、贷款、债券以及股票的跨境转移。自全球金融危机以来，全球范围内的组合投资流动规模显著扩大，这一趋势反映出投资者在多元化资产配置需求上的增长。其具体表现：传统上占据重要地位的银行跨境贷款资金的影响力有所减弱，国际债券市场迎来了蓬勃发展期。从投资主体来看，得益于货币政策的宽松环境以及银行监管力度的加强，非银行金融机构——尤其是资产管理机构，迅速崛起并占据了资本市场的核心位置。

第二，新兴市场成为重要目的地。新兴市场国家如中国、印度、巴西等，由于其经济快速发展和政策支持，吸引了大量外资流入，成为全球资本流动的重要目的地。这些国家拥有丰富的自然资源和劳动力优势，为投资者提供了低成本、高效率的生产环境。根据《2023 年世界投资报告》的数据，发展中经济体占全球外国直接投资比重的 70%，相比 2022 年实现了 4% 的增长。

第三，技术创新与金融变革。随着金融创新和金融衍生工具的不断涌现与广泛应用，以及现代通信技术的飞速发展，国际资本流动的自由化程度显著提升。其中，数字货币与区块链技术的广泛应用尤为引人注目，它们正在逐步改变传统资本流动的运作方式。这些先进的技术不仅大幅度提高了资本流动的效率和透明度，还显著降低了交易的成本，为国际资本在全球范围内的自由流动提供了更为便捷和高效的途径。

第四，市场波动与风险传染性增强。全球金融市场受到地缘政治、经济周期、自然灾害等多重因素的影响，波动性增加。这种波动性对国际资本流动构成挑战，增加了投资风险和不确定性。金融市场波动可能引发资本流动逆转并将风险迅速传播至其他市场。

第五，可持续发展和绿色投资成为全球资本流动的新趋势。投资者越来越关注环境、社会和公司治理（ESG）[①]等因素，推动了清洁能源、环保产业等领域的快速发展。《2023 年世界投资报告》显示，2021 年、2022 年全球可持续基金数量和资产规模分别为 15 380 亿美元、70 120 亿美元，2022 年的数据相比于 2012 年的数据，增长了近 350%。另外，发达经济体、发展中经济体、最不发达经济体在全球绿地项目的投资总量都实现了净增长。其中，发展中经济体增速最快，达到了 37%，发达经济体为 4%，最不发达经济体为 6%。

6.2.2　国际资本流动的主要形式

国际资本流动有很多种形式，主要有直接投资、贷款、有价证券买卖等形式。按照资本流动的期限不同，国际资本流动可分为长期资本流动和短期资本流动两种。

[①]　环境、社会和公司治理又称 ESG（Environmental，Social，and Governance），从环境、社会和公司治理 3 个维度评估企业经营的可持续性与对社会价值观念的影响。

1）长期资本流动

长期资本流动一般是指期限在1年以上的资本流动，按照资本流动的方式可分为直接投资、证券投资和国际借贷。

（1）直接投资

按照国际货币基金组织（IMF）的定义，通过国际直接投资形成的直接投资企业是"直接投资者进行投资的公司型或非公司型企业，直接投资者是其他经济体的居民，拥有（公司型企业）10%或10%以上的流通股或投票权或拥有（非公司型企业）相应的股权或投票权"。直接投资的特点是投资者能够控制企业的有关设施，并参与企业的管理决策。

直接投资的主要形式有：

第一，新建投资。新建合资企业：投资者与东道国或其他国家的投资者共同出资建立的企业，各方按照协议分享利润、分担风险和亏损，并共同管理企业。这种形式的投资有利于双方优势互补，共同开拓市场。

新建独资企业：由投资者单独出资，在国外设立的企业。独资企业对投资者具有完全的控制权，便于实施其全球战略和经营策略。

跨国公司设立分支机构：跨国公司根据业务需要在东道国设立的分公司、子公司或办事处等分支机构。这些分支机构通常负责跨国公司在东道国的具体业务运营和市场开拓。

第二，跨国并购。跨国并购是指投资者直接收购现有的外国企业，从而获得对该企业的控制权或经营权。这种方式可以迅速进入外国市场，扩大市场份额，并获取目标企业的技术、品牌等资源。

第三，股权与非股权参与。

股权投资：投资者购买外国企业达到一定比例以上的股权。投资者可以根据持股比例参与企业的经营管理，并对企业的重大决策产生影响。

非股权投资：除了股权投资外，投资者还可以通过技术合作、管理合同、生产合同等方式参与外国企业的运营。这些方式不涉及股权的转让，但投资者可以在一定范围内对企业的生产、销售等环节进行控制和影响。

直接投资的动机：

第一，追求更高的利润与国际竞争力。企业致力于通过直接投资，追求更高的利润增长点，并借此机会在国际舞台上增强自身的竞争力，实现可持续发展。

第二，获取资源与技术。企业旨在获取海外市场的关键原材料资源，同时吸纳先进的知识产权、管理专长及独特资产，以丰富企业的资源池，加速技术创新与业务模式升级。

第三，优化成本和提高效益。通过直接在当地投资设厂或建立供应链体系，有效减少物流运输、原材料采购等成本，并充分利用当地政府提供的税收减免、补贴等优惠政策，提升整体运营效率与盈利能力。

第四，构建全球化市场。为了深入渗透并占据外国市场的有利位置，尤其是针对寡头竞争的市场环境，企业采取直接投资策略，加速实施全球化战略，以更广泛的布局提升品牌影响力与市场占有率。

第五，规避贸易壁垒。面对日益复杂的国际贸易环境，企业选择通过直接投资的方式，绕过关税壁垒和政府设置的贸易限制，确保产品与服务能够更加顺畅地进入目标市场，实现市场准入的多元化与灵活性。

拓展阅读6-1

（2）证券投资

证券投资，又称间接投资，是指居民与非居民之间进行的证券投资交易。证券包括股本证券、债务证券、货币市场工具和金融衍生品等。证券投资者的投资目的在于获得利息、股息、红利及有关证券升值所带来的资本增值。证券投资者一般不直接参与所投资企业的经营管理决策，对所投资企业没有实际有效的控制权。

实现证券投资的主要渠道有：

欧洲债券：它是指一国政府、金融机构、工商企业或国际组织在国外债券市场上以第三国货币为面值发行的债券。例如，以欧洲货币为面值，由一国或者几国的金融机构组成的辛迪加承销的债券。

全球债券：它是指在全世界各主要资本市场同时大量发行，并且可以在这些市场内部和市场之间自由交易的一种国际债券。

外国债券：它是指某一国家借款人在本国以外的某一国家发行以该国货币为面值的债券。它的特点是债券发行人属于一个国家，债券的面值货币和发行市场属于另一个国家。

国际股票：它是指由股票所在地的非居民发行的股票。

（3）国际借贷

国际借贷是指各国政府、金融机构或者个人在金融市场上的信贷活动。国际借贷根据贷款性质不同，可分为外国政府贷款、国际金融组织贷款、外国商业银行贷款和出口信贷。

外国政府贷款是一个国家政府向另一个国家政府提供的优惠性贷款，它能够更好地促进两国之间的商品劳务活动及企业投资经营活动。它通常是由政府出面签约，接受贷款的企业参与，具体形式包括双边贷款（两国政府之间的资金借贷）、混合贷款（政府、银行共同给他国贷款）、多边借贷（多国政府向一个国家提供贷款）。

国际金融组织借贷是指国际金融机构向其成员提供贷款，此类型的贷款一般不具有盈利性，是援助性的，其利率一般比私人金融机构低，属于专项款项，手续较为严格。例如，国际货币基金组织、世界银行集团、国际清算银行（BIS）等国际金融组织通过提供资金、技术援助和政策建议等方式帮助各国应对经济挑战，旨在实现可持续发展目标，促进全球经济和金融的稳定与发展。

外国商业银行贷款是指国际商业银行提供的贷款，如辛迪加贷款，它是由一家金融机构牵头多家国外金融机构组成银团，联合向某借款人提供较大金额的长期贷款。

出口信贷是一种重要的国际信贷方式，也是扩大本国出口的官方支持的融资手段。它是指由本国的银行向本国出口商或外国进口商（或其银行）提供利率较低的贷款，一般由出口国政府补贴贷款利差或提供信贷担保，用以解决本国出口商资金周转困难的问题，或满足国外进口商对本国出口支付货款的需求。

2）短期资本流动

短期资本流动是指借贷期限在 1 年以内的资本流动和随时可能改变方向的资本流动。它具体包括借贷期限在 1 年以内的其他投资、证券投资中的货币市场工具，以及国际收支平衡表以外的隐性和非法的资本流动。短期资本流动的方式有：

第一，贸易资金融通。它是指国际贸易引起的货币资金在国际金融上的融通和结算。国际贸易引起的货币资金在国际流动，是最为传统的方式。

第二，保值性资本流通。它被称为资本外逃，是指金融资产的持有者为了保证资金的安全或者保值在国与国之间进行资金的调拨转移所形成的短期资本流动。

第三，银行资本调拨。在各国外汇专业银行之间引起的国际资本转移。

第四，投机性资本流动。投机者利用国际金融市场的利率差别或者汇率差别谋取利润所引起的资本国际流动。

6.2.3 国际资本流动效应分析

图6-1展示了国际资本流动的一般效应。为了便于分析，该模型假定世界只由代号a和b的两个国家组成，横轴代表的是全球的总资本存量OO'，OO'等于a国拥有的资本存量OA加上b国拥有的资本存量$O'A$。纵轴代表的是资本边际收益率。a

国的边际产品收益率用曲线 $VMPK_A$ 表示，它起始于左边的纵轴，且向右下方倾斜，代表了 a 国资本边际收益率随 a 国资本存量的递增而递减，从左至右是对各种资本投入量所对应的边际收益率的排序。同理，b 国的边际产品收益率用曲线 $VMPK_B$ 表示，它起始于右边的纵轴，按照相反的方向，从右至左进行排序。

我们首先分析国际资本流动被禁止的情况。在这种情况下，不存在国际借贷，每个国家只能用自己的资本存量创造收益，由于 a 国所有的资本存量仅能用于国内的放贷，竞争将迫使 a 国的贷款人获得点 H 所对应的边际收益率，边际收益率的值可用纵轴上的对应点 C 表示。与此同时，在 b 国，资金匮乏将阻止在点 M 左边形成任何的实际资本，因为 $O'A$ 是 b 国所拥有的全部资本存量，竞争将迫使 b 国的借款人面临较高的由点 M 所对应的借款利率，边际借款利率的值可用纵轴上的对应点 J 表示。假设资本全部用于生产，则可以用图 6-1 来说明这两个国家的总产出量。由于没有国际资本流动，全球的产出量只能等于图中 AOFH、AO'IM 两部分面积之和。其中，AOFH 是垂直线 AH 左侧的曲线 $VMPK_A$ 下方与横轴 OO'、纵轴 OF 构成的面积，代表 a 国的产出量；AO'IM 是垂直线 AM 右侧的曲线 $VMPK_B$ 下方与横轴 OO'、纵轴 O'I 构成的面积，代表了 b 国的产出量。

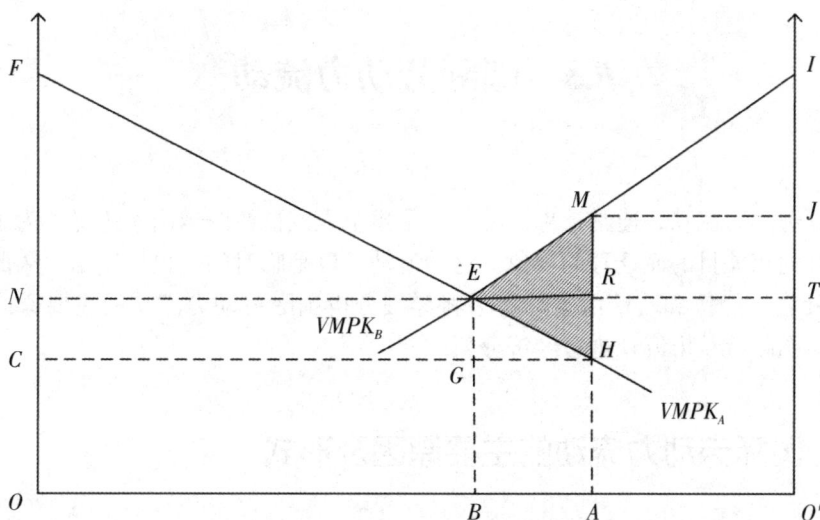

图6-1 国际资本流动的一般效应

现在假设不存在国际资本流动壁垒。在这种情况下，假设不同借款的风险和信用是相同的，资本将会由边际收益率低的国家（a 国）向边际收益率高的国家（b 国）流动。经过一段时间，a 国的资本逐渐减少，b 国则积累了更多的资本。国际资本流动会持续至全球（a、b 两国）的资本收益率达到均衡为止。假设在 E 点实现了均衡，均衡收益率的值可用纵轴上的对应点 N 表示。此时，a 国的资本总量超出其国内实际资本量的（OA-OB）部分，正是b国为其国内实际资本量与资本总量的差值（O'B-O'A）而必须借入的部分。

在国际资本自由化的条件下，全球的总产出量最大化。这一产出量等于 AOFH、AO'IM、EMH 面积之和。三角形 EMH 的面积显然是允许国际资本自由流动超过存在资本流动壁垒而获得的收益，即整体增加的产出量。这一收益源于自由的资本流动使得拥有资本要素禀赋者有机会在任何地方寻求更高的收益率。国际资本流动的全球收益在两个国家之间的分配情况如下：

a国的国民收入来源于两个部分：

第一，国内的生产，为曲线 $VMPK_A$ 下方截至点 E 左侧的面积，即 OBEF 面积。

第二，加上对外投资的总收益，即 ABER 面积。

因此，a国对外投资获得的净收益是 ERH 的面积。

b国的国民收入来源于两个部分：

第一，国内的生产，为曲线 $VMPK_B$ 下方截至点 E 右侧的面积，即 O'BEI 面积。

第二，减去外国投资者（贷款人）创造收益的部分，即 ABER 面积。

因此，b国从国际借贷中获得的净收益是 ERM 的面积。

6.3 国际劳动力流动

国际劳动力流动，通常被称为移民，是指个人或群体跨越国家边界，为了工作机会或其他相关目的而迁移的现象。这种流动可以是临时的，也可以是永久的，涉及各种社会、经济和政治因素。本节将详细分析国际劳动力流动的主要原因及形式，并对国际劳动力流动进行经济分析。

6.3.1 国际劳动力流动的主要原因及形式

1）国际劳动力流动的主要原因

国际劳动力流动是一个复杂的社会现象，其原因多种多样，包含经济、社会、政策及个人等多方面的因素，本节内容主要探讨因经济原因产生的国际劳动力流动。

（1）收入差异

不同国家和地区之间存在的经济水平和发展阶段的差异是推动国际劳动力流动的主要经济因素。人们通常从收入较低的地区迁移到收入较高的地区，以寻求更好的就业机会和生活水平。

（2）劳动力供求的不平衡

各国劳动力供求的不平衡也是国际劳动力流动的重要驱动力。在某些国家，某些行业或领域可能存在劳动力短缺的情况，而其他国家可能拥有过剩的劳动力。这种不平衡为劳动力提供了在国际范围内寻找就业的机会。

（3）国际经济活动的推动

国际贸易、国际投资及其他国际经济活动也会引发国际劳动力流动。跨国公司的全球化经营和国际投资项目的实施往往需要本国雇员随资本流动，这也为国际劳动力流动提供了机会。

2）国际劳动力流动的主要形式

（1）外籍劳工

外籍劳工通常指的是那些获得工作许可，前往另一个国家从事临时性工作的人员。这种流动形式强调的是短期性和临时性，工人在完成特定任务或季节性工作后返回。这类工作在农业和建筑行业中尤为常见，因为这些行业的季节性需求波动较大。

（2）永久移民

这是一种长期的劳动力流动形式，个人或家庭移居到另一个国家，并计划在那里长期居住和工作。

（3）留学人员

学生可能会选择出国深造，这通常涉及学生签证。完成学业后，一些学生可能会选择在所留学的国家工作，这可能需要将学生签证转换为工作签证。

（4）技术性劳务合作（人才流动）

技术性劳务合作一般是指具有专业技能或知识的人才在国际流动。他们可能通过跨国公司的内部调动，或者以独立咨询师、培训师等身份在国际范围内提供专业服务。这种流动形式强调的是专业技能和知识的传播与交流，有助于推动全球技术进步和经济发展。技术人员的跨国流动也促进了不同国家之间的技术合作和知识共享。

（5）外资机构的工作人员

这些工作人员可能并没有跨国流动，但他们的工作直接涉及国际经济活动，如为外资企业在本国工作。尽管他们并未改变国籍或居住地，但他们的工作仍被视为一种国际劳动力流动。

（6）国际组织的工作人员

一些劳动力可能在联合国等国际组织工作，这些职位通常需要跨国流动和国际工作经验。

6.3.2 国际劳动力流动的经济分析

1）国际劳动力流动的模型分析

国际劳动力流动对迁入国、迁出国以及世界总体福利的影响，可以借鉴与国际资本流动相似的模型进行分析。假设世界上只有甲和乙两个国家，如图6-2所示，横轴表示劳动量，纵轴表示劳动的边际生产率。甲乙两国的劳动总供给量为OO'。甲国是劳动力相对丰富的国家，劳动量为OA；相反，乙国是劳动力不太丰富的国家，劳动量为$O'A$。随着劳动投入量的增加，劳动的边际产出会减少，在图6-2中，甲国劳动的边际生产率表示为起始于左边纵轴的向右下方倾斜的曲线$MPL_{甲}$，乙国劳动的边际生产率表示为起始于右边纵轴的向左下方倾斜的曲线$MPL_{乙}$。甲乙两国的总产出可以由曲线$MPL_{甲}$和曲线$MPL_{乙}$下方的面积来表示。一国总产出由两部分组成，一部分是支付给劳动力的工资，另一部分是支付给雇主的租金，假设劳动力全部投入本国生产，则甲国总产出为$OFHA$的面积，其中，支付给劳动力的工资即劳动力总收入为$OCHA$的面积（实际工资OC乘以劳动力数量OA），CFH的面积为甲国雇主的收入；乙国总产出为$O'IMA$的面积，劳动力总收入为$O'JMA$的面积（实际工资$O'J$乘以劳动力数量$O'A$），JIM的面积为乙国雇主的收入。

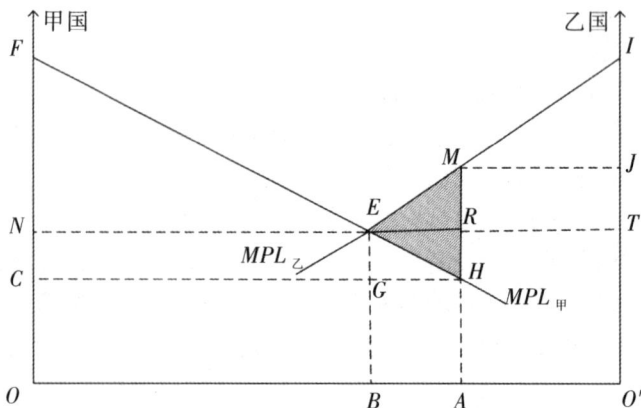

图6-2 国际劳动力流动福利模型

劳动力未在两国之间发生流动时，甲国劳动力边际产出OC小于乙国劳动力边际产出$O'J$，即甲国的工资低于乙国。

现在假定劳动力可以在国家间自由流动，劳动力会由边际产出低的国家

（甲国）向边际产出高的国家（乙国）流动，这种流动会持续至两个国家的工资相等（E点），即有AB数量的劳动力从甲国流入乙国，此时甲国有OB数量劳动力，乙国有O'B数量劳动力，从图6-2可以看出，甲国工资从C点上升至E点，乙国工资从J点下降至E点。由于有AB数量的劳动力从甲国流向乙国，甲国总产出由流动前的OFHA减少为OFEB，减少了BEHA面积的产出；乙国总产出由流动前的O'IMA增加为O'IEB，增加了AMEB面积的产出。从两国产出总量来看，乙国增加部分AMEB的面积大于甲国减少部分BEHA的面积，两国产出净增加了EMH（即阴影部分）的面积。由此可得，劳动力的国际流动增加了世界总产出。

从收入角度对两国的具体分析如下：由于有AB数量的劳动力从甲国流入乙国，甲国总收入减少BEHA的面积，对留在本国的OB数量劳动力而言，他们的收入由OCGB增加为ONEB，增加CNEG面积的收入；对甲国雇主而言，他们的收入由CFH减少为NFE，减少CNEH面积的收入。乙国总收入增加AMEB的面积，对乙国劳动力而言，他们的收入由O'JMA减少为O'TRA，减少TJMR面积的收入；对乙国雇主而言，他们的收入由JIM增加为TIE，增加JTEM面积的收入；甲国流入乙国的AB数量劳动力的收入从GBAH增加为EBAR，增加了EGHR面积的收入。

综合以上分析可以得出，劳动力流出国（甲国）的总福利减少，但留在本国的劳动力福利增加，本国雇主福利减少；劳动力流入国（乙国）的总福利增加，乙国劳动力福利减少，乙国雇主福利增加，移民福利增加，世界总体福利增加。

关于劳动力要素国际流动的效应，可总结为以下几点：

第一，劳动力的国际流动会导致两个国家的工资水平趋于相同（E点），劳动力资源丰富的国家（甲国）工资上升，另一个国家（乙国）工资下降。

第二，劳动力要素的国际流动增加了世界总产出。从图6-2中可以看出，乙国产出增加的部分大于甲国产出减少的部分，EMH（阴影部分）即为整体增加的产出。

第三，虽然劳动力的国际流动增加了世界总福利，但仍然有一些人的利益受到了损害。一些劳动力从甲国流入乙国获得了更高的工资，但是原本就在乙国工作的劳动力却因为劳动力的流入导致工资下降（从J点降至E点）。另外，乙国雇主虽然福利增加，但是甲国雇主的福利减少了。

但在现实生活中，各国工资是不可能趋于相等的，其原因主要有以下几点：

第一，劳动力跨国流动面临许多实际障碍，例如高昂的迁移成本、语言和文化差异等，这些障碍增加了劳动者迁移的经济成本和时间成本，且世界各国对移民会有严格的限制。

第二，不同国家的经济结构和市场制度会导致工资水平的差异。例如，某些国家的劳动力市场可能更倾向于高技能工作，而其他国家可能偏重低技能工作。这种结构性差异意味着即使发生了劳动力流动，各国劳动力工资水平也会因为工作性质产生差异。

2）国际劳动力流动的经济影响

（1）对迁入国的经济影响

国际劳动力流动可以缓解迁入国的劳动力短缺问题，尤其是在高技能和专业领域。同时，也可能会对当地的劳动力市场产生竞争压力，影响本地工人的就业机会和工资水平。移民带来的劳动力资源可以促进迁入国的经济增长，他们通过工作创造财富，提高生产率，并通过消费刺激市场需求。移民常常带来新的技能、知识和创新，促进技术传播和产业升级，有助于提高迁入国的国际竞争力。但是，大量移民可能会对迁入国的社会服务和福利系统带来压力，特别是在教育、医疗和住房等方面。

（2）对迁出国的经济影响

移民通过汇款将收入汇回迁出国，这可以显著增加迁出国的外汇储备，并有助于缓解贫困和促进经济发展。移民在迁入国与迁出国之间建立起联系网络，这种跨国界的交流合作有利于加速知识技术的传播与应用。此外，移民通过推广迁出国的文化和技术，增加迁出国的影响力，同时将在迁入国获得的知识和技术反馈给迁出国，提升迁出国知识和技术水平。但是，大量的高技能劳动力外流可能导致迁出国面临人才短缺，影响迁出国长期的经济增长和发展。

（3）对全球经济一体化的影响

劳动力的国际流动有助于全球资源的优化配置，使得生产要素在不同国家和地区之间更加高效地流动和利用。劳动力的国际流动还能加速资本的国际流动，随着劳动力国际流动规模的扩大和技术层级的提升，资本的国际流动规模也越来越大，跨国公司在全球范围内的劳动力配置促进了全球供应链的形成和发展，加强了国际经济联系和依赖。

（4）对国际劳动力市场的影响

劳动力的国际流动使得劳动力市场更加多元化，为雇主提供了更多的选择，同时也为劳动者提供了更多的就业机会。劳动力的国际流动可能会缩小不同国家和地区之间的工资和就业差异，但也可能导致某些地区的劳动力市场失衡。

总之，劳动力的国际流动是一个复杂的经济现象，它对迁入国和迁出国的经济都产生了重要影响。合理的政策和管理对于最大化国际劳动力流动的积极效应、减少其潜在的负面影响至关重要。同时，国际合作和协调也是确保全球劳动力流动对所有相关国家和地区产生正面影响的关键。

6.4　贸易与投资替代模型

6.4.1　理论背景

审视经济全球化的演进轨迹,不难发现,国际贸易早在国际资本涌现之前便已植根于世,且一度引领着国际投资的浪潮。回溯至自由资本主义萌芽至第二次世界大战前夕,受限于生产力发展的桎梏,国家间的经济纽带主要维系于商品的跨国交换。随着资本主义步入垄断阶段,发达经济体资本积累如雪球般滚大,超额资本的涌现催生了以货币资本跨境流动为主导的国际资本新动向,与此同时,以国际直接投资为显著特征的资本流动模式亦悄然兴起。

第二次世界大战后的科技革命,如同一股强劲的东风,极大地推动了生产力的飞跃,为资本跨国界自由流动铺设了坚实的物质基础与前提条件。这标志着资本运动步入了一个新阶段,其特征在于资本流动从流通领域向生产领域渗透,资本增值的链条跨越国界,不断向外延伸。尽管国际贸易与间接资本输出的规模仍在稳步增长,但生产性资本国际化的步伐与规模尤为引人注目,已成为国际资本流动的主流趋势。

这一现象的背后,多重因素交织作用:

首先,科技进步推动生产要素跨国流动。科技进步作为第一生产力,不仅促进了生产力的飞跃发展,也激发了生产要素跨国流动的新需求,成为资本市场追逐新比较优势与利润最大化的强劲驱动力。当今,科技进步引领了现代交通、通信、金融体系的飞速发展,为生产要素的跨国流动提供了前所未有的便利条件。

其次,贸易环境的不完全性为国际资本的快速流动开辟了新路径。贸易环境的不完全性,特别是地区贸易集团的兴起与贸易保护主义的抬头,加剧了国际资本的快速流动。贸易集团的建立减少了内部贸易障碍,强化了排他性政策,促使非成员不得不采取替代性投资策略。而贸易壁垒的增多与复杂化,尤其是非关税壁垒的隐蔽性增强,促使更多国家选择以投资替代贸易,绕开障碍进入他国市场。

最后,全球产业结构调整的浪潮亦推动了国际直接投资的蓬勃发展。发达经济体为保持竞争力,将部分传统产业转移至发展中经济体,这一过程中不仅伴随着资本的流动,还涵盖了技术、管理等多方面的要素转移,进一步加速了国际直接投资的扩张步伐。同时,发展中经济体对外资的渴求,也为这一进程提供了广阔的空间与机遇。

6.4.2　贸易与投资的关系

瑞典皇家科学院于1999年将诺贝尔经济学奖的殊荣授予了享誉全球的美国哥伦比亚大学经济学家罗伯特·蒙代尔教授，这一荣誉使他成为20世纪诺贝尔经济学奖的最后一位得主。早在半个世纪前的1957年，蒙代尔便创造性地提出了贸易与投资替代模型，又称蒙代尔相互替代模型。该模型深刻剖析了国际贸易与国际投资之间的内在联系，它的核心观点是：在两国之间存在贸易壁垒的情况下，一国厂商始终沿着特定的轨道实施跨国投资，在相对最佳效率或者最低生产要素转移成本的基础上，跨国投资可以替代商品贸易。

蒙代尔从两个国家、两种要素和两种产品分析框架出发，模型假设条件如下：第一，两个国家、两种要素、两种产品，A、B两国分别是资本要素丰富和劳动要素丰富的国家；第二，两国以比较优势分别生产资本密集型产品a和劳动密集型产品b；第三，两国具有相同的生产函数。

在理想的自由贸易的经济环境中，两国的生产要素报酬率是相对均等的，资本流动在两国之间是没有必要的。但是，现实中的国际贸易存在各种贸易壁垒，导致生产要素报酬无法达到相对均等的状态，此时资本流动便可以突破贸易障碍，使得生产要素报酬重新达到相对均等的状态，因此国际投资被贸易所替代。

然而当两国之间存在关税壁垒、产业壁垒等其他可阻止自由贸易的障碍时，情况就会发生改变。在蒙代尔的模型假设条件基础上，假定B国对A国生产的a产品征收高额的关税，征收关税会减少A国a产品的出口量，使得B国a产品的供给量降低。当B国a产品的供给量小于需求量时，会提高B国a产品的价格。而价格越高，则意味着利润越多。所以B国a产品原有的厂商会加大生产，也会吸引更多新的厂商加入来扩大生产规模，供给量就增加了。伴随这一市场连锁反应而来的是用于生产a产品所需的、对于B国来说相对稀缺的资本要素的国内需求量上升，资本要素需求量上升促使B国资本要素价格上涨，最终提高了B国的资本报酬率，B国的高资本报酬率又会吸引A国实现资本对外流动，继而愈发扩大B国生产a产品的规模。对以上动态变化过程的分析可以发现，B国增加生产a产品的量替代了从A国进口a产品的量，也就是国际资本投资替代了国际贸易。

蒙代尔贸易与投资替代模型是从第二次世界大战结束到20世纪60年代的国际政治经济形势的真实写照。那时各国为了提高本国的生产力、保护幼小民族工业以恢复本国的经济根基，尤其是发展中经济体普遍采取贸易保护政策，使得国际贸易受阻。蒙代尔的贸易与投资替代模型，其理论框架很精妙，论证也很严密，但这皆建立在一系列严苛的理论假设基础之上。然而，在现实经济中，尽管投资与贸易之间的替代关系确实存在，但受制于投资壁垒的阻碍、资本流动引发的市场结构变动、生产要素配置格局的动态调整等多重因素的交织影响，这种替代的实际程度往往远未达到蒙代尔相互替代模型所预测的理想状态。国际贸易与国际投资之间的替代关系呈现出更为复杂的情形，它们之间并非简单的完全替代关系，而是更多地表现为一种部分替代的关系。前面讨论的蒙代尔相互替代模型推导出贸易与投资存在完全替代的关系，但是这种完全替代关系只适用于解释需求价格弹性绝对值非常小的商品，实际生活中大量的产品却是需求价格弹性绝对值比较大的。

6.4.3　贸易与投资关系的新发展

传统上，国际贸易与国际投资常被视作两个独立领域分别进行研究。无论是20世纪30年代英国经济学家罗伯特逊提出的"贸易是经济增长的发动机"的著名论断，还是90年代初全球范围内盛行的"跨国公司作为经济增长驱动力"的观点，均高度肯定了贸易与投资在推动经济增长中的关键角色。长期以来，人们倾向于将贸易与投资视为国际化经营进程中相继出现的不同阶段。然而，随着世界经济自由化与全球化步伐的不断加快，贸易与投资之间的界限日益模糊，融合趋势愈发显著。在这一背景下，再孤立地审视贸易与投资各自的影响力，显然已难以适应时代发展的需要，亦不利于两者政策目标的协同与互补。因此，有必要重新审视并整合贸易与投资的关联，促进它们之间的政策协调与相互支持，以更好地服务于全球经济的繁荣与发展。

总的来说，关于两者之间的关系研究先后形成了3种理论，即蒙代尔的相互替代模型、Markuson 和 Svensson 的互补理论及 Bhagwati 和 Dinopoulos 从政治经济学的角度提出的补偿投资理论。前文已经阐述了蒙代尔的相互替代模型，下文主要介绍另外的两种理论。

1）Markuson 和 Svensson 的互补理论

由于蒙代尔贸易与投资替代模型的前提是非常苛刻的，使得国际贸易与投资的替代效应不具有一般性。针对以上不足，1983年 Markuson 提出贸易与投资之间表现出互补性。具体来看，导致贸易与投资之间呈现互补关系的主要因素包括技术差异、生产征税、垄断、外部经济规模及要素市场扭曲。为了便于充分了解贸易与投资之间互补关系的内在机制，下文以技术差异这一因素为例展开分析，该模型的核心构想在于：它建立在两国技术差异的基础之上，这种差异引发了要素回报率的不均衡。这种不均衡成为决定商品贸易流向及资本跨国流动的关键因素。

假设两国的其他要素禀赋相当，但是在生产技术上存在一定的差距，两国都能够生产两种产品：小麦和钢铁，钢铁属于资本密集型产品，小麦是劳动密集型产品。例如，美国生产钢铁的技术比中国强，中国生产小麦的技术比美国强，两者的比较优势显著不同。当两国之间发生贸易时，美国就会向中国出口钢铁，中国向美国出口小麦。由于贸易的产生，两国都会增加本国比较优势产品的生产，从而造成两国之间的要素回报率差异。美国资本收益率较高而劳动报酬率较低，中国则相反。由此，美国的高资本收益率会吸引中国的资本流向美国，投资生产钢铁产品。中国的高劳动报酬率则刺激美国的劳动力流向中国，两国的比较优势得以进一步加强，最终两国会更多地生产本国具有比较优势的产品，对本国没有比较优势的产品开展进口贸易。

2）Bhagwati 和 Dinopoulos 的补偿投资理论

Bhagwati 和 Dinopoulos 于 1987 年提出了补偿投资理论。该理论的假设条件也是基于两个国家、两种产品、两种要素。理论的推导运用了一般均衡国际贸易模型的分析框架。该理论认为要素价格差异等纯经济因素及现实的贸易障碍并不是决定贸易和投资关系的唯一因素，在存在贸易保护威胁的条件下，不同利益集团之间的博弈也会产生贸易和投资之间的替代及互补关系。该理论描述的是两者之间的一种跨时期关系，即企业从短时期利润角度看投资并不是最优的选择甚至可能带来损失，但是从长久利益来看，投资本身会减少或者避免因东道国政府采取贸易保护措施带来的损失。此外，投资也是实现企业利润最大化的最优选择，而这种以未来可预期的利益补偿或者减少短期投资造成损失的行为，便是补偿投资。该模型区别于蒙代尔模型的是：蒙代尔模型的关税带来投资是为了避开高关税用投资替代出口，补偿理论模型是为了尽可能减少东道国因采取贸易保护政策造成损失的可能性。

6.5 跨国公司与国际外包

6.5.1 跨国公司

1）跨国公司概述

跨国公司，是指在两个或两个以上国家设立分支机构、子公司或联营企业，并在这些国家进行生产、销售和其他商业活动的公司或企业集团。跨国公司通常在全球范围内进行资源配置、生产运营和市场拓展，其业务活动跨越国界，具有显著的国际特征。

对外直接投资是跨国公司国际化经营的重要组成部分，跨国公司的对外直接投资促进了资金的跨国流动，在国外建立的全资或控股子公司与母公司之间有大量的资金往来，例如，母公司向子公司追加投资，子公司向母公司上缴利润。跨国公司子公司的生产活动可以根据其与母公司业务的关系，以及在全球价值链中的位置，分为水平型对外直接投资和垂直型对外直接投资两种。

（1）水平型对外直接投资

水平型对外直接投资（horizontal FDI）是指跨国公司通过在海外市场建立子公司服务于当地市场或区域市场，子公司通常从事与母公司核心业务相同或相似的活动。这种投资的目的是复制母公司的商业模式和生产流程，以满足当地消费者的需求。水平型对外直接投资通常发生在跨国公司寻求扩大其市场份额、规避贸易壁垒或利用当地市场特有优势（如品牌认知度、消费者偏好等）的情况下。例如，汽车制造商在不同国家设立组装厂，以生产和销售适应当地市场的汽车；快餐连锁品牌在海外开设分店，提供与总部相似的菜单和服务。麦当劳作为全球知名的快餐连锁品牌，在世界各地设立了数万家分店。每一家分店虽然可能会根据当地口味提供一些特色菜单，但其核心产品如汉堡、薯条等都是一致的。麦当劳通过这种水平型对外直接投资，既在全球范围内推广复制了自身成功的商业模式，也顺应了不同地区的文化和饮食习惯。

（2）垂直型对外直接投资

垂直型对外直接投资（vertical FDI）是指跨国公司在海外建立子公司，这些子公司的活动与母公司的业务形成上下游关系，即它们在全球价值链中扮演不同的角色。这种投资的目的是通过内部化生产过程的某些环节来降低成本、提高效率或确保关键资源的供应。垂直型对外直接投资包括向前一体化和向后一体化两种类型。向前一体化表示向消费市场方向扩展，如汽车制造商在主要消费市场设立销售网络和服务中心，直接控制销售渠道和售后服务；向后一体化表示向原材料方向扩展，比如服装品牌在原材料生产国设立纺织厂，以确保原材料的质量和供应。如表6-1所示，苹果公司采取分散化的生产策略，在不同国家设立或外包生产基地来制造iPad的硬件组件，充分运用不同国家和地区在特定制造领域的比较优势，使得iPad的每个组件都可以在最适合的地方进行生产，从而降低成本、提高生产效率。苹果公司综合运用向前一体化和向后一体化两种策略，在全球范围内进行垂直型对外直接投资，通过在不同国家设立研发中心、生产工厂和服务中心，实现产品从设计、生产到销售的全链条控制。苹果公司的这种策略有助于其在全球市场中保持竞争力，同时确保产品质量和供应链的稳定性。

跨国公司根据其全球战略和市场目标，选择不同的对外直接投资方式来优化其国际业务布局。水平型对外直接投资更多关注市场获取和品牌扩张，而垂直型对外直接投资则侧重于成本控制和供应链管理。有些跨国公司可能会同时采用这两种类型的对外直接投资，这类对外直接投资被称为复合对外直接投资，目标是实现全球运营的最优化。

表6-1   iPad的全球化生产模式

组　件	主要生产地
处理器	中国（台积电）
显示屏	韩国（三星电子、LG）、日本（夏普）
存储器	韩国（三星电子）、美国（美光科技）
电池	亚洲供应商（中国比亚迪、日本村田制作所等）
摄像头模块	中国（大立光电）、韩国（LG）
电路板、连接器、扬声器等	中国、日本和欧洲等地
组装	中国（富士康）

2）跨国公司理论

跨国公司的发展深刻地影响着世界经济的格局，在全球经济一体化的今天，鉴于跨国公司在国际贸易中的影响力日益凸显，以下问题成为学术界热议的焦点：跨国公司为什么会出现？对外直接投资这种投资模式为什么会被广泛运用？学术界提出了多种理论来解释这一现象。

美国学者海默（Hymer）提出垄断优势理论，认为企业因其独特的垄断优势，如专利技术、品牌、管理技能等，能够在国外市场获得竞争优势，从而进行对外直接投资。市场内部化理论的代表人物为巴克利（Buckley）和卡森（Casson），该理论认为企业通过内部化外部市场来减少交易成本，尤其是中间产品的交易成本，这种内部化过程可能跨越国界，形成跨国公司。产品生命周期理论由弗农（Vernon）提出，该理论分析了产品从创新到成熟再到标准化的生命周期中，企业如何通过对外直接投资来优化生产布局。英国经济学家邓宁（Dunning）的国际生产折中理论则综合了上述理论，提出企业进行对外直接投资需要3个基本条件：所有权优势（O）、内部化优势（I）和区位优势（L），也称为OIL（Owner-ship-Internalization-Location）范式。

（1）所有权优势

所有权优势是指一国企业拥有的或能获得的，而国外企业无法获取的资产及其所有权。跨国公司拥有的所有权优势可以分为两种：第一种是只有通过对外直接投资才能够形成的所有权优势，例如原材料及中间产品的垄断、市场分散化、产品多元化等。第二种是通过出口、技术转让或对外直接投资均可为跨国公司带来收益的所有权优势，如技术、品牌、商标等。

（2）内部化优势

企业通过内部化其所有权优势，即通过建立自己的分支机构而不是通过市场交易利用这些优势。跨国公司内部化的主要动机是降低交易成本、控制风险、保护知识产权、避免外部市场的不完全性对其跨国生产经营造成不利影响。内部化有助于企业在全球市场中保持竞争优势地位，通过控制价值链的关键环节提高市场竞争力。

（3）区位优势

区位优势是指跨国公司在东道国进行直接投资时所享有的当地资源禀赋条件、投资国政策措施与跨国公司自身优势相结合而产生的更大便利。区位优势包括直接区位优势和间接区位优势。直接区位优势是指东道国固有的自然禀赋优势，如优良的地理位置，丰富的自然资源，低廉的生产要素成本，潜在的、巨大的销售市场等。间接区位优势包括投资国颁布某些政策措施鼓励本国企业进行对外直接投资；商品出口受到进口关税、非关税壁垒等限制。

如果企业同时拥有所有权优势、内部化优势和区位优势，该企业应该充分运用内部化优势这一桥梁，将所有权优势和区位优势结合起来，进行对外直接投资，以实现全球市场的深入渗透。

6.5.2 国际外包

外包最早由 Prahalad 和 Hamel（1990）两位学者提出[①]，是一种外部资源利用的过程。在有限资源约束的条件下，企业为了提高效率、降低成本，将一些非核心业务转给更加专业化的外部公司，自身致力于内部具有竞争优势的核心业务，这种资源整合的管理模式就是外包。

当外包双方跨越国界时，即为国际外包。国际外包的主体是跨国企业，随着全球化的深入发展，国际外包已成为跨国公司实现全球战略布局、优化供应链管理和提升全球竞争力的关键手段，具体表现在：

首先，国际外包有助于跨国公司提高成本效益。国际外包促使跨国公司充分利用全球资源，通过在成本较低地区进行生产或服务，有效降低运营成本，提高成本效益。

其次，国际外包在提高市场灵活性和可扩展性方面发挥着重要作用。国际外包有助于跨国公司快速响应市场变化，通过外包灵活调整生产和服务能力，以适应市场需求的波动。此外，国际外包还有助于跨国公司进入新的市场和地区，通过与当

---

① 1990年，Prahalad 和 Hamel 在《哈佛商业评论》上发表《企业核心竞争力》，首次明确"外包"这一概念。

地外包服务商的合作，快速获取市场准入和本地经验。

最后，国际外包对提高跨国公司的核心竞争力有着显著影响。国际外包可以帮助跨国公司专注于其核心业务与核心竞争力的构建，非核心活动则交由专业外包服务商来完成，从而提高跨国公司的运营效率，增强企业的核心竞争力。

拓展阅读6-2

明德园地

中国-东盟共建"一带一路"

自2013年10月国家主席习近平在印度尼西亚提出共建"21世纪海上丝绸之路"的构想以来，中国与东盟国家便携手踏上了深化海上合作、构建更加紧密命运共同体的新征程。秉持平等协商、互助共建、开放共享的原则，中国与东盟的经贸合作迅速驶入快车道，实现了规模与质量的双重飞跃。

共建"一带一路"倡议的实施，显著促进了中国与东盟双边贸易的快速增长。从2013年至2022年，双边货物贸易总额从4 436亿美元跃升至9 804亿美元，增幅高达121%，远超同期中国整体贸易增速（52.2%）。中国已成为东盟多个成员的重要贸易伙伴，展现出双方贸易关系的紧密与稳固。尤为值得一提的是，面对疫情冲击、中美贸易摩擦等不利因素，中国与东盟的贸易关系展现出了非凡的韧性与活力。在全球货物贸易普遍萎缩的背景下，中国与东盟的贸易总额依然实现了逆势增长，2020年同比增长6.7%，2021年更是达到28.1%的增速，远超中国整体贸易增速。

此外，中国与东盟的贸易结构也在不断优化升级。进入21世纪以来，双方贸易逐渐转型为以中间产品为主的产业内贸易，占比长期稳定在60%～70%，远高于中国总体对外贸易水平。这一高水平的产业内贸易模式，不仅体现了双方贸易关系的生产性特征，也进一步增强了彼此贸易关系的内在稳定性。

在投资领域，正如2024年7月中共中央政治局委员、外交部长王毅在万象出席中国-东盟外长会时对双方合作丰硕成果的介绍，2023年，中国对东盟投资增幅高达44.6%，双向累计投资超过3 800亿美元。东盟已成为中国车企海外投资最为集中地区。2023年中国品牌占东盟新能源汽车销量67%。风电、水电、太阳能等清洁能源合作规模持续扩大，有效助力地区能源转型。粤港澳大湾区、海南自贸港同东盟合作初见成效，海南自贸港东南亚投资中心正式运营。

在劳务和人文交流领域，据报道，2023年，在中国–东盟首届人力资源合作及开发论坛上，中国–东盟人力资源对接会及全区人才交流大会吸引616家单位，提供2.17万个岗位，吸引超3.5万国内外毕业生参与，其中8500余人达成签约意向。另外，东盟各国总人口达到6.74亿，其中15～64岁的劳动人口占总人口的67.6%。除新加坡和泰国外，东盟大多数成员的劳动力人口比例仍在持续增长，目前中国部分劳动密集型终端制造环节正向东南亚地区转移。

综上所述，共建"一带一路"为双方在全球化浪潮中携手共进、共享发展成果提供了重要平台。展望未来，随着共建"一带一路"的持续深入，中国与东盟的贸易关系必将迎来更加广阔的发展前景。

资料来源：张帅，翟崑.中国–东盟共建"一带一路"十年经贸成果回顾与展望［J］.东南亚纵横，2023（5）：24-39；佚名.王毅介绍中国东盟合作丰硕成果[EB/OL].[2024-07-26].https://www.fmprc.gov.cn/web/gjhdq_676201/gj_676203/yz_676205/1206_676644/xgxw_676650/202407/t20240726_11460992.shtml；佚名.首届中国–东盟人力资源合作与开发论坛暨中国–东盟人力资源服务博览会成果丰硕[EB/OL].[2023-12-05].http://gx.people.com.cn/n2/2023/1205/c179435-40666004.html.

【案例点评】

通过上述思政课堂的学习，学生们可以了解更多的知识，并且将理论知识与实践联系起来。

首先，经济全球化作为当今世界发展的重要趋势，为中国和东盟国家带来了前所未有的发展机遇。它促进了资本、技术、劳动力等生产要素的跨国流动，加速了全球产业链的整合与升级。"百年未遇的深刻变革"正是经济全球化深入发展的体现。然而，全球化也伴随着风险与挑战，如贸易保护主义的抬头、全球经济波动的传导效应等，这些都要求各国加强合作，共同应对。

其次，分析中国共建"一带一路"倡议实施带来的经济效应与成就，学生们能够更加全面认识中国的大国风貌。中国与东盟国家在"一带一路"框架下的合作，充分体现了合作共赢的外交理念。双方秉持平等协商、互助共建、开放共享的原则，共同推动经贸合作向更高水平发展。

最后，加速推进高水平对外开放不仅是通往第二个百年奋斗目标的必由之路，也是实现中华民族伟大复兴之中国梦的关键一环，其意义深远且重大。我们应坚守开放立场不动摇，勇于探索创新，努力推动我国对外开放事业迈向新高度，确保这一宏伟事业稳健发展。

【价值塑造】

此案例深刻描绘了中国与东盟携手共建"一带一路"以来的辉煌成果，其间蕴含了丰富的思想政治教育元素，为学生提供了宝贵的思想启迪。它不仅有助于学生构建积极向上、全面客观的世界观，还引导他们树立正确的人生观和价值观，促使他们在全球化的大潮中保持清醒的头脑和正确的价值判断。

通过这一案例的学习，学生能够拓宽国际视野，深刻理解国际合作的重要性，从而增强他们的国际合作意识与跨文化交流能力。同时，案例中的成功故事和面临的挑战，也激励学生树立强烈的责任感和使命感，培养他们在面对全球性问题时勇于担当、积极作为的精神风貌。

关键术语

国际要素流动　技术流动　国际资本流动　对外直接投资　国际证券投资外国债券　国际劳动力流动　贸易与投资替代关系　跨国公司　所有权优势　区位优势　国际外包

基础训练

一、简答题

1.简述国际资本投资的主要形式。

2.简述国际资本流动的动因及特点。

3.简述国际劳动力流动的福利效应。

4.简述跨国公司采取对外直接投资的类型和基本条件。

二、论述题

1.论述全球化背景下国际劳动力流动的经济影响。

2.论述投资与贸易的关系。

第7章 国际贸易引力模型

学习目标

学习目标

1. 掌握引力模型的推导与基本内容。

2. 理解引力模型的边界效应，并理解本国偏向性对边界效应的影响。

3. 理解引力模型中国家经济规模差异的影响。

4. 掌握运用引力模型进行实证研究的计量方法。

重点与难点

1. 理解运用局部均衡求解法推导出引力模型的方法。

2. 理解产品差异与CES模型在推导引力模型中的重要意义。

3. 理解国家规模在引力模型中的影响。

❖ 引导案例

经济规模与美欧贸易案例

2023年，美国商品贸易进出口总额为688亿美元，其中出口额为30 535亿美元，进口额为38 269亿美元。美国前十五大贸易国中的三个是欧洲国家：德国、英国和法国。美国为何只与这三个国家而不是其他欧洲国家进行大量的贸易呢？

我们运用欧洲不同国家的经济规模及其与美国的贸易规模的数据，验证了二者之间的相关性，图7-1中列出的是欧盟15国在2023年的经济规模及贸易规模。横轴表示各国的国内生产总值占整个欧盟生产总值的比例。纵轴表示各国与美国的贸易总额占整个欧盟与美国的贸易总额的比例。如图7-1所示，这些散点分布在45°对角线的周围。45°对角线表示，一国在美欧贸易中所占的比例和该国在欧盟全部生产总值中所占的比例应该近似相等。

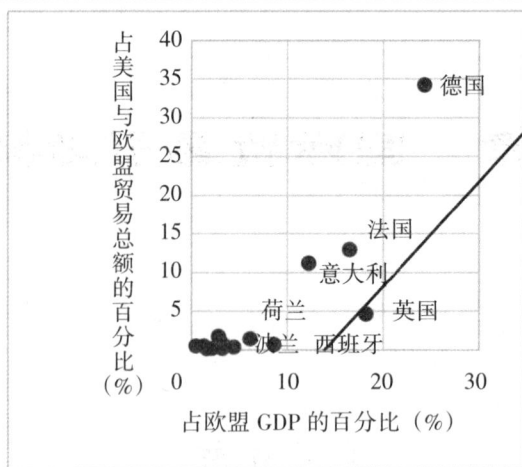

图7-1　2023年欧盟15国经济规模及贸易规模

　　答案显而易见，因为这些国家是欧洲经济规模最大的国家，即它们拥有欧洲最大的国内生产总值——全部最终产品和服务的市场价值之和。现实充分说明一国的经济规模与其进出口总额息息相关。在其他条件不变的情况下，两国间的贸易规模和两国的GDP成正比，与两国间的距离成反比。这与牛顿力学中的引力模型相似，因此也被称为贸易引力模型。

　　资料来源：作者编写。

7.1　不基于贸易理论的引力模型推导

　　过去几十年来，最成功的贸易实证方法可能就是引力模型。该模型由著名经济学家丁伯根于1962年率先提出，适用于在不同情况下对通过地区和国家边界移动的各种商品和要素的贸易分析，并且通常能产生良好的拟合效果。

　　最简单形式的引力模型表明，两国间的双边贸易额与其经济总量的乘积成正比，而与它们之间的地理距离成反比。这个模型与物理学家牛顿提出的万有引力模型非常相似。因此，丁伯根提出的贸易模型被称为"国际贸易的引力模型"。

　　引力模型是经济学中最成功的模型之一。它将双边贸易流量与GDP、距离和其他影响贸易壁垒的因素联系起来，被广泛用于推断关税同盟、汇率机制、民族关系、语言认同和国际边界等对贸易流量的影响。与通常的说法相反，经验引力模型并不具备理论基础，将其纳入诸如边境税等政策工具的等式中并没有理论依据，通

过研究等式在税收变化时的变化来推断税收的影响也不能保证其有效性。安德森
（Anderson，1979）首先提出的理论告诉我们，在控制了规模之后，相对于两个地
区与所有伙伴贸易的平均壁垒而言，两个地区之间的双边贸易壁垒是递减的。直观
地说，一个地区与所有其他地区的贸易阻力越大，它与特定双边伙伴的贸易阻力就
越大。我们将把理论上合适的平均贸易壁垒称为"多边阻力"。

在这一小节中，我们在分析世界贸易一般均衡模型的基础上，运用局部均衡求
解的方法，导出简单形式的引力模型。在后面的分析中，我们允许国家间贸易壁垒
导致的价格差异存在，并进一步深化引力模型分析。

7.1.1 世界贸易的一般均衡模型[1]

本书构建了一个多国框架模型，世界贸易的一般均衡模型则可以从产品需求、
供给与均衡3个步骤推导。

1）需求

假设j国消费者的效用函数为恒定替代弹性（CES）的效用函数，则可以表
示为：

$$U_j = \left\{ \left[\left(\sum_{\substack{k=1 \\ k \neq j}}^{N} X_{kj}^{\theta_j} \right)^{1/\theta_j} \right]^{1/\psi_j} + X_{jj}^{\psi_j} \right\}^{1/\psi_j} \qquad (j=1, \cdots, N) \tag{7-1}$$

式（7-1）中$X_{kj}(X_{jj})$为j国的消费者对产品k（j国的国产商品）的总需求量；
$$\psi_j = (U_j - 1)/U_j \qquad (0 \leqslant \mu_j \leqslant \infty) \tag{7-2}$$
式（7-2）中的U_j为j国的国产商品与可进口商品之间的CES；
$$\theta_j = (\sigma_j - 1)/\sigma_j \qquad (0 \leqslant \sigma_j \leqslant \infty) \tag{7-3}$$
式（7-3）中的σ_j为j国可进口商品之间的CES。

该规范允许国产商品与进口商品之间以及进口商品之间的替代弹性有所不同。
当U_j和σ_j相等时，式（7-1）简化为标准CES函数，此时j国的支出受到收入Y_j的
限制：
$$Y_j = \sum_{k=1}^{N} \overline{P}_{kj} X_{kj} \qquad (j=1, \cdots, N) \tag{7-4}$$
式中：
$$\overline{P}_{kj} = P_{kj} T_{kj} C_{kj}/E_{kj} \tag{7-5}$$

① BERGSTRAND J H. The gravity equationin international trade：some microeconomic founda-
tions and empirical evidence［J］. The Review of Economics and Statistics，1985，67（3）：474–481.

　　式中：P_{kj} 是产品 k 在 j 国市场上销售的货币价格；T_{kj} 等于 1 加上 j 国对产品 k 征收的关税（$T_{jj}=1$）；C_{kj} 是运输产品 k 到 j 国的运输成本因子；E_{kj} 是 j 国货币以产品 k 货币价格表示的现货价值（$E_{jj}=1$）。从此以后，$\sum''$ 表示对 k 求和，$k=1$，$\cdots$，N，$k{\ne}j$。根据公式（7-4）对公式（7-1）进行最大化，结果产生 N（$N+1$）个一阶条件，这些条件可用于求解 N（$N-1$）个双边总进口需求方程，如式（7-6）所示：

$$X_{ij}^{D} = Y_j \overline{P}_{ij}^{-\sigma_j} \left[\left({\sum}'' \overline{P}_{kj}^{1-\sigma_j} \right)^{1/(1-\sigma_j)} \right]^{\sigma_j - \mu_j} \times \left\{ \left[\left({\sum}'' \overline{P}_{kj}^{1-\sigma_j} \right)^{1/(1-\sigma_j)} \right]^{1-\mu_j} + P_{ij}^{1-\mu_j} \right\}^{-1}$$

（i，$j=1$，$\cdots$，N，$i{\ne}j$）　　　　　　　　　　　　　　　　（7-6）

而 N 的内需方程如式（7-7）所示：

$$X_{jj}^{D} = Y_j P_{jj}^{-\mu_j} \left\{ \left[\left({\sum}'' \overline{P}_{kj}^{1-\sigma_j} \right)^{1/(1-\sigma_j)} \right]^{1-\mu_j} + P_{jj}^{1-\mu_j} \right\}^{-1} \quad (j=1, \cdots, N)$$ 　　（7-7）

2）供给

　　每年 i 国的企业利润最大化函数如下所示：

$$\prod i = \sum_{k=1}^{N} P_{ik} X_{ik} - W_i R_i \quad (i=1, \cdots, N)$$ 　　　　　　　　（7-8）

　　式中：R_i 为某一年中单一的、国际上不可移动的资源在 i 国可用于生产各种产出的数量（如劳动时间）；W_i 是 i 国每一单位 R_i 的货币值，每个国家的 R 则是根据变换联合生产面的恒定弹性（CET）来进行分配的。

$$R_i = \left\{ \left[\left(\sum_{\substack{k=1 \\ k{\ne}i}}^{N} X_{ik}^{\varphi_i} \right)^{1/\varphi_i} \right]^{\delta_i} + X_{ii}^{\delta_i} \right\}^{1/\delta_i} \quad (i=1, \cdots, N)$$ 　　　　（7-9）

　　式中：$\delta_i = (1 + \eta_i)/\eta_i$，而 η_i 为 i 国在国内外市场生产之间的 CET（$0{\le}\eta_i{\le}\infty$）；$\varphi_i = (1 + \gamma_i)/\gamma_i$，$\gamma_i$ 为 i 国在出口市场生产之间的 CET（$0{\le}\gamma_i{\le}\infty$）。这一规定允许国内外市场之间和出口市场之间的供给转换弹性存在差异。当 φ_j 和 γ_i 相等时，式（7-9）简化为标准 CET 函数。从此以后，$\sum'$ 表示对 k 求和，$k=1$，$\cdots$，N，$k{\ne}i$。将式（7-9）代入式（7-8）并使所得方程最大化，产生 N^2 个一阶条件，这些条件可用于求解 N（$N-1$）个双边总出口供给需求方程，如式（7-10）所示：

$$X_{ij}^{S} = Y_i P_{ij}^{\gamma_i} \left[\left({\sum}' P_{ik}^{1+\gamma_i} \right)^{1/(1+\gamma_i)} \right]^{-(\gamma_i - \eta_i)} \times \left\{ \left[\left({\sum}' P_{ik}^{1+\gamma_i} \right)^{1/(1+\gamma_i)} \right]^{1+\eta_i} + P_{ii}^{1+\eta_i} \right\}^{-1}$$

（i，$j=1$，$\cdots$，N，$i{\ne}j$）　　　　　　　　　　　　　　　　（7-10）

而 N 的国内供给方程如式（7-11）所示：

$$X_{ii}^S = Y_i P_{ii}^{\eta_i} \left\{ \left[\left(\sum {}' P_{ik}^{1+\gamma_i} \right)^{1/(1+\gamma_i)} \right]^{1+\eta_i} + P_{ii}^{1+\eta_i} \right\}^{-1} \quad (j=1, \cdots, N) \quad (7\text{-}11)$$

式（7-11）中，对于一个生产要素，i 国的国民收入受到 Y_i 限制：

$$Y_i = W_i R_i \quad (i=1, \cdots, N) \quad (7\text{-}12)$$

3）均衡

假设 N^2 的均衡条件如下：

$$X_{ij} = X_{ij}^D = X_{ij}^S \quad (i, j=1, \cdots, N) \quad (7\text{-}13)$$

式中：X_{ij} 为 i 国到 j 国的实际贸易流量。式（7-4）、式（7-6）、式（7-7）、式（7-9）至式（7-11）给出了包含（$4N^2 + 3N$）个方程和内生变量的世界贸易一般均衡模型。这个系统中 X_{ij} 的简化形式是每个 R_i、T_{ij}、C_{ij} 的函数（$i, j=1, \cdots, N$；$i \neq j$）。然而，这样的函数不是引力方程，因为这种简化形式必然排除了内生的出口商和进口商收入。

7.1.2 局部均衡求解法[①]

1）假设一

假设从 i 国到 j 国的总贸易流量市场比其他（$N^2 - 1$）个市场小。这类似于国际金融研究中经常使用的小型开放经济假设（也称小型市场假设），意味着外国价格水平、外国利率和外国收入可以被视为外生因素。小型市场假设意味着平衡 X_{ij}^D 和 X_{ij}^S 从而产生的 X_{ij} 和 P_{ij} 的变化对 Y_i、P_{ii}、P_{jj}、$\sum {}' P_{ik}^{1+\gamma_i}$ 和 $\sum {}'' \overline{P}_{kj}^{1-\sigma_j}$ 的影响可以忽略不计。由（$4N^2 + 3N$）个方程组成的一般均衡系统可以看作由 4 个内生变量（X_{ij}，X_{ij}^D，X_{ij}^S，P_{ij}）和 $3N$ 个约束条件下的 4 个方程组成的 N^2 个部分均衡子系统。将式（7-6）和式（7-10）分别与式（7-13）中的任意一个组合得到式（7-14）和式（7-15）：

$$P_{ij} = \left\{ Y_i^{-1} Y_j C_{ij}^{-\sigma_j} T_{ij}^{-\sigma_j} E_{ij}^{\sigma_j} \times \left(\sum {}' P_{ik}^{1+\gamma_i} \right)^{(\gamma_i-\eta_i)/(1+\gamma_i)} \times \left(\sum {}'' \overline{P}_{kj}^{1-\sigma_j} \right)^{(\sigma_j-\mu_j)/(1-\sigma_j)} \times \right.$$
$$\left. \left[\left(\sum {}' P_{ik}^{1+\gamma_i} \right)^{(1+\eta_i)/(1+\gamma_i)} + P_{ii}^{1+\eta_i} \right] \times \left[\left(\sum {}'' \overline{P}_{kj}^{1-\sigma_j} \right)^{(1-\mu_j)/(1-\sigma_j)} + P_{jj}^{1-\mu_j} \right]^{-1} \right\}^{1/(\gamma_i+\sigma_j)}$$
$$(i, j=1, \cdots, N, i \neq j) \quad (7\text{-}14)$$

① BERGSTRAND J H. The gravity equationin international trade：some microeconomic foundations and empirical evidence [J]. The Review of Economics and Statistics，1985，67（3）：474-481.

$$X_{ij} = \left\{ Y_i^{\sigma_j} Y_j^{\gamma_i} C_{ij}^{-\gamma_i \sigma_j} T_{ij}^{-\gamma_i \sigma_j} E_{ij}^{\gamma_i \sigma_j} \times \left(\sum {}' P_{ik}^{1+\gamma_i} \right)^{-\sigma_j(\gamma_i - \eta_i)/(1+\gamma_i)} \times \left(\sum {}'' \overline{P}_{kj}^{1-\sigma_j} \right)^{\gamma_i(\sigma_j - \mu_i)/(1-\sigma_j)} \times \right.$$

$$\left. \left[\left(\sum {}' P_{ik}^{1+\gamma_i} \right)^{(1+\eta_i)/(1+\gamma_i)} + P_{ii}^{1+\eta_i} \right]^{-\sigma_j} \times \left[\left(\sum {}'' \overline{P}_{kj}^{1-\sigma_j} \right)^{(1-\mu_i)/(1-\sigma_i)} + P_{jj}^{1-\mu_j} \right]^{-\gamma_i} \right\}^{1/(\gamma_i + \sigma_j)}$$

$$(i, j=1, \cdots, N, \; i \neq j) \tag{7-15}$$

小型市场假设产生了一个简化的双边贸易方程，并对 i 国和 j 国收入（Y_i 和 Y_j）进行了外生处理。这种假设的结果是：某些价格条件也被视为是外生的。

2）假设二

假设各国的效用和生产函数相同，确保式（7-14）和式（7-15）中的参数在所有国家配对中都是恒定不变的。这一假设在贸易分析中很常见，包括产业间贸易的 Heckscher-Ohlin-Samuelson 模型和最近常用的产业内贸易模型，详情见迪克西特和诺曼（1980）。将式（7-14）和式（7-15）与此假设结合可得式（7-16）：

$$PX_{ij} = Y_i^{(\sigma-1)/(\gamma+\sigma)} Y_j^{(\gamma+1)/(\gamma+\sigma)} C_{ij}^{-\sigma(\gamma+1)/(\gamma+\sigma)} \times T_{ij}^{-\sigma(\gamma+1)/(\gamma+\sigma)} E_{ij}^{\sigma(\gamma+1)/(\gamma+\sigma)} \times$$

$$\left(\sum {}' P_{ik}^{1+\gamma} \right)^{-(\sigma-1)(\gamma-\eta)/(1+\gamma)(\gamma+\sigma)} \times \left(\sum {}'' \overline{P}_{kj}^{1-\sigma} \right)^{(\gamma+1)(\sigma-\mu)/(1-\sigma)(\gamma+\sigma)} \times$$

$$\left[\left(\sum {}' P_{ik}^{1+\gamma} \right)^{(1+\eta)/(1+\gamma)} + P_{ii}^{1+\eta} \right]^{-(\sigma-1)/(\gamma+\sigma)} \times$$

$$\left[\left(\sum {}'' \overline{P}_{kj}^{1-\sigma} \right)^{(1-\mu)/(1-\sigma)} + P_{jj}^{1-\mu} \right]^{-(1+\gamma)/(\gamma+\sigma)} \tag{7-16}$$

式中：PX_{ij} 为从 i 国到 j 国的贸易流量值（$PX_{ij} = P_{ij}X_{ij}$）。式（7-16）被称为"广义"引力方程。考虑到数据的限制，当附加一个常数和对数正态分布的误差项时，式（7-16）可以通过普通最小二乘法（OLS）进行估计。该规范是"通用的"，因为它将出口商和进口商收入视为外生的，除了在所有配对的国家中相同之外，对参数值没有任何限制。

3）假设三

假设商品在生产和消费中具有完全的国际可替代性、完全的商品套利、零关税和零运输成本（并将所有汇率归一），意味着对所有 $i, j=1, \cdots, N$ 都有 $C_{ij} = T_{ij} = 1$ 和 $\overline{P}_{ij} = P$，由于 $\sigma = \mu = \gamma = \eta = \infty$，式（7-16）可化简为：

$$PX_{ij} = (1/2)Y_i^{1/2}Y_j^{1/2} \tag{7-17}$$

式（7-17）就是引力模型最简单的形式。这个排除所有价格项的引力模型直观地表明两国间的贸易规模和两国的GDP成正比。

7.2　基于贸易理论的引力模型推导①

7.2.1　完全专业化生产的引力模型

在本节中，我们假定贸易平衡、贸易和运输成本为零、没有中间产品贸易，并且两个国家的生产技术完全相同、两个国家的消费者具有完全相同的齐次偏好。首先，我们考虑赫尔普曼和克鲁格曼（Helpman and Krugman，1985）提出的典型 IRS模型，即有两个国家 i 和 j、两种商品 X 和 Z（X 和 Z 都有许多差异化的品种，这些品种都是随着规模报酬递增而生产的）。在重视产品多样性的偏好下，一个国家将根据其 GDP 占世界 GDP 的份额需要所有的外国商品。将 i 国和 j 国的 GDP 分别记为 Y^i 和 Y^j，将世界 GDP 记为 Y^ω。鉴于 IRS 导致每种商品的生产完全专业化，可以证明 i 国从 j 国的进口量（记为 M^{ij}）为：

$$M^{ij} = \frac{Y^i Y^j}{Y^\omega} \tag{7-18}$$

这里的进口量与 GDP 严格成正比，因此 IRS 贸易模型是解释引力模型的成功潜在候选模型。

式（7-18）非常通用，因为它的推导不需要假设要素价格均衡、各国要素禀赋差异、X 和 Z 商品生产的要素密集度，甚至不需要假设部门、要素和国家的数量（Helpman and Krugman，1985）。只要均衡中存在完美的专业化，所有消费者面对相同的商品价格，具有相同的齐次偏好，并且贸易是均衡的，式（7-18）就成立。此外，当各国要素禀赋的国际差异足够大时（与商品要素投入需求的差异相比），也会导致完全专业化。因此，赫克歇尔-俄林模型也可以产生引力方程式（7-18）。在两个国家、两种商品、两种要素（2×2×2）的情况下，这就要求各国的相对禀赋比率至少与商品的相对投入比率相差不大，这与生产多样化和通过贸易实现要素价格均衡是一致的。

7.2.2　不完全专业化生产的引力模型

首先，我们展示一个模型的引力方程，其中一个部门（Z）在规模报酬不变

① EVENETT S J，KELLER W. On theories explaining the success of the gravity equation ［J］. Journal of Political Economy，2002，110（2）：281-316.

（CRS）下生产同质商品，而另一个部门（X）在规模报酬递增（IRS）下生产差异化商品（Helpman，1981；Helpman and Krugman，1985）。该模型被称为IRS/单锥赫克歇尔-俄林模型。假设有两个国家（i和j）和两种要素，即资本（K）和劳动（L）。假设同质商品在生产过程中劳动密集程度较高，且i国资本充裕。设γ^c为商品Z在c国GDP中的份额，即$\gamma^c = Z^c / (p_x X^c + Z^c)$，其中，$p_x$是商品X的相对价格。如果两国的禀赋足够相似，可以通过贸易实现要素价格均衡，则i国只出口资本密集型的X商品。i国X商品在GDP中的份额等于（$1 - \gamma^i$），因此，j国的进口量为$(1 - \gamma^i)Y^i$。齐次偏好假设是指j国从国外购买X商品的数量取决于其在世界GDP中所占的份额，即Y^j/Y^w。

将平衡贸易考虑进来，则意味着i国从j国的进口量（记为M^{ij}）为：

$$M^{ij} = (1 - \gamma^i)\frac{Y^i Y^j}{Y^w} \tag{7-19}$$

对于任何$\gamma^i > 0$，双边进口水平低于两种商品都差异化的情况。此外，随着同质商品在GDP中所占份额的下降，预测的进口水平上升；在极限情况下，即$\gamma^i \to 0$时，广义引力方程式（7-19）将转化为上面的简单引力方程式（7-18）。因此，贸易量越大，同质商品在GDP中所占比重就越低。

其次，我们给出了2×2×2型H-O模型中引力方程的特殊形式，其中商品Z和商品X是同质的，并且都在相同国家的CRS下生产。如果i国相对资本丰富，而商品Z相对劳动密集，那么i国从j国的进口量等于$p_x[X^i - (Y^i/Y^w)X^w]$，其中X^w是商品X的全球生产量。通过γ的定义和等式$Y^i/Y^w = 1 - Y^j/Y^w$得到：

$$M^{ij} = [(1 - \gamma^i) - (1 - \gamma^j)]\frac{Y^i Y^j}{Y^w} = (\gamma^j - \gamma^i)\frac{Y^i Y^j}{Y^w} \tag{7-20}$$

随着两国资本-劳动力比率的趋同，γ^i和γ^j也会逐渐趋同。在极限情况下，当i国和j国的要素比例相等时，有$\gamma^i = \gamma^j$，在这种情况下，式（7-20）给出了一个熟悉的结果，即当要素比例相同时，在H-O模型中没有贸易。式（7-20）包括式（7-18）中关于多锥H-O模型进口量的预测，因为随着i国和j国之间要素比例的差异增加，j国的GDP中商品Z所占份额γ^j接近1，而i国的GDP中商品Z所占份额γ^i趋于零。

如果我们用M_s表示在完全专业化情况下的进口预测量（见式（7-18））；用M_{IH}表示在IRS/单锥H-O模型下只有一种商品专业化的情况（见式（7-19））；用M_H表示在两国均生产两种商品的单锥H-O模型下的情况（见式（7-20）），则在其他条件不变的情况下，以下不等式成立：

$$M_s > M_{IH} > M_H \tag{7-21}$$

这证实了双边进口数量越多，产品专业化程度就越高。总之，可以从这些贸易模型观察到：完全专业化模型预测双边进口与两国国内生产总值的乘积成正比。对于IRS/单锥赫克歇尔-俄林模型，进口与这一乘积不成正比，而差额的大小取决于差异化商品在GDP中所占的比重。在其他条件相同的情况下，IRS/单锥赫克歇尔-俄林模型预测进口与GDP的比例因子最小，并且当贸易伙伴之间要素比例差异较大时，该因子预计会上升。

7.3 引力模型的边界效应

7.3.1 考虑价格的引力模型边界效应[①]

H-O模型在运输成本绝对为正的情况下具有重要意义。该模型认为，随着国际贸易的进行，贸易参加国之间的生产要素价格将实现相对和绝对意义上的均等（FPE定理）。当要素价格完全相同时，两国的生产成本完全相同。在完全竞争的市场中，两国的生产者不会在对方市场与本地生产者竞争，因为出口商需克服正运输成本，而国内供应商则无须考虑。

如果商品数量远多于要素数量，如Dornbusch等（1977，1980）所说的那样，那么在无摩擦贸易下，要素价格的不平等会严重限制两国共同生产的商品数量。有贸易障碍时，商品可以成为非贸易品，如果运输成本的差异正好等于生产成本的差异，它们也可以在同一市场上竞争。但如果某一种商品在任何两国间的运输成本都是不变的（不随运输量的变化而变化），可以证明，在所有商品中，只有很小一部分会被任何两个国家销往同一市场。因此，大多数贸易中，消费者将只从一个国家的生产者购买每种商品，无论是本国产业还是外国出口商。

这并不完全等同于每种商品在全球范围内只有一个出口国，但这正是我们要考虑的情况。更进一步假设每种商品不仅由一个国家出口，而且只在该国生产。在这种情况下，各国的产品在消费者眼中是不同的，即存在差异化。

因此，我们在此考虑由于运输成本所导致价格差异的引力模型边界效应。为了简化分析，此处对引力模型作形式的简单化，并引入运输成本。假设国家专业化生产异质产品，并且不同国家需求相同且位似（homothetic），那么任何国家生产的一种商品会按照购买国GDP的大小而成比例地出口并运至购买国。进一步，假设运输成本采用萨缪尔森的"冰山"形式，即i国和j国之间的运输系数（1加上运输成本）为t_{ij}。换言之，从i国运出的货物有一部分（$t_{ij}-1$）会在运往j国的过程中被消耗掉。

在完全竞争的情况下，i国的卖方不会对其产品的销售市场进行区分，因此他

① DEARDORFF A V. Determinants of bilateral trade：does gravity work in a neoclassical world？[R]. NBER Working Paper，1998（5377）：1-27.

们的产品在所有市场上的价格都是统一的，即 P_i。然而，买方必须支付运输成本，因此买方在 j 市场的价格将是 $t_{ij}P_i$。

同时，由于各国的偏好相同且位似，那么可以假设每个国家的消费者将固定收入份额 β_i 用于购买 i 国的产品。假设 x_i 是 i 国的产出，那么 i 国的收入 Y_i 为：

$$Y_i = P_i x_i = \sum_j \beta_i Y_j = \beta_i Y^w \tag{7-22}$$

由此得出 $\beta_i = Y_i / Y^w$。如果按到岸价（CIF）计算，可以立即得到：

$$T_{ij}^{cif} = \beta_i Y_j = \frac{Y_i Y_j}{Y^w} \tag{7-23}$$

在此，我们得到了一个简单的无摩擦的到岸价贸易引力模型，此时运输成本和距离无效。然而，如果按离岸价计算，需扣除运输成本：

$$T_{ij}^{fob} = \frac{Y_i Y_j}{t_{ij} Y^w} \tag{7-24}$$

如果运输成本与距离有关，就会得出类似于标准引力模型的结果。然而，式（7-24）并不理想，因为双边国际贸易支出不会随距离增加而减少。为解决这个问题，假设上述模型中消费者偏好为 CES 函数，并使 j 国的消费者实现效用最大化，该函数定义在所有 i 国（包括其本国）的产品上：

$$U^j = \left(\sum_i \beta_i c_{ij}^{\frac{\sigma-1}{\sigma}} \right)^{\frac{\sigma}{\sigma-1}} \tag{7-25}$$

式中：$\sigma > 0$ 是任何一对国家产品之间的共同替代弹性。面对商品的到岸价 $t_{ij}p_i$，i 国的消费者在生产 x_j 所得收入 $Y_j = P_j x_j$ 的条件下，为使该函数最大化，消费将是：

$$c_{ij} = \frac{1}{t_{ij}P_i} Y_j \beta_i \left(\frac{t_{ij}P_i}{P_j^l} \right)^{1-\sigma} \tag{7-26}$$

式中：P_j^l 是 j 国土地价格的 CES 价格：

$$P_j^l = \left(\sum_i \beta_i t_{ij}^{1-\sigma} P_i^{1-\sigma} \right)^{1/(1-\sigma)} \tag{7-27}$$

因此，i 国向 y 国的出口离岸价为：

$$T_{ij}^{fob} = \frac{1}{t_{ij}} Y_j \beta_i \left(\frac{t_{ij}P_i}{P_j^l} \right)^{1-\sigma} \tag{7-28}$$

可见贸易的到岸价也是这一表达式乘以 t_{ij}，因此如果 $\sigma > 1$，t_{ij} 将会递减。参数 β_i 不再是 i 国在世界收入中所占的份额。如果我们把 θ_i 设为 i 国在世界收入中所占的份额，就可以把它与 β_i 联系起来，如式（7-30）所示求出 β_i：

$$\theta_i = \frac{Y_i}{Y^w} = \frac{P_i x_i}{Y^w} = \frac{1}{Y^w} \sum_i \beta_i P_i x_i \left(\frac{t_{ij}P_i}{P_j^l} \right)^{1-\sigma} = \beta_i \sum_j \theta_j \left(\frac{t_{ij}P_i}{P_j^l} \right)^{1-\sigma} \tag{7-29}$$

从而：

$$\beta_i = \frac{Y_i}{Y^w} \frac{1}{\sum_j \theta_j \left(\frac{t_{ij} P_i}{P_j^I} \right)^{1-\sigma}} \tag{7-30}$$

式（7-30）与式（7-29）结合将会得到式（7-31）：

$$T_{ij}^{fob} = \frac{Y_i Y_j}{Y^w} \cdot \frac{1}{t_{ij}} \left[\frac{\left(\frac{t_{ij}}{P_j^I} \right)^{1-\sigma}}{\sum_h \theta_j \left(\frac{t_{ih}}{P_j^I} \right)^{1-\sigma}} \right] \tag{7-31}$$

为了简化和便于解释，首先选择商品单位，以便将每个国家的产品价格 P_i 归一化；然后，P_j^I 就成了 j 国作为进口国的运输因素的 CES 指数，将称之为进口国与供应商的平均距离 δ^s：

$$\delta_j^s = \left(\sum_i \beta_i t_{ij}^{1-\sigma} \right)^{\frac{1}{1-\sigma}} \tag{7-32}$$

对某条运输路线的需求而言，关键是该路线的运输系数 t_{ij} 与供应商平均距离的比值，称为与供应商的相对距离 ρ_{ij}：

$$\rho_{ij} = \frac{t_{ij}}{\delta_j^s} \tag{7-33}$$

式（7-31）中的贸易流量变为：

$$T_{ij}^{fob} = \frac{Y_i Y_j}{Y^w} \cdot \frac{1}{t_{ij}} \left[\frac{\rho_{ij}^{1-\sigma}}{\sum_h \theta_j \rho_{ij}^{1-\sigma}} \right] \tag{7-34}$$

这是本节的主要结果：如果进口国 j 与出口国 i 的相对距离等于所有需求者与 i 的平均相对距离，那么来自 i 的商品出口量将与柯布-道格拉斯模型中的出口量相同。也就是说，出口量将由简单的无摩擦引力模型决定，与标准引力模型中用运输系数（1 加运输成本）衡量距离的情况一样，离岸价出口在该模型中将因来自 i 商品的运输系数而减少。如果 j 国与 i 国的相对距离大于平均值，这条路线上的到岸价（或离岸价）贸易量将相应地小于简单的无摩擦（或标准）引力模型，而如果 j 国与 i 国的相对距离小于这个平均值，贸易量将相应地增加。由于一国与本国的运输系数总是统一的，小于任何平均值，导致各国从本国的购买量总超过简单的无摩擦引力模型的预测。

结果还表明，与相对距离度量有关的贸易弹性为 $-(\sigma - 1)$。因此，商品的替代弹性越大，远距离国家之间的贸易越偏离引力模型，近距离国家的贸易（以及国家内部的交易）则越会超出引力模型。

此外，运输技术的改进等因素造成运输成本的下降，会使贸易额更接近简单的无摩擦引力模型所预测的数额，这并不意味着所有双边贸易流量都会随着运输成本的下降而扩大。相反，远距离国家之间的贸易会增加，而近距离国家（邻国）之间的贸易则会减少，相对于远距离国家会失去一些优势。由于一个国家对自己而言是近邻，从本国购买的商品也会减少。由此可见，国际贸易总量将会扩大。

7.3.2 本国偏向性对边界效应的影响①

在研究双边贸易量的引力模型中，通常用对数线性形式将 i 国对 j 国的出口与其经济规模和直接距离联系起来。Helpmen 和 Krugman（1985）通过规模收益递增的差异化产品框架证明了这种形式。Deardorff（1995）表明，只需假设各国生产不同的商品，引力模型也可以与经典模型相协调。

考虑到其微观基础，这种基本形式需要作出一些重要修改。Deardorff（1995）发现，影响双边出口量的不仅仅是两国间的绝对距离，还有它们相对于其他国家的地理位置。例如，尽管澳大利亚与新西兰之间的距离与西班牙和瑞典之间的距离相似，但因其远离其他市场（如欧洲和北美），我们可能会预期澳大利亚与新西兰之间的交易更多。

在前文的分析中，假设效用函数中并不存在对自制商品的偏好，消费中的所有偏差都来自运输成本的贸易壁垒。接下来的讨论沿用了 Deardorff（1995）的最后一个模型，并进行了扩展，以考虑运输成本以外的贸易壁垒。

设 C_{kj} 代表代理人在 j 国对 k 商品的消费，p_{kj} 是 k 商品在 j 国的价格，Y_j 为 j 国的收入。那么，效用函数最大化的形式为：

$$\max \quad U_j = \sum_i \beta_k C_{kj}^{\theta}$$
$$\text{s.t.} \quad \sum_k P_{kj} C_{kj} = Y_j \tag{7-35}$$

式中：$\theta = (\sigma - 1)/\sigma$（$\sigma$ 是 $[1, \infty)$ 中的任意实数）是任意两种消费品之间的替代弹性。引力模型的一个关键假设是每个国家都生产不同的商品。对于任何商品 k，最优消费计划的计算公式为：

$$c_{kj} = \frac{Y_j \beta_k^{\sigma}}{P_{kj}^{\sigma} \sum_k P_{kj}^{1-\sigma} \beta_k^{\sigma}} \tag{7-36}$$

为了得到引力方程，我们需要将 β_k 和国家 i 的收入联系起来。国家 i 的收入为：

$$Y_i = P_i \sum_i c_{ki} \tag{7-37}$$

式中：$P_i = P_{ki}$ 是 i 国 k 商品的价格。为了简化说明，令：

$$Q_i = \sum_k P_{ki}^{1-\sigma} \beta_k^{\sigma} \tag{7-38}$$

Q_i 基本上是 i 国所有价格的 CES 指数，那么：

① WEI S. Intra-national versus international trade: how stubborn are nations in global integration [R]. NBER Working Paper, 1996（5531）.

$$Y_i = P_i \sum_i \frac{Y_i \beta_k^{\sigma}}{P_{ki}^{\sigma} Q_i} \tag{7-39}$$

将 S_i 定义为 i 国在世界收入中所占的份额：

$$S_i = \frac{Y_i}{Y_w} = \beta_k^{\sigma} P_i \sum_i \frac{Y_i}{P_{ki}^{\sigma} Q_i} \tag{7-40}$$

那么：

$$\beta_k^{\sigma} = \frac{S_i}{P_i \sum_i \frac{Y_i}{P_{ki}^{\sigma} Q_i}} \tag{7-41}$$

将以上表达式代入式（7-36），得到式（7-42）：

$$c_{kj} = \frac{Y_j Y_i / Y_w}{P_{kj}^{\sigma} Q_j P_i \sum_i \frac{Y_i}{P_{ki}^{\sigma} Q_i}} \tag{7-42}$$

为简化，我们假设运输成本采用"冰山"形式，其他贸易壁垒可概括为从量税率。这样，商品 k 在 j 国的价格可以分解为3个项的乘积：

$$P_{kj} = P_k D_{ij} t_{ij} \tag{7-43}$$

在不失一般性的前提下，将生产国所有商品的价格标准化为1。也就是说，对于所有 k，$P_k = 1$。

为了考虑国内偏差，假设：

$$t_{ij} = \begin{cases} t_j & \text{if} \quad i \neq j \\ 1 & \text{if} \quad i = j \end{cases} \tag{7-44}$$

综合所有假设，我们就得出描述 i 国向 j 国出口的中心方程（两边取对数后）：

$$\log c_{ij} = \log Y_i + \log Y_j - \sigma \log D_{ij} - \log Y_w + \sigma (H_{i=j} - 1) \log t_j + \log R_i + \log R_j \tag{7-45}$$

式中：$H_{i=j}$ 是一个指标变量，当 $i = j$ 时取值为1，否则为零。

$$R_i = \left(\sum_k D_{ki}^{-\sigma} \frac{S_i}{t_{ki}^{\sigma} Q_i} \right)^{-1} \tag{7-46}$$

R_i 是出口国 i 与其所有贸易伙伴距离的加权平均值。

$$R_j = \left[\sum_k D_{kj}^{1-\sigma} \left(t_{kj}^{1-\sigma} \beta_k^{\sigma} \right) \right]^{-1} \tag{7-47}$$

R_j 是进口国 j 与其所有贸易伙伴距离的加权平均值。在接下来的讨论中，我们将 R_i 和 R_j 分别称为出口国和进口国的偏远度量。

传统的引力模型仅指式（7-45）的前3项（加上常数项）。因此，式（7-45）可视为扩展引力模型的微观基础。

借助这个等式，我们可以准确地理解商品市场中本国偏向性的含义：该国从本国进口的商品超过了从其他相同的外国（面积、距离和偏向程度相同）进口的商品。这取决于商品替代程度和贸易壁垒。

7.4 国家经济规模的差异对贸易的影响[①]

赫尔普曼（Helpman，1987）利用引力模型研究了国家经济规模差别对贸易量的影响：如果两个国家组成了一个经济区，并且该经济区经济规模固定，那么大小不同的两个国家（即经济规模相差较大）的贸易规模会小于大小接近的两个国家间的贸易规模。下面证明这一结论。

令 s^j 表示国家 j 占世界总消费的份额，假设贸易在每个国家都是均衡的，那么 s^i 表示国家 i 占世界 GDP 的份额。这样，$s^i = Y^j/Y^w$，假设所有的国家生产不同的产品，需求相同且同位，那么如式（7-48）所示，从国家 i 出口至国家 j 的产品 k 为：

$$X_k^{ij} = s^j y_k^i \tag{7-48}$$

对所有产品 k 求和，可得式（7-49）：

$$X^{ij} = \sum_k X_k^{ij} = s^j \sum_k y_k^i = s^j Y^i = \frac{Y^i Y^j}{Y^w} = s^i s^j Y^w = X^{ji} \tag{7-49}$$

将第一项和最后一项相加，我们便得出两国间的双边贸易等于：

$$X^{ij} + X^{ji} = (\frac{2}{Y^w}) Y^i Y^j \tag{7-50}$$

要想说明赫尔普曼（Helpman，1987）的这一研究，我们对式（7-49）中的第一和最后一项求和可以得到：

$$X^{ij} + X^{ji} = 2 s^i s^j Y^w \tag{7-51}$$

为了方便，根据每个国家 GDP 的相对份额来重新表达这个方程。假定国家 i 和国家 j 组成了一个经济区 A，国家 i 与国家 j 的 GDP 之和为：$Y^A = Y^i + Y^j$。因此，国家 i 在经济区 A 所占的份额为 $s^{iA} = Y^i/Y^A$，经济区 A 中的 GDP 相对于世界 GDP 之比为 $s^A = Y^A/Y^w$。式（7-51）可以改写为：

$$(X^{ij} + X^{ji})/Y^A = 2 s^{iA} s^{jA} s^A \tag{7-52}$$

由于 $s^{iA} + s^{jA} = 1$，该式平方后可得 $2 s^{iA} s^{jA} = 1 - (s^{iA})^2 - (s^{jA})^2$，将其代回式（7-52），可以得到式（7-53）：

$$\frac{\text{地区A的贸易总量}}{\text{地区A的GDP}} = \frac{X^{ij} + X^{ji}}{Y^A} = s^A (1 - \sum_{i \in A} (s^{iA})^2) \tag{7-53}$$

以上推导是基于一个地区只有两个国家的情况，但该结论也适用于多个国家的地区。式（7-53）右边的 $(1 - \sum_{i \in A} (s^{iA})^2)$ 被称为规模离散指数（size dispersion in-

---

① 芬斯特拉. 高级国际贸易：理论与实证 [M]. 唐宜红，译. 北京：中国人民大学出版社，2013.

dex），它反映了国家的相对经济规模对贸易规模的影响。假设地区A有N个国家，如果这N个国家经济规模相同，均为$1/N$，规模离散指数取得最大值（$1-1/N$）；反之，如果其中有一个国家相对经济规模较大，接近1时，规模离散指数取值最小，接近零。式（7-53）表明，一个地区的贸易规模与该地区的GDP之比与规模离散指数成正比。

赫尔普曼（Helpman，1987）用经济合作与发展组织（OECD）国家的数据来验证式（7-53）。他通过画图来表示规模离散指数与贸易量相对于GDP之比的关系，结果发现这两个变量确实存在正相关关系，即样本国家经济规模越接近，贸易与GDP之比越大。胡梅尔斯和莱文森（Hummels and Levinsohn，1995）用同样的方法将样本扩展到了非OECD国家，而德拜尔（Debaere，2003）的实证相对更全面。令地区A代表任一对国家，即$A=\{i, j\}$，因此，式（7-53）两边都取自然对数，可得：

$$\ln \frac{X^{ij}+X^{ji}}{Y^{i}+Y^{j}} = \ln\left(s^{i}+s^{j}\right) + \ln\left[1-\left(\frac{Y^{i}}{Y^{i}+Y^{j}}\right)^{2}-\left(\frac{Y^{j}}{Y^{i}+Y^{j}}\right)^{2}\right] \qquad (7-54)$$

德拜尔（Debaere，2003）使用1970—1989年OECD国家和非OECD国家的样本数据进行验证。考虑到变量随时间变化，回归方程可以写为：

$$\ln\left(\frac{X_{t}^{ij}+X_{t}^{ji}}{Y_{t}^{i}+Y_{t}^{j}}\right) = \alpha_{ij} + \gamma \ln\left(s_{t}^{i}+s_{t}^{j}\right) + \beta\ln(dispersion_{t}^{ij}) \qquad (7-55)$$

式中：α_{ij}代表每对国家的固定效应，γ是国家份额之和的系数，β代表经济规模离散指数的系数，即：$dispersion^{ij}=1-\left(\frac{Y^{i}}{Y^{i}+Y^{j}}\right)^{2}-\left(\frac{Y^{j}}{Y^{i}+Y^{j}}\right)^{2}$。

如果国家份额之和并不随时间变化（即保持不变），那么式（7-55）中的固定效应α_{ij}可以与这一项合并（Hummels and Levisohn，1995）。因此，德拜尔（Debaere，2003）采用了两种方法：一种是认为国家份额不随时间变动，在回归方程中将$\ln\left(s_{t}^{i}+s_{t}^{j}\right)$排除；另一种方法在回归方程中出现了国家份额这一项，即国家份额随时间变化。具体的回归结果见表7-1的（a）栏和（b）栏。

表7-1　　　　　　　　　　　　　规模离散指数对贸易量影响的回归结果

项目	OECD国家和地区					非OECD国家和地区		
	（1）	（2）	（3）	（4）	（5）	（6）	（7）	（8）
GDP 的来源	PWT	IFS	PWT	IFS	PWT	IFS	PWT	IFS
估计方法	OLS	OLS	IV	IV	OLS	OLS	IV	IV
（a）GDP份额不变								
ln（离散）	1.01 (0.10)	0.55 (0.04)	1.97 (0.21)	2.10 (0.34)	-2.05 (0.85)	-0.14 (0.20)	-2.30 (1.69)	1.54 (0.71)
R^2	0.59	0.43	0.58	0.39	0.02	0.12	0.02	0.13

续表

项目	OECD 国家和地区					非 OECD 国家和地区		
	(1)	(2)	(3)	(4)	(5)	(6)	(7)	(8)
N	1 820	1 820	1 820	1 820	1 820	1 820	1 820	1 820
(b) GDP 份额变化								
ln(离散)	1.57 (0.11)	0.89 (0.06)	3.28 (0.25)	3.52 (0.24)	−0.96 (0.99)	0.40 (0.24)	−1.43 (1.77)	2.10 (0.73)
$\ln\left(s_t^i + s_t^j\right)$	1.30 (0.13)	0.47 (0.66)	2.54 (0.28)	2.76 (0.26)	1.98 (0.95)	0.99 (0.10)	7.51 (2.83)	4.39 (1.18)
R^2	0.61	0.45	0.60	0.43	0.02	0.14	0.02	0.14
N	1 820	1 820	1 820	1 820	1 820	1 820	1 820	1 820

注：括号内为标准差。

资料来源：DEBAERE P, DEMIROGLU U. On the similarity of country endowments and factor price equalization for the developed countries [J]. Journal of International Economics, 2003, 59 (1): 101-136.

德拜尔（Debaere, 2003）还使用了不同的方法来度量国家的 GDP 份额。由于不同的国家的 GDP 应该转换为同一货币（美元）来度量，因此可以使用名义汇率或者购买力平价汇率（PPP 汇率）进行转换，名义汇率可以通过国际货币基金组织的金融统计（IFS）得到，而 PPP 汇率可以通过佩恩世界表（PWT）得到。在计量方法上，除了应用最小二乘法（OLS），德拜尔（Debaere, 2003）还利用国家人口作为 GDP 的工具变量（IV）进行回归，具体的回归结果见表 7-1。

要关心的是经济规模离散指数的系数 β 是否如赫尔普曼（Helpman, 1987）预测的那样接近于 1。表 7-1 中的（1）至（4）列显示的是对 14 个 OECD 国家的回归结果。先看（a）部分（国家份额不随时间变动），第（1）列是使用 PWT 得到国家的 GDP 后作的回归，可以发现 β 接近于 1，为 1.01，而且通过了显著性检验。第（2）列是使用 IFS 的名义美元 GDP 后作的回归，β 为 0.55，明显小于 1，但仍然为正且非常显著。第（3）列和第（4）列是使用工具变量法得到的回归结果，β 值得到了提升，仍然显著为正。（b）部分引入国家份额，β 值进一步得到提升。

第（5）至（8）列是非 OECD 国家的回归结果。在第（5）列和第（7）列，使用 PWT 计算真实的 GDP，经济规模离散指数的系数 β 为负，这与赫尔普曼（Helpman, 1987）论证的结果相矛盾，即与引力模型相矛盾。这主要是因为，引力模型的假设是基于国家专业化生产异质商品，这更适用于工业化国家之间的贸易，并不适用于发展中经济体主要出口初级产品或低技术商品的贸易。因此，对于非 OECD 国家，β 为负是因为引力模型根本不成立。使用 IFS 名义 GDP 进行回归，第（6）列的 β 为负，但未通过显著性检验；第（8）列的 β 为正，但勉强通过显著性检验。此外，非 OECD 国家回归的 R 值明显小于 OECD 国家回归的 R 值。

总而言之，表 7-1 的检验结果表明，OECD 国家的回归结果支持了赫尔普曼

（Helpman，1987）提出的类似式（7-49）的引力模型；但非OECD国家的研究结果并不支持，主要是因为工业化国家异质产品的专业化生产更为普遍。

7.5 本地市场效应①

和克鲁格曼的原始模型一样，我们对差异化产品作类似的假设：劳动是唯一的投入，i国的典型企业生产y^i需要的劳动投入为$L^i = \alpha + \beta y^i$。另外，我们假设有同样的商品，每单位商品需要一单位的劳动投入。商品没有运输成本，所以价格在各国都是相等的。选同样的商品作为标准，而且假设贸易中每个国家都生产那种商品，工资在所有国家都为1。工资固定将使得N^i的决定变得简单。

在需求方面，我们假设收入的固定份额ϕ消费在差异化产品上，提供的效用函数由式（7-25）的CES函数给出。因此，每种差异化产品的需求仍然由式（7-27）给出，用实际花费在差异化产品上的支出ϕL^j代替收入Y^j，得到：

$$c^{ij} = \left(P^{ij}/P^i\right)^{-\sigma} \phi L^j/P^j \tag{7-56}$$

企业的产出由$y^i = \sum_{j=1}^{c} c^{ij} T^{ij}$给出，由于使用了CES效用函数，在零利润均衡中该产出将被固定，从而得到$\bar{y} = (\sigma - 1)\alpha/\beta$。所以原则上，每个国家生产的产品数量可以根据市场出清条件推出。

$$\bar{y} = \sum_{j=1}^{c} c^{ij} T^{ij} \quad (i = 1, \cdots, C) \tag{7-57}$$

式中：消费量取决于式（7-27）给出的价格指数P^j，而价格指数取决于产品数量。

我们并不求出每个国家产品的数量，而是关注随着国家规模L^i的变化，这些数量是如何改变的。在式（7-57）左边，企业产出被固定意味着方程右边各国消费组合也将固定。作为猜想，我们假设每个国家的每种产品的消费都是固定的。在此框架下，国家间工资相等，价格P^i和P^{ij}也被固定了。那么，我们可以固定c^{ij}，对式（7-56）进行全微分，得到：

$$0 = (\sigma - 1)\hat{P}^j + \hat{L}^j \Rightarrow \hat{P}^j = \frac{-\hat{L}^j}{\sigma - 1} \tag{7-58}$$

式中：对任何变量，$\hat{z} = dz/z$。这个方程表明不同国家的价格指数将随着国家GDP的上升而成比例地下降。从式（7-27）中可以知道价格指数由每个国家的产品数量决定。因此，如果与式（7-58）中$\hat{P}^j$相一致的产品数量有微小的变动，那

① 芬斯特拉. 高级国际贸易：理论与实证［M］. 唐宜红，译. 北京：中国人民大学出版社，2013.

么我们原先关于 c^{ij} 固定的假设就是正确的。

为了决定产品数量的变动，对式（7-27）进行微分，得到：

$$\hat{P}^j = \frac{1}{1-\sigma}\left(\sum_{i=1}^{C}\hat{N}^i\,\phi^{ij}\right) \tag{7-59}$$

式中：$\phi^{ij} = N^{ij}(P^{ij}/P^j)^{1-\sigma}$ 定义为国家 j 从国家 i 购买的差异化产品的份额，有 $\sum_{i=1}^{C}\phi^{ij}=1$。把式（7-58）和式（7-59）放在一起，我们得到一个关于每个国家 GDP 的改变和产品数量变化之间的极其简单的关系：

$$\hat{L}^j = \sum_{i=1}^{C}\hat{N}^i\,\phi^{ij} \tag{7-60}$$

如果支出份额矩阵 $\Phi = [\phi^{ij}]$ 是可逆的，我们可以应用式（7-54）来求解产品数量 $\hat{N}^i$。我们将假设每个 i 国从其国内购买的差异化产品份额比 j 国从 i 国购买产品的预算份额高，因而对 $i\neq j$，有 $\phi^{ii}>\phi^{ij}$，使 $\Phi = [\phi^{ij}]$ 是可逆的这一前提成立。

当只有两个国家时，我们可以用矩阵符号表示式（7-60）：

$$(\hat{N}^1,\ \hat{N}^2)\begin{bmatrix}\phi^{11} & \phi^{12}\\ \phi^{21} & \phi^{22}\end{bmatrix} = (\hat{L}^1,\ \hat{L}^2)$$

$$\Rightarrow (\hat{N}^1,\ \hat{N}^2) = \frac{(\hat{L}^1,\ \hat{L}^2)}{|\Phi|}\begin{bmatrix}\phi^{22} & -\phi^{12}\\ -\phi^{21} & \phi^{11}\end{bmatrix} \tag{7-61}$$

式中：$|\Phi|$ 代表上面 2×2 矩阵的行列式，该行列式还可以写成：

$$\begin{aligned}|\Phi| &= \phi^{11}\phi^{22} - \phi^{12}\phi^{21}\\ &= \phi^{11}(1-\phi^{12}) - \phi^{12}(1-\phi^{11})\\ &= \phi^{11} - \phi^{12} = \phi^{22} - \phi^{21}\end{aligned} \tag{7-62}$$

式中：我们反复使用 $\phi^{ij} + \phi^{21} = 1$，即 j 国的消费份额之和为 1。该行列式在"对 $i\neq j$，有 $\phi^{ii}>\phi^{ij}$"的假设条件下是正的。

进一步假设国家 1 和 2 刚开始完全相同且有同样的运输成本，相同国家间的贸易会使它们出口相同数量的差异化产品到对方国家，即 $N^1 = N^2$，而且贸易是平衡的。现在假设国家 1 的劳动禀赋增加，国家 2 不变，于是有 $\hat{L}^1 > 0$，$\hat{L}^2 = 0$。那么我们就能够从式（7-61）和式（7-62）中解出产品数量的变动：

$$\hat{N}^1 = \frac{\phi^{22}}{\phi^{22}-\phi^{21}}\hat{L}^1 > \hat{L}^1 > 0$$

$$\hat{N}^2 \frac{-\phi^{12}}{|\Phi|}\hat{L}^1 < 0 \tag{7-63}$$

因此，对大国来说，规模扩大将导致产品数量的超比例增加，而小国产品的数量将会减少。由于消费和价格 P^{ij} 都是固定的，从各国到其他国家的出口 $X^{ij} = N^i P^{ij}C^{ij}$ 将会随着产品数量而成比例地改变，因此，当 N^1 增加而 N^2 降低时，国家 1 将会成为对国家 2 的差异化产品净出口国，$X^{21} > X^{12}$（其中同质产品贸易平衡）。

总结这些结果，我们得到下面的定理：两个国家进行贸易，规模大的国家将会生产更多数量的产品而且会成为差异化产品的净出口国（Krugman，1980）。该结果被称为"本地市场效应"且广为人知，因为它表明大的本地市场会吸引更多的企业，从而成为净出口国。这与我们从模型中希望得到的结果不一样，模型中产品的数量N是常数：在那种情况下，大的市场有着大的需求，所以就会成为该产品的净进口国。

戴维斯和温斯坦（Davis and Weinstein，1996，1999）运用OECD国家产业层面的数据提供了检验"本地市场效应"最直接的方法。他们首先衡量了各个国家对"特质"商品的需求差别，然后经过论证得出：如果本地市场效应奏效，有着高的本国需求的国家应该成为商品的出口国，并通过对产业产出与估计的国家间需求差别进行回归来检验上述特点。在其样本中，他们得到需求差别的系数为1.6，意味着一个国家的需求增加10%将会导致该国产出增加16%，说明净出口会增加。该研究确认了本地市场效应的存在，在进行分产业的研究时，他们发现大多产业的当地需求对生产的影响都超过了1，虽然也有例外。当使用日本各县的产业数据时，他们发现大约一半的行业显著地存在本地市场效应的证据，而且这些效应对经济的影响是非常大的。

黑德和里斯（Head and Ries，2002）检验了加拿大与美国之间的本地市场效应。因为只有两个国家，他们需要依靠跨产业的数据或者时间序列数据进行检验，而不是像戴维斯和温斯坦那样利用国家间需求的差异。跨产业回归显示出弱的本地市场效应，但在时间序列回归中，本地市场效应出现了逆转（高需求导致了进口而不是出口）。

当比较差异化产品和同质产品的跨国贸易时，芬斯特拉、马库森和罗斯（Feenstra，Markusen，and Rose，2001）也发现了类似的逆转现象。在差异化产品的引力模型中，他们发现出口国GDP的系数估计值大于1，而进口国GDP的系数估计值小于1。出口国GDP的系数估计值大于1就像式（5-8）中的比较静态效应：从国家1到国家2，出口改变为 $\hat{X}^{12} = \hat{N}^1 > \hat{L}^1$，所以国家1收入（$\hat{L}^1$）高导致了出口的"放大式"增长。然而，对同质产品，这个结果出现了逆转，出口国GDP的系数估计值要小于进口国GDP的系数估计值。后面这个结果是我们从模型中所希望得到的结果，当然，模型中每个国家产品的数量是固定的，因此高需求导致了净进口而不是净出口。

明德园地

共建"一带一路"倡议与贸易发展

"一带一路"是"丝绸之路经济带"和"21世纪海上丝绸之路"的简称，2013年9月和10月，中国国家主席习近平分别提出建设"丝绸之路经济带"和"21世纪海上丝绸之路"的合作倡议。依靠中国与有关国家既有的双多边机制，借助既有的、行之有效的区域合作平台，"一带一路"旨在借用古代丝绸之路的历史符号，高举和平发展的旗帜，积极发展与合作伙伴的经济合作关系，共同打造政治互信、经济融合、文化包容的利益共同体、命运共同体和责任共同体。

"一带一路"共建各国资源禀赋各异、经济互补性较强，彼此的合作潜力和空间很大。各国合作重点是政策沟通、设施联通、贸易畅通、资金融通、民心相通。

基础设施互联互通是"一带一路"建设的优先领域。通过共同推进国际骨干通道建设，逐步形成连接亚洲各次区域以及亚欧非之间的基础设施网络。通过推进建立统一的全程运输协调机制，促进国际通关、换装、多式联运有机衔接，逐步形成兼容规范的运输规则，实现国际运输便利化。

贸易畅通是"一带一路"建设的重点内容。通过解决投资贸易便利化问题，消除投资和贸易壁垒，构建区域内和各国良好的营商环境，同合作伙伴和地区共同商建自由贸易区，激发释放合作潜力，做大做好合作"蛋糕"。

另外，民心相通是"一带一路"建设的社会根基。其内容包括传承和弘扬丝绸之路友好合作精神，广泛开展文化交流、学术往来、人才交流合作、媒体合作、青年和妇女交往、志愿者服务等，为深化双多边合作奠定坚实的民意基础。

共建"一带一路"倡议提出以来，中国与共建国家贸易互利程度总体呈快速提升态势。中国与共建"一带一路"国家进出口规模由2013年的10.11万亿元攀升到2022年的18.95万亿元，累计增长87.4%，年均增速达到7%。目前，中国已经是共建"一带一路"国家中114个国家的前三大贸易伙伴，是68个国家的最大贸易伙伴，同时也是74个国家的最大进口来源地和35个国家的最大出口市场。

【案例点评】

"一带一路"建设是共建国家开放合作的宏大经济愿景，需各国携手努力，朝着互利互惠、共同安全的目标相向而行。只有区域基础设施更加完善，安全高效的陆海空通道网络基本形成，互联互通达到新水平；投资贸易便利化水平进一步提升，高标准的自由贸易区网络基本形成，经济联系更加紧密，政治互信更加深入；人文交流更加广泛深入，不同文明互鉴共荣，各国人民相知相交、和平友好，才能够实现这一宏伟目标。

【价值塑造】

共建"一带一路"倡议的意义在于促进共建国家的经济发展、区域合作、文化交流以及全球和平与发展。通过引力模型，引导学生分析经济政策、基础设施、贸易协定、金融及文化等各种因素在贸易中的影响，培养学生的国际视野，高举和平发展的旗帜，积极发展与合作伙伴的经济合作关系，共同打造政治互信、经济融合、文化包容的利益共同体、命运共同体和责任共同体。

关键术语

一般均衡　CES效用函数　局部均衡　位似　边界效应　冰山形式　到岸价格　离岸价格　本国偏向性　本地市场效应

基础训练

一、简答题

1.试解释为什么在商品种类多于要素种类的前提下，垄断竞争模型与包含连续商品统的 HO 模型才能用引力模型来描述贸易模式。

2.解释国家经济规模是如何影响贸易价值的。

3.解释距离因素是如何影响贸易价值的。

4.解释 CES 效用函数在引力模型分析中起到什么作用。

二、论述题

1.利用引力模型估计共建"一带一路"国家的边界效应。

2.利用引力模型估计共建"一带一路"国家的贸易潜力。

3.利用引力模型分析共建"一带一路"倡议的重要意义。

第8章　贸易与环境

学习目标

学习目标

1.理解污染可以被看作一种生产投入要素。

2.能够运用净产出与潜在产出生产可能性曲线两种方法来确定均衡产出与污染水平，并会分析两条生产可能性曲线的用途。

3.理解如何实现污染排放的供需平衡。

4.掌握进口国和出口国采用关税解决跨境污染的经济效应。

重点与难点

1.理解运用净产出与潜在产出生产可能性曲线来确定均衡产出与污染水平的两种方法具有等同性。

2.理解导致环境污染发生变化的三个因素：技术效应、规模效应和结构效应。

3.理解政府制定政策来使对环境有害的负外部性内部化之后的贸易与福利变化。

❖ **引导案例**

墨西哥诉美国金枪鱼案

墨西哥是一个拥有丰富渔业资源的国家，其金枪鱼出口业务对美国市场具有重要的意义。在东部热带太平洋的海域里，金枪鱼会在海豚群下方游动，用钩子捕鱼可以避开海豚而捕捞金枪鱼。但是，在1960年之后，人们引进了一种新型捕捞金枪鱼的方法，即将海豚和金枪鱼用快速行驶的小船和直升机驱赶到一起，并用网圈住金枪鱼，这种方法由于网在水下被拉得很紧会导致海豚被勒死。

对此，美国在1972年出台了《海洋哺乳动物保护法案》，并尝试禁止这种捕鱼方式。但是这个法案的实施效果欠佳，仍有捕鱼船队在美国之外注册并使用围网捕鱼这种方法。美国认为墨西哥在捕捞金枪鱼的过程中采用了对海豚具有伤害性的捕鱼方法，导致大量海豚被误捕和死亡。于是，美国开始使用经济手段禁止从墨西哥和其他四个国家进口金枪鱼及其制品，以保护海豚的生存。然而，墨西哥对此表示强烈反对，认为美国违反了国际贸易准则，并向GATT提出抗议，指控美国的措施是一种贸易壁垒，限制了其金枪鱼产品的出口，并对其渔业造成了重大损失。GATT仲裁团认为美国这一措施违反了国际贸易规则，是一种针对墨西哥的贸易保护行为，没有考虑到墨西哥的利益。最终，GATT于1994年裁定美国败诉。

这一案例意味着一国的环境保护政策可能不会在其他国家被有效推行，要改善这一状况可能要与其他国家谈判或是就捕鱼方法达成多边协议，从而保护海豚。这是一起涉及国际贸易与环境保护的法律争端，提醒我们在追求环境保护的同时，也要关注国际贸易和经济发展问题。

本章将围绕国际贸易与环境保护这一问题展开讨论，首先从一般均衡分析出发，用供需模型衡量均衡产出下的环境污染水平。其次，对于跨境污染问题将进行案例解读和经济效应分析，从而更好地理解贸易与环境问题，在应对环境污染问题的同时，促进国际贸易的可持续性发展。

资料来源：PUGEL T A. International economics［M］. 15th ed. New York：McGraw-Hill Education，2011.

8.1 贸易与环境政策的一般均衡分析[①]

贸易自由化对环境的影响一直是一个广受争论的议题，自由贸易主义者和环保主义者持有不同的观点。自由贸易主义者认为贸易自由化对环境的影响是积极的，贸易活动可以促进国家和地区的经济发展，因此有更多的资金可以用于环境保护。同时，随着生活水平的提高，人们对周围环境质量的要求也更高，进而推动了对环境保护的需求。环保主义者则认为贸易自由化会对环境产生负面影响，经济发展是以牺牲环境为代价的，并且，自由贸易可能会鼓励企业向环保标准较宽松的国家转移，这些国家普遍经济不发达，这样一来，会加剧对欠发达经济体的环境破坏和资源的过度消耗，还可能恶化全球的生态环境状况。因而，贸易自由化对环境的影响是一个复杂且值得探讨的问题。本小节将基于一般均衡污染供需模型来探讨在什么情况下可以实现贸易自由化对环境污染影响的均衡状态。

---

① COPELAND B R，TAYLOR M S. Trade and the environment：theory and evidence［M］. Princeton：Princeton University Press，2003.

8.1.1 模型假设与建立

在一个小国开放经济体系的假定下，世界市场价格是确定的。为使国际贸易进行，假设该体系生产两种商品，即商品 X 和商品 Y，商品 X 在生产过程中会产生污染，商品 Y 则不会[①]。令商品 Y 为计价基准，其价格为 $p_y = 1$，商品 X 在国内的相对价格为 p。经济体系内有两种生产要素，即劳动 L 和资本 K，两种要素的边际报酬分别为 w 和 r，且两种要素的供给均没有弹性。同时，商品 X 为资本密集型产品，商品 Y 为劳动密集型产品。这表明，任意 w 和 r 时，两种商品的资本与劳动力之比满足：

$$\frac{K_x}{L_x} > \frac{K_y}{L_y} \tag{8-1}$$

为便于进行模型分析，接下来还有一系列假定，假定资本密集型产业同时也是产生污染较多的产业，企业产生的污染会对消费者产生损害，但不会对其他企业产生负的外部性，并且在消费过程中不产生污染，两种商品的规模报酬固定不变。商品 Y 的生产函数为：

$$y = H\left(K_y, L_y\right) \tag{8-2}$$

假设 H 是单调递增且严格凹函数。X 行业在生产商品 X 的同时还产生污染排放物 Z，但对于污染排放物 Z，企业可以自行减排，因此污染排放强度为可选变量。假设企业将投入要素中比例为 θ 的部分用于减排，即 θ 增加会减少污染的排放，但同时会占用生产商品 X 的投入要素。商品 X 与污染排放物 Z 的联生产技术函数如下：

$$x = (1 - \theta)F\left(K_x, L_x\right) \tag{8-3}$$

$$z = \varphi(\theta)F\left(K_x, L_x\right) \tag{8-4}$$

式中：F 是单调递增且线性齐次凹函数，$0 \le \theta \le 1$，$\varphi(1) = 0$，$\varphi(0) = 1$，且 $\mathrm{d}\varphi/\mathrm{d}\theta < 0$。

当 $\theta = 0$ 时，说明企业没有进行污染治理，会产生污染。通过选择适当的计量单位，可以使生产一单位商品的同时正好产生一单位污染。把 $F\left(K_x, L_x\right)$ 作为潜在产出，即企业没有进行污染治理时商品 X 的产出。当企业没有进行减排时，有：

$$x = F\left(K_x, L_x\right) \tag{8-5}$$

$$z = x \tag{8-6}$$

如果企业选择 $0 < \theta < 1$，则有一部分生产要素用于减排。如果 X 行业投入生产

---

① 为了便于解释，该模型只考虑一种商品产生污染，可以扩展成两种商品都产生污染的情形。关于一个以上污染性产品的模型，可以参见 Copeland 和 Taylor（1994）的模型。

要素为 $(K_x,\ L_x)$，则资本 θK_x 和劳动力 θL_x 被用来治理污染，此时企业可用于消费或出口的净产出为 $(1-\theta)F(K_x,\ L_x)$。

为了便于阐释，定义减排的函数形式如下：

$$\varphi(\theta) = (1-\theta)^{1/\alpha} \tag{8-7}$$

式中：$0 < \alpha < 1$，联立式（8-3）、式（8-4）和式（8-7），并加入联产品生产技术 z，可得：

$$x = z^\alpha \big[F(K_x,\ L_x) \big]^{1-\alpha} \tag{8-8}$$

可以看出，污染虽然是一种联产品，但可以把它看作一种投入要素，使得我们可以运用工具如单位成本函数和等产量曲线来进行分析。如果企业必须要对污染物进行处理，则可以理解为污染 Z 为企业利用"环境服务"而支付的代价。如果企业把污染 Z 直接作为污染排放物处理，则可以理解为企业为了生产而必须要获得排放污染 Z 的排污许可。

污染治理活动与 X 产业内其他生产活动类似。分配到污染治理的资源量决定了污染治理的数量，污染治理量用 x^A 表示；生产过程中产生的污染量用 z^P 表示。假定污染治理生产技术为 $A(z^P,\ x^A)$，且 A 的规模报酬不变。污染排放量为污染量减去污染治理量，具体公式为：

$$z = z^P - A(z^P,\ x^A) \tag{8-9}$$

由于污染治理生产技术 A 的规模报酬不变，式（8-9）可以改写为：

$$z = z^P \left[1 - A\left(1,\ \frac{x^A}{z^P}\right) \right] \tag{8-10}$$

由式（8-6）可知，潜在污染等于潜在产出，即 $z^P = F$；θ 为用于污染治理的投入要素比例，即 $\theta = \dfrac{x^A}{F} = \dfrac{x^A}{z^P}$，并定义 $\varphi(\theta) = 1 - A(1,\ \theta)$，那么，式（8-10）可以改写为：

$$z = \big[1 - A(1,\ \theta) \big] F(K_x,\ L_x) = \varphi(\theta) F(K_x,\ L_x) \tag{8-11}$$

由此，得到一个污染治理技术函数，对式（8-4）的设定也更清晰。

X 产业中两种不同净产出水平的等产量曲线如图 8-1 所示，该图描绘了在净产量一定的情况下用于污染治理和用于生产 X 的资源分配的平衡关系。图中的曲线 X_1 和 X_2 为两条等产量曲线，较高的 X_1 代表较多的净产出。其中，Z 表示污染排放量，F 表示潜在产出。规模报酬不变说明不同的等产量曲线具有相同的斜率且平行排列。

图 8-1 中始于原点的射线表示没有进行减排的均衡产出与污染排放，此时，$\theta = 0$。沿等产量曲线向下，表示在净产量一定的情况下，用于减排的投入要素量逐渐增加，相应地，要在维持净产出的同时治理污染，就要投入更多的资本和劳动力来增加潜在产出 F。

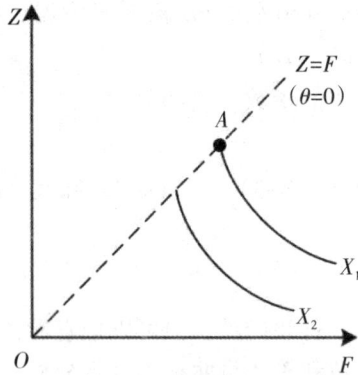

图8-1　X产业等产量曲线

企业通常会选择生产成本最小的方案来生产，如果没有环境监管，企业就缺乏减排的动机，会选择类似图8-1中A点的生产方案。环境监管有不同的方式，在一些情况下政府会限制污染排放强度，即排放不能超出一定的限额。政府有时会对向环境中排放的污染物征收污染排放税，还可能需要企业购买排污许可权来进行污染物的排放。

本章设定企业需要为生产的每单位污染物支付费用，该费用可以是缴纳的污染排放税，也可以是购买排污许可权所花费的金额。

假设企业需要为产生的每单位污染物支付的费用为τ，即污染排放的价格为τ，资本的价格为r，劳动力的价格为w。企业面临的成本最小化问题可以分解为两个步骤：首先，企业将其潜在产出F的成本最小化；其次，找出一种有效的方式将环境治理结合到F中去，得到净产出X。

第一步要确定生产一单位潜在产出F的最低成本。在规模报酬不变的情况下，只需要确定F的单位成本生产函数，用c^F表示。F的单位成本生产函数可通过式（8-12）求解，具体如下：

$$c^F(w, r) = \min_{\{k, l\}} \{rk + wl : F(k, l) = 1\} \tag{8-12}$$

企业确定以最低成本生产一单位潜在产出F所需的资金和劳动力，可以得出生产多个单位F的总成本为$c^F(w, r)F$。

第二步是要确定净产出X的单位成本函数（用c^x表示），进而确定减排量的多少。同样，由于规模报酬不变，企业能够通过衡量增加污染排放所要支付的费用与减少潜在产出F所要支付的成本的多少，来确定用最小成本生产单位净产出X的生产技术。也就是说，企业需要求解如下方程的最小化成本问题：

$$c^x(w, r, \tau) = \min_{\{z, F\}} \{\tau z + c^F(w, r)F : z^\alpha F^{1-\alpha} = 1\} \tag{8-13}$$

图8-2显示了式（8-13）的解。图中，$X_0 = 1$为单位净产出X的等产量曲线，等成本曲线的斜率为$-c^F/\tau$，即两种投入要素潜在产出与环境服务的成本之比。两

线交点 B 点 (F_0, Z_0) 为要素投入和污染排放成本最小的方案。求解式（8-13）可得 B 点的最优排污水平，对式（8-13）求一阶导数可得：

$$\frac{z}{F} \cdot \frac{1-\alpha}{\alpha} = \frac{c^F}{\tau} \tag{8-14}$$

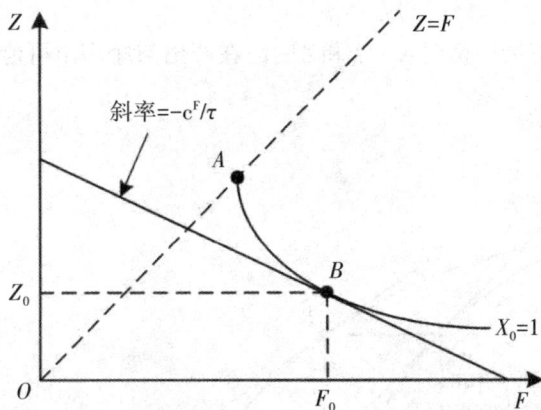

图8-2 X产业成本最小化

由式（8-8）的线性同次性质，有：

$$px = c^F F + \tau z \tag{8-15}$$

结合式（8-14）和式（8-15）可得单位净产出的污染排放，用 e 表示，即

$$e \equiv \frac{z}{x} = \frac{\alpha p}{\tau} \leqslant 1 \tag{8-16}$$

可以看出，单位净产出下，污染排放税 τ 的提高会使企业的污染排放减少，这是由于污染排放的成本随税收增加而增加，企业会尽可能减少排污以减少排污成本。同时，产品的价格上升，企业的污染排放强度也随之增加，这是因为用于减排的生产要素的价格增加会导致减排成本的增加。

然而，图8-2中 B 点这一最优解不一定存在，因为当污染排放税降低时，等成本曲线会变陡峭，并且如果污染排放税足够低时，企业会选择 A 点的投入要素组合，而不是成本最低原则。此时，定义 τ^* 为企业进行或者不进行污染治理都没有差异的污染排放税。如果企业没有进行污染治理，则有 $z = x = F$ 和 $e = 1$，代入式（8-16）得：

$$\tau^* = \alpha p \tag{8-17}$$

可见，如果污染排放税大于 τ^*，企业会进行污染治理，并且由式（8-16）可知，此时 $e < 1$；如果污染排放税小于 τ^*，企业则不会进行污染治理，此时 $e = 1$，即净产出与污染排放相等。

确定了污染排放的强度 e，则经济体系中总的污染排放量可通过下式算出：

$$z = ex \tag{8-18}$$

为确定污染水平，接下来主要论证如何确定经济体系中X产品总产出的多少。

在一般均衡模型中，我们借助图中的生产可能性曲线来确定产出。如果把污染Z和X产品看作联产品，则生产可能性曲线是三维的，有X、Y和Z这3种产品；如果把污染看作一种投入要素，则污染Z影响X与Y的生产可能性曲线，X与Y不唯一对应。

图8-3描绘了市场均衡时X、Y和Z的潜在产出与净产出可能性曲线。

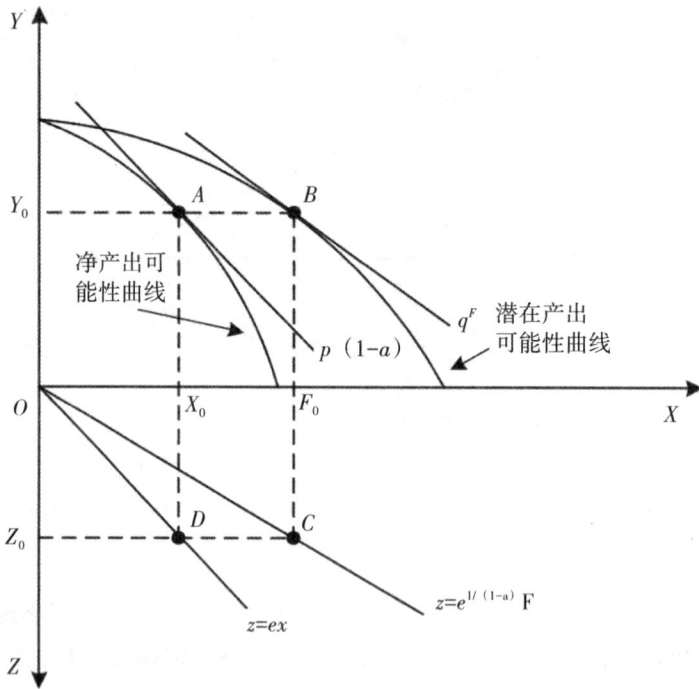

图8-3 潜在产出与净产出生产可能性曲线

首先，潜在产出生产可能性曲线为距离原点最远的那条曲线，表示在生产要素禀赋时，任意Y产业产出水平对应X产业最大的潜在产出量，即没有污染治理时经济体系的可能性生产边界。

其次，净产出的生产可能性曲线为距离原点最近的那条曲线，表示在给定污染强度e和Y产业产出水平时，X产业的最大净产出水平。由于部分资源被用来治理污染，净产出相对潜在产出较小，因此，净产出生产可能性曲线均在潜在产出生产可能性曲线内侧。

把式（8-18）代入式（8-8），可得在给定任意污染强度e的条件下的净产出生产可能性曲线，推导后的公式如下：

$$x = e^{\alpha/(1-\alpha)} F(K_x, L_x) \tag{8-19}$$

因为 $e \leq 1$，由式（8-19）可知，净产出一定不大于潜在产出。由式（8-3）可知，净产出与潜在产出的关系可以表示为：

$$x = (1-\theta) F(K_x, L_x) \tag{8-20}$$

由式（8-19）和式（8-20）可以得到 e 和 θ 的关系式，即

$$e = (1-\theta)^{(1-\alpha)/\alpha} \tag{8-21}$$

式（8-21）将污染治理成本 θ 与单位净产出的污染排放 e 相联系，可以看出，高的污染治理成本才能带来低的单位污染排放。

由式（8-21）和式（8-16）可推导出：

$$\theta = 1 - \left(\frac{\alpha p}{\tau}\right)^{\alpha/(1-\alpha)} \tag{8-22}$$

由式（8-22）可以看出，投入到污染治理的资源比重 θ 随污染排放税 τ 的增加而增加，而随 X 产品价格的升高而降低。

8.1.2　一般均衡分析

本部分分别运用净产出生产可能性曲线和潜在产出生产可能性曲线两种方法来分析当污染排放税为 τ 并且产品价格为 p 的均衡产出与污染水平。假定污染排放税 τ 足够高，企业分配资源来治理污染。

1）基于净产出生产可能性曲线分析均衡的产出与污染水平

生产 X 商品的企业的利润 π^x 等于收入减去资本和劳动力的成本和排污费用，即

$$\pi^x = pX(K_x, L_x) - wL_x - rK_x - \tau z \tag{8-23}$$

由式（8-20）可得净产出 $X(K_x, L_x)$ 为：

$$X(K_x, L_x) = (1-\theta) F(K_x, L_x) \tag{8-24}$$

由式（8-18）和式（8-23）可得：

$$\pi^x = (p - \tau e) X(K_x, L_x) - wL_x - rK_x \tag{8-25}$$

当污染排放税足够高时，企业会进行污染治理。在企业成本最小化的情况下，由式（8-25）和式（8-16），可以把 e 消除，得到：

$$\pi^x = p(1-\alpha) X(K_x, L_x) - wL_x - rK_x \tag{8-26}$$

生产 Y 商品的企业不产生污染，则其利润为：

$$\pi^y = H(K_y, L_y) - wL_y - rK_y \tag{8-27}$$

企业都选择将其利润最大化，可得最优要素投入：

$$H_K = p(1-\alpha)X_K = r \tag{8-28}$$

$$H_L = p(1-\alpha)X_L = w$$

由式（8-28）可得：

$$\frac{H_K}{X_K} = \frac{H_L}{X_L} = p(1-\alpha) \tag{8-29}$$

净产出生产可能性曲线的斜率由下式给定：

$$\frac{dY}{dX}\bigg|_{net} = -\frac{H_K}{X_K} = -\frac{H_L}{X_L} \tag{8-30}$$

由式（8-29）和式（8-30）可得：

$$\frac{dY}{dX}\bigg|_{net} = -p(1-\alpha) \tag{8-31}$$

上式说明企业以利润最大化为目标的均衡点在净产出生产可能性曲线上，并且均衡点斜率的绝对值与生产者的价格相等，即 $q \equiv p(1-\alpha)$，均衡点为图8-3中的 A 点。由公式 $z = ex$ 可以确定均衡净产出情况下的污染排放量，即图8-3中的 D 点，相应的污染排放水平为 z_0。

2) 基于潜在产出生产可能性曲线分析均衡的产出与污染水平

由式（8-20）可将式（8-26）改写成：

$$\pi^x = q^F F(K_x, L_x) - wL_x - rK_x \tag{8-32}$$

式中：q^F 为生产者价格，即企业生产1单位潜在产出所得到的收入，公式为：

$$q^F = p(1-\alpha)(1-\theta) \tag{8-33}$$

生产者的价格 q^F 一定小于 p，因为企业只有（$1-\theta$）的生产要素用于出售，并且企业可供出售的部分只有（$1-\alpha$），因为存在污染排放税。

由式（8-32）可知，可以把企业利润最大化问题理解成基于修正后的生产者价格，企业的总生产应该是多少的最优决策问题。

Y企业的利润函数为式（8-27）。在企业利润最大化下，其一阶条件为：

$$\frac{H_K}{F_K} = \frac{H_L}{F_L} = q^F \tag{8-34}$$

潜在产出的生产可能性曲线的斜率为：

$$\frac{dY}{dX}\bigg|_{potential} = -\frac{H_K}{F_K} = -\frac{H_L}{F_L} \tag{8-35}$$

由式（8-34）和式（8-35）可得：

$$\frac{dY}{dX}\bigg|_{potential} = -q^F \tag{8-36}$$

上式说明企业以利润最大化为目标的均衡点在潜在产出生产可能性曲线上，并且均衡点斜率的绝对值与潜在产出生产者的价格相等，为q^F，均衡点为图8-3中的B点。

由式（8-18）和式（8-19）可得此时的均衡污染水平为：

$$z = e^{1/(1-\alpha)}F \tag{8-37}$$

因此，当价格水平为q^F时，潜在产出为图8-3中的B点，由B点垂直向下的交点C点可以确定均衡潜在产出下的污染排放量，相应的污染排放水平为z_0，与净产出生产可能性曲线确定的相同。我们可以通过解析模型来论证运用净产出与潜在产出生产可能性曲线两种方法确定的均衡产出与污染水平是一样的。

由式（8-24），可将式（8-30）改写成：

$$\left.\frac{dY}{dX}\right|_{net} = -\frac{H_K}{(1-\theta)F_K} = -\frac{H_L}{(1-\theta)F_L} \tag{8-38}$$

由式（8-35）和式（8-38）可得：

$$\left.\frac{dY}{dX}\right|_{net} = \frac{1}{(1-\theta)}\left.\frac{dY}{dX}\right|_{potential} \tag{8-39}$$

式（8-31）两边同时乘以$(1-\theta)$，再由式（8-33）和式（8-39）可以得到式（8-36）。由此可以证明两种方法得出的结果相同，因此，在图8-3中只需要求解出A点或者B点中的一个就可以求出均衡的污染水平。

3）两条生产可能性曲线的用途

在图8-3中，A点为X产业的净产出量，即X产业能够用于贸易或者消费的产出量。线段AB代表X产业中被用作减排的产出量。线段AB与线段Y_0B的比值则表示X产业所产出的经济价值中被用于减排的比率，该比率即为θ。

潜在产出生产可能性曲线由投入要素与生产技术决定，与污染排放量无关。这表明，经济不能通过污染环境来变得富裕，而是要在资源和生产技术允许的范围内最大化产出量。实际上，经济体系应该做的是把潜在产出量分配到实际消费和污染治理这两大产品需求方上。

生产技术水平的提高可以使净产出和潜在产出生产可能性曲线同时向外移动，但是减排技术水平的改善只会使净产出生产可能性曲线向外移动，而潜在产出生产可能性曲线的位置不变。但是，当减排技术水平提高时，q^F会上升，因为排放污染税和产品价格保持不变，而用于减排的比例θ减少了，经济体系的资源将流向污染性企业。此外，如果单位产出中的污染排放水平不变，那么净产出与潜在产出生产可能性曲线中的一条曲线发生变化，另一条曲线将同比例地发生变化。

4）生产的均衡

在企业追求利润最大化的前提下，小国开放经济体系中市场均衡的条件有两个：一是企业没有进入和退出壁垒；二是充分就业。在自由市场准入的条件下，企业均获得零利润，这表明，企业生产的单位成本等于生产者的价格。

由式（8-12）可以写出 Y 产业的单位成本函数，具体如下：

$$c^Y(w, r) = \min_{\{k, l\}} \{rk + wl: H(k, l) = 1\} \tag{8-40}$$

Y 产业的生产者价格为 1，X 产业总产出的生产者价格由式（8-33）可知为 q^F。虽然 q^F 是内生的，且随 θ 而改变，但由式（8-22）可知，在给定价格和污染排放税时，θ 由成本最小化函数确定。在自由市场准入的条件下，有：

$$c^F(w, r) = q^F \tag{8-41}$$

$$c^Y(w, r) = 1 \tag{8-42}$$

在两部门有正产出时，生产者的价格一定等于单位成本。这两个条件决定了劳动力和资本的价格 (w, r)。

充分就业的条件是每种投入要素的供给与需求相等。由谢菲德引理（Shephard's Lemma）可知，每种基本要素的需求量能够由单位成本函数推导得出。例如，对单位成本函数中工资 w 求偏导，可以算出 Y 产业单位产量所需的劳动力量，用 a_{LY} 表示，即

$$a_{LY}(w, r) = \frac{\partial c^Y(w, r)}{\partial w} \tag{8-43}$$

因此，Y 产业的劳动力需求量为单位产量所需的劳动力量乘以总产出，即 $a_{LY}Y$。由于基本要素供给是外生的，充分就业的条件可以写成：

$$a_{LF}(w, r)F + a_{LY}(w, r)Y = L \tag{8-44}$$

$$a_{KF}(w, r)F + a_{KY}(w, r)Y = K$$

式中：$a_{Li} = \frac{\partial c^i}{\partial w}$，$a_{Ki} = \frac{\partial c^i}{\partial r}$。式（8-44）中第一个条件要求生产 F 和 Y 的劳动力需求量之和等于劳动力的供给量。第二个条件要求生产 F 和 Y 的资本需求量之和等于资本的供给量。

上述内生变量体系构成了标准的两部门 H-O 模型。可以利用式（8-41）和式（8-42）两个方程推导得出用 q^F 表示的要素价格 (w, r)，然后，运用式（8-44）可以得到用 L 和 K 表示的产出量 (Y, F)。那么，由式（8-19）可以得到 X 产业的净产出量。由式（8-18）或式（8-36）可以求出总污染排放量。因此，在给定污染排放税 τ 之后，我们可以根据模型求解出其他所有内生变量的值。

5）消费的均衡

假定经济体系中有 N 个同质消费者，他们关注消费的同时也关注环境质量，并感受到的污染水平相同。污染对消费者来说是有害的公共品。为便于理解，假定消费者对于商品消费的偏好是位次同次的，且相对于消费和环境质量，效用函数具有强可分离性。下式为消费者的效用函数：

$$U(x, y, z) = u(x, y) - h(z) \tag{8-45}$$

式中：$u(x, y)$ 是单调递增且位次同次的凹函数，$h(z)$ 是单调递增的凸函数。位次同次性这一假设至少有以下两个好处：一是可以直接加总来简化问题，便于写出间接效用函数，即实际收入的增函数；二是确保消费者对于消费的相对需求不受收入多少的影响，使得在分析不同国家的贸易模式函数时只需要考虑环境监管政策与要素禀赋的差异。

在给定产品价格、人均国民收入和污染水平的情况下，消费者追求最大化自己的效用。下式为消费者的间接效用函数：

$$V(p, I, z) = v(I/\beta(p)) - h(z) \tag{8-46}$$

式中：β 为价格指数；I 为人均国民收入；v 是间接效用函数。函数 $u(x, y)$ 为单调递增的凹函数，则函数 v 也是单调递增的凹函数。因为假定位次同次性，间接效用函数可以写成实际收入的函数，即：

$$R = I/\beta(p) \tag{8-47}$$

由上述公式可知，消费者的效用取决于收入水平，即消费者对环境质量和消费的需求都取决于收入水平，这表明消费者的收入水平影响着环境保护政策的有效性。在一般均衡模型中，收入是内生的，它等于净产出的价值，因此，收入取决于经济体系中的产品价格、产品种类以及环境保护政策。

6）一般均衡边际污染治理成本

定义 $T(K, L, z)$ 为规模报酬不变的二维凸生产可能性集合，即为给定基本要素 K、L 以及污染水平 z 的情况下，所有可能的净产出 (X, Y) 的组合集。定义国民收入函数 G 具体如下：

$$G(P^x, P^y, K, L, z) = \max_{\{x, y\}} \{P^x x + P^y y : (x, y) \in T(K, L, z)\} \tag{8-48}$$

函数 G 体现了不同要素投入与污染排放水平下的国民收入的多少。可以证明得出：国民收入函数的最大化一阶条件正好是完全竞争经济市场中的一般均衡条件。式（8-48）中污染为外生变量，后面将把它内生化。基于霍特林引理（Hotelling's Lemma）和包络定理，我们可以通过对国民收入函数中的产品价格求偏导数得到产

出量，即

$$\frac{\partial G(P^x, P^y, K, L, z)}{\partial P^x} = x$$

$$\frac{\partial G(P^x, P^y, K, L, z)}{\partial P^y} = y \qquad (8-49)$$

然后，通过分别对国民收入函数中的资本和劳动力求偏导数可以得到资本和劳动力的报酬，即

$$\frac{\partial G(P^x, P^y, K, L, z)}{\partial K} = r \qquad (8-50)$$

$$\frac{\partial G(P^x, P^y, K, L, z)}{\partial L} = w$$

通过对国民收入函数中的污染排放求偏导数，可以得到企业为污染排放支付的费用，即

$$\frac{\partial G(P^x, P^y, K, L, z)}{\partial z} = \tau \qquad (8-51)$$

式（8-51）表明，企业为获得 1 单位污染排放权而需要支付的对价为 $\frac{\partial G}{\partial z}$，其也可以理解为企业的边际污染治理成本。然而，如果减少 1 单位污染排放，国民收入也将减少 $\frac{\partial G}{\partial z}$，说明经济体系需要付出成本来降低污染排放。企业一般通过投入更多要素或者增加清洁性产品的生产并减少污染性产品的生产的方式来实现减排。$\frac{\partial G}{\partial z}$ 为企业减排一单位所需的最低成本。

G 是一个最大值函数，它对要素禀赋是凹的，因此，要素需求曲线是向下倾斜的。把污染看作一种投入要素，则一般均衡边际污染治理曲线也是向下倾斜的。函数 G 对价格是凸的，因此，产出供给曲线是向上倾斜的（如图8-4所示）。

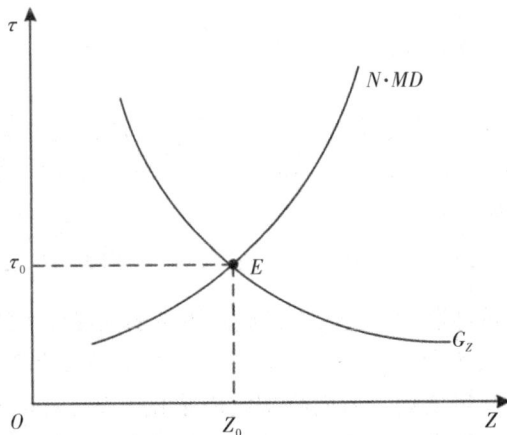

图8-4 最优污染选择

国民收入函数是价格的凸函数，即产品供给曲线的斜率为正，可以表示为：

$$\frac{\partial^2 G}{\partial p^{x^2}} = \frac{\partial x}{\partial p^x} \geq 0, \quad \frac{\partial^2 G}{\partial p^{y^2}} = \frac{\partial y}{\partial p^y} \geq 0 \qquad (8-52)$$

国民收入函数是要素禀赋的凹函数，即

$$\frac{\partial^2 G}{\partial K^2} = \frac{\partial r}{\partial K} \leq 0, \quad \frac{\partial^2 G}{\partial L^2} = \frac{\partial w}{\partial L} \leq 0, \quad \frac{\partial^2 G}{\partial z^2} = \frac{\partial \tau}{\partial z} \leq 0 \qquad (8-53)$$

式（8-48）将污染排放量当作外生变量来处理最优化问题，如果政府采取发放污染许可证的方法来控制环境污染，把 z 当作外生变量是可行的。此时，排放许可证的总供给是一定的，企业通过竞争使得国民收入最大化。但如果政府采用收取污染排放税的形式来控制污染排放，则 z 不能看作外生变量，需要将其内生化。若 z 为外生变量，式（8-51）则为污染排放许可的市场均衡价格。污染排放税 τ 为外生变量，而 z 是在给定 τ 下市场均衡的污染排放量，则此时 z 由式（8-51）内生决定。

另一种方法是把生产技术条件看成一种联合生产技术，同时能够生产3种产品 X、Y 和 Z。假定污染排放税为 τ 且为外生，在给定产品价格的情况下，企业会追求产出价值最大化，该均衡可以用图8-4解释。但需要注意的是，因为企业要支付排污税，所以污染排放的价格为负。可以得到私人部门的净利润最大值为：

$$\tilde{G}(P^x, P^y, \tau, K, L) = \max_{\{x, y, z\}} \{P^x x + P^y y - \tau z : (x, y) \in T(K, L, z)\} \qquad (8-54)$$

在图8-4中，在给定污染排放税和产品价格的情况下，以利润最大化为目标的企业将使得经济系统达到均衡产出点 E。点 E 也是使得 $\tilde{G}$ 最大的点，由式（8-16）可以推导出：

$$P^x x + P^y y - \tau z = P^x(1 - \alpha)x + P^y y \qquad (8-55)$$

在式（8-16）所给定的最优污染排放强度，以及生产者价格分别为 $P^x(1 - \alpha)$ 和 P^y 的条件下，要使得国民收入最大，需画一条斜率为 $-P^x(1 - \alpha)x/P^y$ 的直线与净生产可能性曲线相切，切点即为图8-4中的 E 点，这与式（8-54）的解相同。

总的国民收入可以表示为：

$$G = \tilde{G}(P^x, P^y, \tau, K, L) + \tau z \qquad (8-56)$$

$$G = P^x x + P^y y \qquad (8-57)$$

找出式（8-54）的均衡污染排放量为 Z_0，设 $P^y = 1$，则有：

$$G(p, K, L, Z_0) = \tilde{G}(p, \tau, K, L) + \tau Z_0 \qquad (8-58)$$

运用霍特林引理可得：

$$\frac{\partial \tilde{G}(p, \tau, K, L)}{\partial \tau} = -Z(p, \tau, K, L) \qquad (8-59)$$

上式通过对国民收入函数 $\tilde{G}$ 中的污染排放税 τ 求偏导，可以得出派生污染排放需求量。此外，因为函数 $\tilde{G}$ 对价格都是凸的（包括 τ），$\tilde{G}_{\tau\tau} \geqslant 0$，则有 $\dfrac{\partial z}{\partial \tau} \leqslant 0$，即派生污染排放需求量随排污税的增加而减少。

7）污染排放需求与供给曲线

（1）污染排放需求

由前文分析可知，污染排放需求曲线为一般均衡的边际减排成本曲线，污染的逆需求函数可由国民收入函数推导得出：

$$\tau = G_z(p, K, L, z) \tag{8-60}$$

式（8-60）中包含一个隐函数 $z = z(\tau, p, K, L)$。污染排放需求曲线的斜率可由对式（8-60）求导得出，即

$$\frac{\mathrm{d}z}{\mathrm{d}\tau} = \frac{1}{G_{zz}} \leqslant 0 \tag{8-61}$$

由函数 G 是凹函数可知，派生污染需求函数的斜率小于或等于零。污染权利可以看成关于产品价格、要素禀赋和排污税的函数，则派生污染的直接需求函数为：

$$z = e(p/\tau)x(p, \tau, K, L) \tag{8-62}$$

式中：e 由式（8-16）定义。一般均衡下污染排放需求曲线斜率为：

$$\frac{\partial z}{\partial \tau} = e_\tau x + e x_\tau < 0 \tag{8-63}$$

式（8-61）说明污染排放需求曲线的斜率为负，式（8-63）则进一步说明了导致其斜率为负的两方面因素：一是高的排污税使得排污成本高，企业会减少排污强度，这属于技术效应，在图 8-5 中表示为污染排放由 Z_a 减少到 Z_1；二是更高的污染治理强度使得分配到污染性产业的资源减少，部分生产商由 X 产业转入 Y 产业，致使 X 产业的产出量减少。这里存在规模效应和结构效应，在图 8-5 中表示为污染排放由 Z_1 减少到 Z_c。

产品价格和要素投入的变化影响污染排放需求曲线的移动情况。当资本要素投入增加时，污染排放需求曲线会向右移动，如图 8-6 所示。可以理解为，排污税 τ 的大小会影响污染排放量，X 或 Y 的产出量是关于 τ 的函数，则污染排放的直接需求函数为式（8-62），对 K 求导可得：

$$\frac{\mathrm{d}z}{\mathrm{d}K} = e(p/\tau)\frac{\mathrm{d}x(p, \tau, K, L)}{\mathrm{d}K} > 0 \tag{8-64}$$

在给定产品价格和排污税的情况下，资本 K 的增加不会对排污强度产生影响，因而 X 的产出量决定了资本积累增加对排污需求的影响情况。在式（8-64）中，e 不变，雷布津斯基定理得以应用，资本积累的增加导致偏向于资本密集型污染性产业的发展，因此对排污的需求增加，上述对污染需求的变化如图 8-6 所示。当排污税 τ_0 不变时，资本积累的增加使得排污需求从 Z_a 增加到 Z_c。

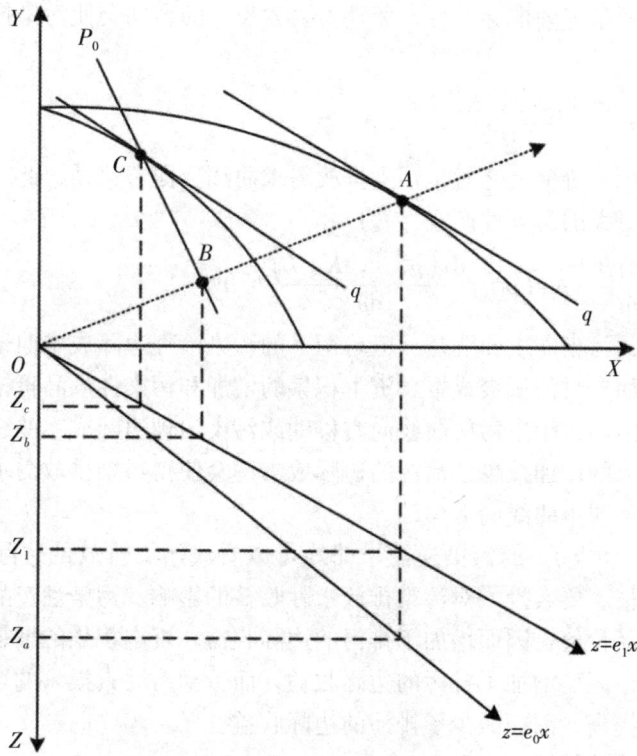

图8-5　技术效应、规模效应和结构效应

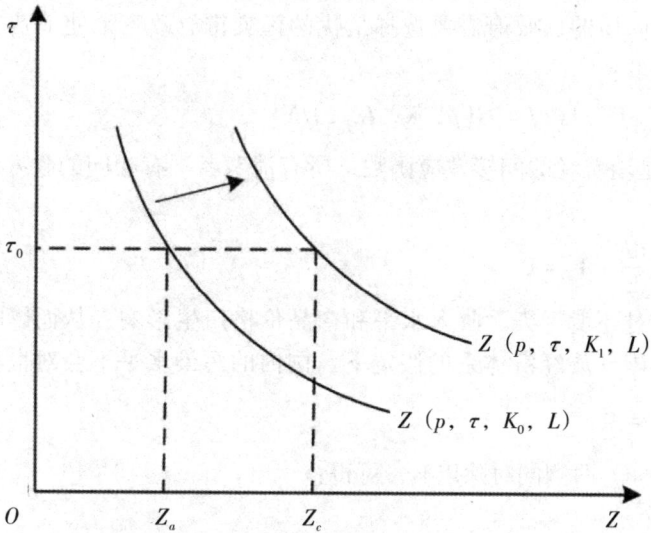

图8-6　资本积累

由雷布津斯基定理推导可得，劳动力要素投入的增加会使污染排放需求曲线向左移动，即

$$\frac{\mathrm{d}z}{\mathrm{d}L} = e(p/\tau)\frac{\mathrm{d}x(p, \tau, K, L)}{\mathrm{d}L} < 0 \tag{8-65}$$

当污染性产业价格上涨时，污染排放需求曲线会向右移动，此时，更多的要素流入利润空间更大的污染性产业，有：

$$\frac{\mathrm{d}z}{\mathrm{d}p} = x\frac{\mathrm{d}e(p/\tau)}{\mathrm{d}P} + e(p/\tau)\frac{\mathrm{d}x(p, \tau, K, L)}{\mathrm{d}p} > 0 \tag{8-66}$$

综上所述，污染需求曲线是一般均衡下的污染治理边际成本曲线，它衡量了经济体系为减排而支付的机会成本。资本积累的增加和污染性产品价格的升高提高了治污的成本，因而，派生污染曲线向右移动或污染治理边际成本曲线向上移动；而劳动力要素投入的增加减少了治污的边际成本，会使得污染排放需求曲线向左移动或污染治理边际成本曲线向下移动。

此外，式（8-60）的污染逆需求曲线可以看成污染排放的边际收益曲线，可以说明产品价格、要素投入对污染排放边际收益的影响。污染性产品价格的增加会提高生产的产品价值，因而增加了排污的边际收益。资本积累的增加会使污染性产品的生产更多，因而增加了排污的边际收益；而劳动力要素投入的增加会使清洁性产品的生产率提高，因而减少了排污的边际收益。

（2）污染排放供给

接下来我们讨论污染排放供给曲线，即最优的污染排放政策。前文探讨了污染排放的边际收益，要使排污政策最优，需要污染排放的边际收益与边际损害相等。假定消费者是同质的，政府需要选择最优的污染排放政策来使消费者的效用最大化。设定模型如下：

$$\max_{z}\left\{V(p, I, z)s.t.I = G(p, K, L, z)/N\right\} \tag{8-67}$$

其中：V是消费者的间接效应函数，所有消费者具有相同的收入。因此，一阶条件为：

$$V_p\frac{\mathrm{d}p}{\mathrm{d}z} + V_I\frac{\mathrm{d}I}{\mathrm{d}z} + V_z = 0 \tag{8-68}$$

污染排放对环境污染、收入水平和产品价格产生影响，从而影响消费者的行为。在一个小国开放经济体系的假定下，国内的污染水平不会对世界价格产生影响，因此，$\frac{\mathrm{d}p}{\mathrm{d}z} = 0$。

在式（8-68）两侧同时除以V_I，可得：

$$\frac{\mathrm{d}I}{\mathrm{d}z} = -\frac{V_z}{V_I} \tag{8-69}$$

式（8-69）的右侧为污染排放与收入水平的边际替代率，它表示消费者愿意为减少单位排污而放弃多少收入，也称为边际损害，用MD表示，则有：

$$MD = -\frac{V_z}{V_I} \tag{8-70}$$

根据式（8-67）和国民收入函数特性，式（8-69）可以简化为：

$$\frac{\mathrm{d}I}{\mathrm{d}z} = \frac{G_z}{N} = \frac{\tau}{N} \tag{8-71}$$

由式（8-69）、式（8-70）和式（8-71），可得：

$$\tau = N \cdot MD \tag{8-72}$$

式（8-72）说明政府应该选择一种排污水平使得企业支付的排污价格与消费者面临的边际损害相等。环境质量是一种公共品，式（8-72）所表达的也是萨缪尔森关于公共品供给的准则。萨缪尔森准则在国际贸易存在时仍然适用，若小国进行开放贸易，最有效的环境保护政策是将环境污染的外部性内在化，使生产者支付的排污价格与总的边际损害相等。

基于式（8-46），式（8-72）可改写为：

$$\tau = N \cdot [-V_z/V_I] = N \cdot \frac{\beta(p)h'(z)}{v'(R)} = N \cdot MD(p, R, z) \tag{8-73}$$

$R = I/\beta(p)$ 表示实际收入。根据商品消费的位次同次假设，边际损害函数可以写成关于污染排放、产品价格和实际收入的函数，即：$MD = MD(p, R, z)$。

把实际收入用国民收入函数替代，式（8-73）可改写为：

$$\tau = N \cdot MD\left[p, \frac{G(p, K, L, z)}{N\beta(p)}, z\right] \tag{8-74}$$

式（8-74）为政府污染排放供给的一般均衡曲线，它表示一国允许污染排放的意愿。污染排放供给曲线的斜率为正，即

$$\frac{\mathrm{d}MD}{\mathrm{d}z} = MD_z + MD_R R_z = \frac{\tau}{N}\left[\frac{h''}{h'} - \frac{\tau v''}{v'N\beta}\right] \geq 0 \tag{8-75}$$

污染排放供给曲线的斜率为正主要有两个原因：一是当实际收入水平不变且 $h(z)$ 为凸函数时，污染排放的增加会导致边际污染损害的增加；二是 z 的增加导致实际收入增加，且 v 是凹函数，污染排放的增加会导致环境质量相较于商品消费更为稀缺。

（3）污染排放的均衡

当污染排放供给曲线与污染排放需求曲线相交时达到均衡，即为图8-4中的 Z_0 点，此时：

$$G_z(p, K, L, z) = N \cdot MD\left[p, \frac{G(p, K, L, z)}{N\beta(p)}, z\right] \tag{8-76}$$

因此，为实现均衡的污染排放水平，政府可以直接征收排污税 τ_0，也可以通过设定排污许可 Z_0 来使自由交易后的排污许可证的均衡价格为 τ_0，从而实现均衡。

8.2 贸易政策工具与国内和跨境污染

一国的国内环境污染状况由经济效应和收入效应共同决定，两种效应相互作用，对环境产生不同的影响。当环境污染产生时，国家需要使用相关的贸易政策工具，如对污染性厂商征收污染税，从而将对环境有害的负外部性内部化。这不仅能够减少国内的环境污染，还能增加国家的整体福利水平。除此之外，环境污染可能不仅发生在产生污染的国家境内，还可能通过空气、河流和土地等途径迁移到其周边国家，对其他国家的生态环境也造成不良影响。因此，受影响的国家也会采用贸易政策工具，如对从污染源头国进口的产品征收进口税来限制进口，或是通过建立产权机制等方式来约束污染源头国的污染排放。

本小节将阐述如何使用贸易政策工具来减少国内环境污染和跨境污染，并运用案例和图形来分析使用贸易政策工具来减少国内环境污染和跨境污染后的经济效应和福利变化情况。

8.2.1 自由贸易与国内环境污染①

1）收入规模对国内环境污染的影响

研究表明自由贸易会带来额外的收益，这种收益会带来两种效应：经济效应和收入效应。两种效应对环境的影响相互制约：当经济效应大时，消费和生产的增加会使环境污染加重；当收入效应大时，高收入会追求更高的环境质量，迫使政府制定更加严格的环保政策，使企业减少污染排放，从而净化环境。人均收入是包括经济规模和收入的衡量指标，当人均收入增长时，对环境的影响是改善还是恶化取决于哪种效应的趋势更大。一般来说，经济规模与收入的组合效应对环境的影响有以下3种模式：

第一，人均收入增加，环境得到改善。说明人们随着收入的增加，对提高环境质量的需求也增加了，这种效应大于经济增长所带来的负面效应。

第二，人均收入增加，环境更加恶化。在一些情况下，经济发展带来的对环境的污染大于收入增加带来的环境保护效应。

第三，两者关系呈现倒U形。在这种情况下，起初人们比较贫穷，为了投入生

---

① PUGEL T A. International economics [M]. 17th ed. New York：McGraw-Hill Education, 2020.

产以发展经济，能够接受一定程度的污染。但当经济发展到一定水平时，人们开始对环境质量有了更高的要求，便开始治理环境，环境质量逐渐得到改善。

图8-7说明了这3种模式下人均国民收入对环境的影响情况。（a）图表示人均收入增加，环境得到改善的情况，如对空气和水中的重金属含量的要求随着收入增加而提高。（b）图表示人均收入增加，环境更加恶化的情况，如二氧化碳的排放量和产生的垃圾并没有因为收入增加而引起足够的重视。（c）图表示两者关系呈现倒U形的情况，如空气中的悬浮颗粒和二氧化硫等污染物在发展经济时为了生产而被排放，而之后因为开始治理环境而被减少排放。

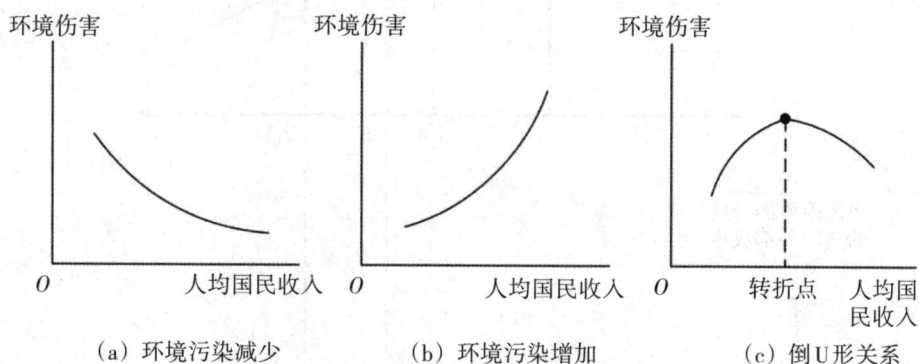

图8-7　不同收入水平下的环境问题

2）自由贸易下国内环境污染的经济效应

经济活动会在国内产生污染，且污染的成本近乎全部由本国居民承担。如果政府没有制定政策来使对环境有害的负外部性内部化，则会得到关于贸易与国内污染的两个结论：一是自由贸易会使国家的福利水平降低；二是国家出口了本该进口的产品。

为了便于理解，我们用加拿大的造纸行业举例，造纸企业把化学废物和污水排放到附近的河流和湖泊的行为会对当地环境造成严重的污染，而如果加拿大政府没有相关政策来限制废水的排放，则造纸企业会因为河流和湖泊的存在感到高兴，并利用这些湖泊创造更多的收益，以企业认为公道的价格卖出好的产品。然而，工业废水污染了这些湖泊，破坏了大自然的优美风光，并且危害到了在湖泊中进行游泳和钓鱼等活动的人们的正常生活，因此，造纸企业把化学废物和污水排放到湖泊里的行为产生的外部性成本实际上由湖泊的其他使用者承担了。

图8-8中上面的图表示的是加拿大的纸张市场，D_d为国内需求曲线，表示纸张消费者的私人边际收益，S_d为国内供给曲线，表示纸张生产者的私人边际成本。图8-8中下面的图表示的是造纸企业对环境产生污染的额外成本，其负的外部性通过由环境污染产生的边际外部成本（MEC）表示。假设生产1令纸所产生的外部成

本为0.3美元。

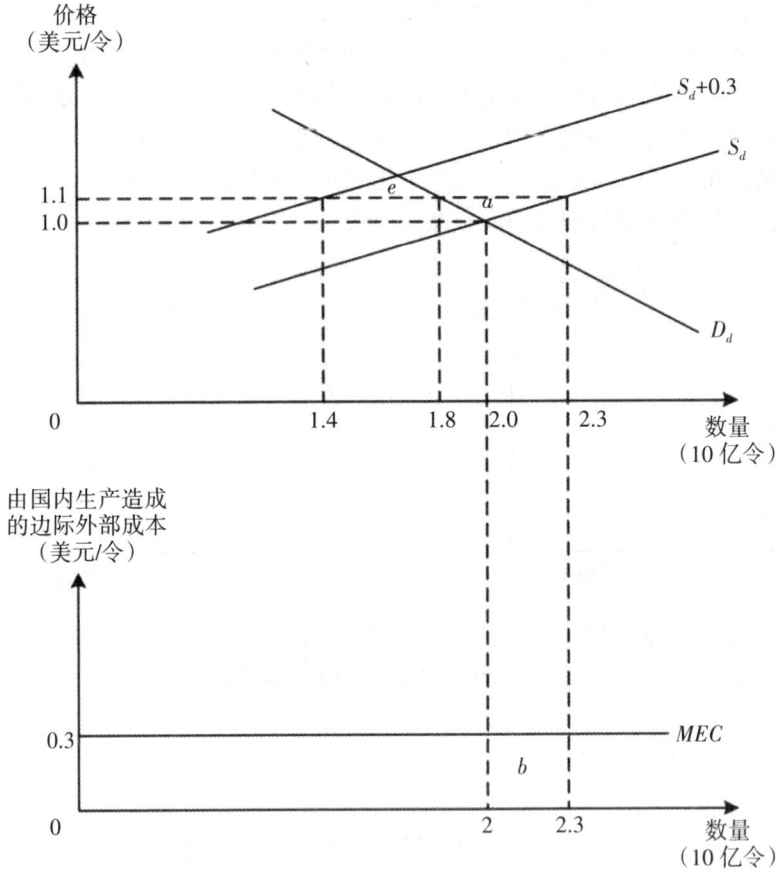

图8-8　国内生产造成国内环境污染

在政府没有限制污染并且没有国际贸易的情况下，纸张市场在产量为20亿令纸、价格为1美元的情况下达到均衡。由于市场没有考虑污染产生的额外成本，因而纸张的生产过量了。

由图8-8可以看出，当国内生产的污染有外部成本时，如果政府不限制污染，则供给曲线为S_d。当纸张的世界价格为1.1美元时，造纸厂商生产23亿令的纸，其中18亿令卖给国内市场，5亿令（23-18）用于出口。与不进行贸易相比，国家的福利增加三角形面积a（2 500万美元）的同时也减少了图8-8下图中的矩形面积b（9 000万美元），总体看来，国家的福利减少了6 500万美元。

根据对症规则，政府应该采取政策来减少污染，如对造纸厂商征收污染税。该税收让生产商每生产1令纸增加0.3美元的成本，从而调整他们的生产行为。当考虑污染造成的外部成本时，对每令纸征收的污染税为0.3美元，则供给曲线为

$S_d + 0.3$，此时的供给曲线反映了包括外部污染成本和生产成本在内的所有社会成本。当纸张的世界价格为1.1美元时，造纸厂商生产14亿令的纸，而国内市场的需求是18亿令，则还需要从国外进口4亿令的纸。与不进行贸易相比，国家的福利增加了三角形面积 e。

可以看出，如果政府没有实施政策来限制污染，则本来应该进口4亿令纸而现在却向外出口5亿令纸。此外，国家福利在征收污染税之后也由原来的福利下降变为福利增加，这表明只影响本国经济的污染成本还可能对该国的国际贸易产生影响。如果政府没有限制污染，则自由贸易可能会导致不恰当的贸易格局，使得一国的贸易福利状况更差。

为了让生产者意识到污染成本，从而纠正扭曲，政府除了对污染排放征税之外，还可以设立有限的污染配额，企业在购买配额之后才能进行固定额度的污染排放。政府还可以建立产权制度，企业必须向水体的所有者支付钱以换取污染权，从而限制污染物的排放。如果国内企业要为环境污染而支付相应的代价，一方面，它们将面临更高的生产成本，从而相应地减少生产和销售；另一方面，相对于国际市场上的价格，国内企业的竞争优势将被削弱。

然而，有些出口国并没有采取措施来限制污染，环境政策更为宽松，可能是因为该出口国产生的污染不会带来较大的经济损失而没有引起其重视，或者该国的环境有足够大的降解能力，又或者该国愿意用一些环境污染来换取更多的收入。从世界的角度来看，更加严格的环保措施有助于提高全世界的福利水平，但可能不会提高进口国的福利水平。

8.2.2 跨境污染

1）跨境污染的案例分析[1]

污染不仅会恶化国内的环境，还可能对污染源国家周边的国家产生影响，也就是跨境污染。这种污染通常涉及能够跨越国界的氧化硫和漂浮颗粒物等空气污染，重金属、有毒化学品、放射性物质等也会通过土壤、水和食物链等方式传播，对环境和人类健康造成威胁。因此，跨境污染问题已成为国际社会关注的重点，各国政府应该积极采取措施来减少污染物的排放，加强环境监管和合作。

假设德国的一家造纸企业在多瑙河旁建了一家造纸厂，德国政府对污染排放没有限制，那么这家造纸厂会把工业废水倾倒进多瑙河而无须支付任何对价。这种行为对这家德国企业自然是有好处的，但是处在多瑙河下游的沿岸国家，如奥地利，则承担了污染的外部成本。

---

[1] PUGEL T A. International economics [M]. 17th ed. New York: McGraw-Hill Education, 2020.

图8-9描绘了德国造纸厂向多瑙河排放不同数量的污染物时，奥地利的边际成本与德国的边际收益的变化关系。可以看出，当德国造纸厂不顾虑奥地利和其他多瑙河沿岸国家所承担的污染成本时，则会向多瑙河任意倾倒污染物，直到没有为止，此时为图8-9中的A点，德国造纸厂每年排放的化学废料为18 000万吨。这对奥地利等沿岸国家来说是一场灾难，河流污染的边际成本随污染物排放量的增加而增加。从全世界的角度来看，点A是没有效率的。因为点A以及当排污量大于8 000万吨时的边际成本大于边际收益，即向多瑙河排放废水给德国造纸厂带来的收益小于奥地利等国治理污染而损失的成本。

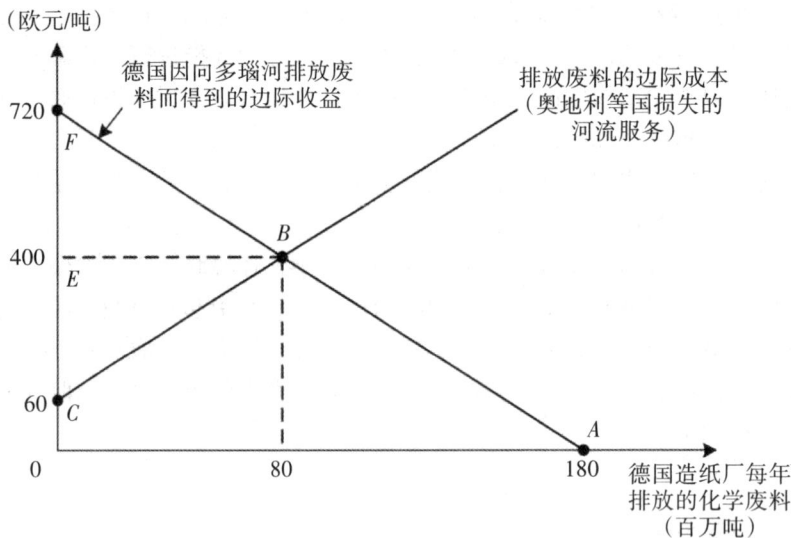

（欧元/吨）

德国因向多瑙河排放废料而得到的边际收益

排放废料的边际成本（奥地利等国损失的河流服务）

720 — F

400 — E — B

60 — C

0 — 80 — 180 — 德国造纸厂每年排放的化学废料（百万吨）

A

图8-9　跨境污染案例图示

但是，完全禁止污染排放也是不合理的。当德国造纸厂不向多瑙河倾倒污染物时为图8-9中的点F，此时排放第一吨废料对于德国造纸厂来说的价值为720欧元，而下游国家所付出的成本为60欧元（点C），边际收益高于边际成本，排放第一吨污染物是被允许的。可能是因为河水可以自身净化轻微的污染，所以起初的边际成本较小。当废料排放量在8 000万吨时，达到世界福利的最大水平，此时向多瑙河排放废水给德国造纸厂带来的收益等于奥地利等国治理污染而花费的成本，这是各国协商之后的最好情况。

为使德国造纸厂的污染排放量控制在8 000万吨，根据对症原则，政府要制定政策来作用于该问题的本身，政府可以估算污染所产生的边际收益和成本，并利用征税或者补贴的形式来引导造纸厂把污染量控制在B点。例如，政府对德国造纸厂倾倒的每吨污染物征收400欧元的税，则企业将每年只排放8 000万吨的污染物，因为当排污量小于8 000万吨时的边际收益大于400欧元，排污量达到8 000万吨时企业会停止排放以减少损失。此时对河流资源的使用将达到有效的平衡。然而，面对国际性的问题，奥地利政府可能无权对德国的造纸厂征税，对于德国来说，最有利的排污点在A点，而不是B点，德国政府并没有动机去对造纸厂征税。

另一种方法是通过建立产权制度来达到均衡。国际法庭可以规定多瑙河是德国政府的财产，奥地利必须向德国支付费用以降低污染；或者规定多瑙河是奥地利政府的财产，德国必须向奥地利购买污染排放权。如果多瑙河属于德国，则奥地利愿意为每吨污染物支付400欧元，从而将污染降到8 000万吨，德国造纸厂也会同意这一做法。如果奥地利拥有多瑙河，则德国会愿意为每排放1吨污染物而支付400欧元，从而得到排放8 000万吨污染物的权利，奥地利也会同意这一条件。因此，不管多瑙河归属于哪个国家，污染物排放量都会控制在8 000万吨这一水平。然而，目前国际最高法庭不能解决国际产权的争端问题，如果德国造纸厂坚持把污染物排入河里，奥地利也没有合法的追索权。如果两国不能达成共识，这一方法将是低效率的。

还有一种次优的解决方法。如果奥地利从德国进口纸张，同时奥地利生产纸张产生的污染很少，则奥地利可以通过限制从德国污染性的造纸企业进口纸张，从而减少污染物排入多瑙河。如果奥地利由于限制进口而遭受的无谓损失小于从污染减少中获得的收益，则该方法是可行的。如果奥地利向德国出口纸张，则奥地利政府可以对出口德国的纸张进行补贴以增加出口，从而减少德国纸张的生产，达到减少污染的目的。然而，世贸组织可能不允许奥地利政府采用补贴出口或者增加进口关税的政策来应对德国的宽松环保政策。

2）跨境污染的经济效应[①]

（1）进口国采用贸易政策工具解决跨境污染的经济效应

假定一国从其邻国进口某种商品，这种商品的生产会产生污染，这会使得进口国遭受跨境污染。如果进口国为贸易大国，则可以影响贸易条件，如可以对该进口商品征收关税以间接地减少跨境污染。由于进口国为贸易大国，进口关税的征收将使得国内价格和国际价格均增加，在减少了进口国国内对该产品的需求的同时，也减少了出口国的生产和污染量。进口国的福利水平是否有所增加取决于征收关税后其减少的跨境污染是否大于消费者的损失。

图8-10描绘了进口国采用征收进口关税的方法解决跨境污染的经济效应。由于跨境污染同时涉及进口国和出口国，图8-10还展示了出口国、进口国和国际市场的福利变化情况。

① 曲如晓. 贸易与环境：理论与政策研究 [M]. 北京：人民出版社，2009.

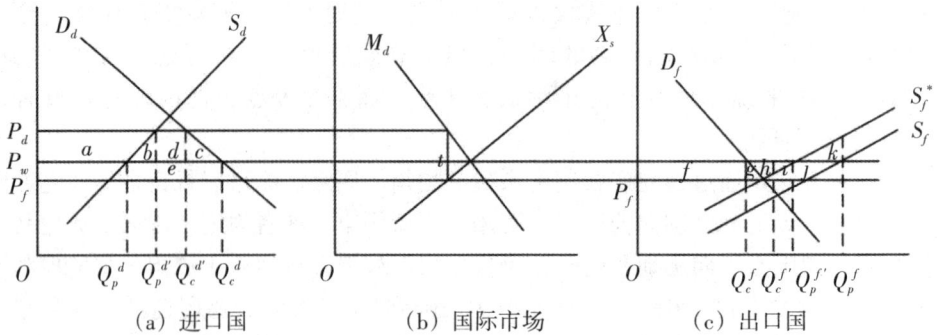

图8-10 进口国征收进口关税解决跨境污染的经济效应

假设世界上只有出口国和进口国两个国家，图8-10（a）反映了进口国国内市场的供需情况。假定国内产生的污染没有外溢，供给曲线 S_d 表示生产该种商品的社会边际成本和私人边际成本之和。在自由贸易的背景下，P_w 为世界市场价格，进口量为国内总需求与国内生产量之差，即 $Q_c^d Q_p^d$。图8-10（b）反映了国际市场的福利变化情况，其中，M_d 为进口需求函数，X_s 为出口供给函数，图8-10（a）中的进口量为图8-10（b）中两线交点的产出。图8-10（c）反映了出口国市场的供需情况。为便于解释，假定出口国只向该进口国出口商品，因此，图8-10（c）中的出口量 $Q_c^f Q_p^f$ 等于图8-10（a）中的进口量 $Q_c^d Q_p^d$。S_f 为出口国市场的私人供给函数，假定出口国生产过程中产生的污染均通过跨境流入进口国，则加上这些跨境污染带来的外部成本，S_f^* 为新的供给曲线。

作为一种次优的解决办法，进口国可以征收如图8-10（b）中等价于 t 的污染税，这使得进口国的国内产品价格升至 P_d，由于出口供给函数 X_s 不是完全弹性，关税产生的贸易条件效应使得进口产品的世界价格降至 P_f。因此，关税引起的国内福利水平变化为：消费者剩余减少（$a + b + c + d$），生产者剩余增加 a，政府关税收入增加（$d + e$）。由于跨境污染的存在，进口国征收关税对出口国产品的生产产生一定的抑制作用，也降低了一定的污染水平，征收关税后其减少的跨境污染所带来的收益为图8-10（c）中的（$j + k$）。因此，进口国征收进口关税后所产生的净福利变化为（$e + j + k - b - c$）。

对于出口国来说，出口价格由 P_w 下降至 P_f，生产者剩余减少（$f + g + h + i + j$），消费者剩余增加（$f + g$），因此，出口国的净福利遭受损失（$h + i + j$）。从全球视角来看，因征收污染税而引起的国际市场的福利变化为（$k - b - c - h$），其中 e 和 i 相等，均为贸易条件收益。

假定图8-10中的污染外部成本（$j + k$）是进口产品在生产过程中产生的，而不是由于过度包装产生的垃圾或者产品消费产生的问题等产品本身的某些特点所造成的，因此，进口限制作为次优环境政策的一个必要条件能够影响贸易条件。可以通过将图8-10（b）中的斜线斜率减小得到验证，这使得进口国对产品的世界价格影响相对较小，进而减少了出口国遭受的福利损失，并减少了关税的环境利益。因此，使得进口关税成为治理跨境污染的次优方式的必要条件为，进口国在该产品的国际市场上具有较大的影响，即为该污染性产品的进口大国，能够影响贸易条件。

（2）出口国采用贸易政策工具解决跨境污染的经济效应

另一种次优的环境政策是对出口国征收出口关税以限制污染的排放，从而解决跨境污染。具体如图8-11所示。

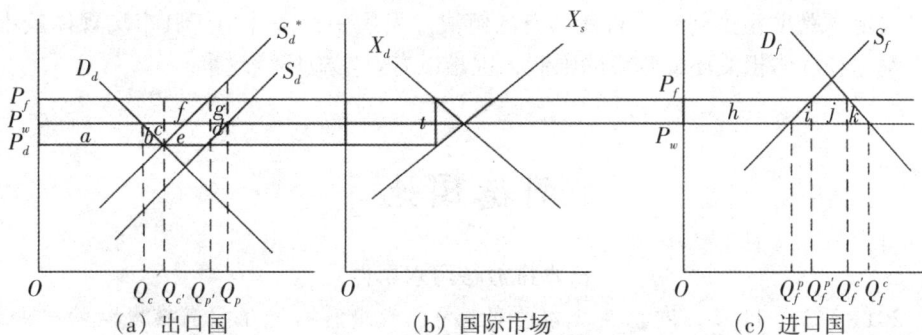

图8-11 出口国征收出口关税解决跨境污染的经济效应

图8-11（a）反映了出口国国内市场的供需情况。供给曲线S_d表示出口国国内私人边际成本，而供给曲线S_d^*表示加入生产过程中产生的环境成本的总边际成本。在自由贸易的背景下，P_w为世界市场价格，出口量为国内总需求与国内生产量之差，即Q_cQ_p。图8-11（b）反映了国际市场的福利变化情况，其中，X_d为出口需求函数，X_s为出口供给函数，图8-11（a）中的出口量为图8-11（b）中均衡点的产出。图8-11（c）反映了进口国市场的供需情况。为便于解释，假定出口国只向该进口国出口商品，因此，图8-11（c）中的进口量$Q_f^pQ_f^c$等于图8-11（a）中的出口量Q_cQ_p。S_f为进口国市场的私人供给函数，D_f为进口国市场的需求曲线。

对出口国征收出口税t，则出口国的国内价格由原来的世界价格P_w降至P_d，关税产生的贸易条件效应使得产品的世界价格升至P_f。此时，由于出口国国内价格的下降，出口国国内的产品需求将由Q_c增加至$Q_{c'}$。因此，关税引起的出口国国内福利水平变化为：消费者剩余增加（$a+b$），生产者剩余减少（$a+b+c+d+e$），政府关税收入增加（$e+f$）。征收关税后其减少的跨境污染所带来的收益为图8-11（a）中的（$d+g$）。因此，出口国征收出口关税后所产生的净福利变化为（$f+g-c$）。那么，要使得征收出口税后的出口国国内净福利大于零，则（$f+g$）要大于c。

对于进口国来说，进口价格由P_w提高至P_f，生产者剩余增加h，消费者剩余减少（$h+i+j+k$），因此，进口国的净福利遭受损失（$i+j+k$）。从全球视角来看，因征收出口税而引起的国际市场的福利变化为（$g-c-i-k$），其中j和f相等，均为贸易条件收益。

征收出口税的出口国家贸易规模越小，其对进口国的影响和贸易条件效应也越小。可以通过将图8-11（b）中的出口需求曲线斜率减小验证得出。当出口需求曲线 X_d 具有完全弹性时，由于进口国可以选择购买替代品，出口国将不会对进口国的福利变化产生影响。当进口产品的生产过程产生跨境污染时，如果税收只能影响国内的产品价格，则不足以减少负的外部性；当税收也能够影响国际产品价格时，才能减少负的外部性，降低跨境污染。因此，采用贸易政策工具的国家是否为贸易大国决定了跨境污染问题是否能够有效解决。发展中经济体由于其市场规模较小，易受发达经济体相关环境政策的限制，也难以有效实施环境政策。

明德园地

日本排放核污水事件

2011年3月11日，发生在日本的里氏9级大地震引发了福岛核电站的核泄漏事故。东京电力公司为冷却堆芯向反应堆中注入大量冷却水，并由于雨水和地下水的不断渗透，核污水的储存量越来越多。2023年8月24日，日本政府开始向海洋排放福岛第一核电站的核污水，这是日本政府在2021年4月决定排放核污水后首次实施，日本还将在之后的30年内分批次排放约130万吨的核污水。这一做法虽然遭到全球各界的质疑和反对，但日本政府还是单方面强行启动福岛核污染水排海行动，并宣称核污水已经过处理并达到了国际标准，不会对人类和环境造成威胁。国际社会认为日本没有充分征求和尊重其他国家的意见，没有充分考虑排放核污水对生态环境、食品安全、渔业资源、人类健康等方面的危害，没有履行对环境保护和人类福祉应尽的责任和义务，是一种对国际社会不负责任的行为。

此外，排放的核污水预计在240天后到达中国沿海地区，约1200天后扩散至整个北太平洋。中国政府对日本此次排放核污水的行为表示坚决反对并寻求可以接受的解决方案。日本排放核污水可能会对我国的远洋捕捞行业造成很大的影响，其中，从北太平洋捕捞出的海产品受到的污染将最为严重。为了抵制日本的这一行为，我国也采取了一些贸易手段。作为日本海产品的出口大国，我国全面禁止从日本进口海产品，这给日本的出口经济带来了沉重的一击。同时，我国还开展了海洋辐射环境监测，对可能受影响的区域进行实时监测，从而及时发现并采取措施来应对核污水的影响，以保护我国的海洋生态环境。

资料来源：岳林炜，马菲，陈效卫，等. 日本执意排放核污染水是极不负责任的表现（国际视点）[N]. 人民日报，2023-08-03（17）.

【案例点评】

这是一起涉及跨境污染的案例，案例中日本排放的核污水通过海洋会污染到其周边国家，时间再久一些危及的将是整个太平洋沿岸地区甚至整个地球。以中国为例，我国迅速采取了贸易反击，停止了对日本水产品的进口，使其经济受损。这一措施能够在一定程度上保护我国的海洋生态环境和公共健康，我国也在积极地寻找其他方案来抵制日本的核污水排放。

【价值塑造】

跨境污染是一个全球性的问题，它涉及不同国家和地区之间的环境的相互影响。这能够培养学生的全球视野，引导学生认识到环境问题的全球性和共同性，贯彻习近平生态文明思想，培养社会责任感和使命感，推动全球环境治理体系的完善，并引导学生树立绿色、低碳、循环的发展理念，推动经济社会发展与环境保护的协调共进。

关键术语

一般均衡分析　谢菲德引理　霍特林引理　包络定理　雷布津斯基定理　技术效应　规模效应　结构效应　等产量曲线　等成本曲线　生产可能性曲线　外部性　跨境污染　福利变化　经济效应　贸易政策工具　征收关税　产权制度

基础训练

一、简答题

1.试解释净产出与潜在产出生产可能性曲线这两条曲线的用途。

2.简述人均收入水平的提高对国内环境污染的影响。

二、论述题

1.以图8-8中加拿大造纸厂对国内环境的污染为案例，假设生产一令纸所产生的外部成本为0.05美元（而不是文中的0.3美元）。要求：

（1）在边际外部成本为0.05美元下，自由贸易使得国内福利增加还是减少？请画图并计算说明。

（2）为了能够从国际贸易中获得最大收益，国家应该进口还是出口纸张？数量是多少？请画图并计算说明。

2.试举例说明进口国和出口国如何采用贸易政策工具来解决跨境污染问题。

第9章 贸易政策偏向理论

学习目标

学习目标

1. 理解贸易政策偏向理论的内涵。
2. 了解贸易保护理论下的分支理论与其使用场景。
3. 能够说明贸易保护与自由贸易的区别与联系。

重点与难点

1. 理解贸易政策偏向理论的优缺点。
2. 掌握贸易条件论的相关计算。

❖ **引导案例**

美国钢铁产业的贸易保护政策

美国钢铁产业一直是美国经济的重要组成部分,提供了大量就业岗位。然而,随着经济全球化的发展和国际竞争的加剧,美国钢铁产业面临来自进口廉价钢铁的激烈竞争。为了保护国内钢铁生产商,政府多次采取贸易保护措施,如征收高额关税和设置进口配额。这个案例将通过分析这些保护政策的偏向性,揭示贸易政策偏向理论的实际应用。

21世纪初,美国钢铁产业面临严峻的经济压力,许多钢铁厂倒闭,大量工人失业。钢铁生产商和工会组织通过强有力的游说,向政府施压,要求采取保护措施。政治家们在考虑选民支持和经济影响的情况下,决定对进口钢铁征收高额关税,以保护国内产业。

美国政府采取对钢铁进口征收高额关税的政策,有效地保护了国内钢铁产业,减少了企业倒闭和工人失业情况的发生。然而,这些保护措施也带来了一些负面影响,如资源错配、消费者成本上升和国际关系紧张等。

资料来源:马风涛. 美国贸易保护政策的政治经济分析 [D]. 北京:对外经济贸易大

学，2004.

【案例启示】

1. 利益集团的影响力

利益集团和产业游说在贸易政策制定中发挥着重要作用。强有力的游说和政治献金可以显著影响政策方向，使得政策偏向于保护这些利益集团。这表明，政策制定过程不仅仅是经济理性决策，还包含了复杂的政治动机和权力博弈。

2. 政策偏向的代价

尽管贸易保护政策可以在短期内挽救一个濒危产业，但这种偏向性政策可能带来长期的经济成本。资源错配和效率损失会削弱整个经济的竞争力。同时，消费者和下游产业面临的成本上升也可能抵消贸易保护政策带来的短期利益。此外，贸易保护政策可能引发国际贸易摩擦，甚至导致贸易战。

9.1 贸易政策偏向理论介绍

贸易政策偏向理论（trade policy bias theory）并非由某一位经济学家单独提出，而是由多位经济学家和学派在政治经济学与国际经济学领域共同发展完善的结果。该理论主张，在不完全竞争的市场中，政府可以通过实施特定的贸易政策来影响市场结构及市场参与者的行为，以实现经济效益的最大化。此理论为贸易政策制定者提供了一种分析框架，以便更好地理解和预测贸易政策的影响及结果。

该理论主要解释国家在制定贸易政策时的倾向性。根据贸易政策偏向理论，国家的贸易政策倾向受到国内政治经济因素的影响，包括利益集团的压力、政治家的目标以及选民的偏好。这些因素导致国家倾向于采取某种特定的贸易政策，如保护主义或自由贸易。

贸易政策偏向理论认为，国家的贸易政策不仅基于经济效益的考虑，还受到国内政治力量的制约。例如，贸易保护主义政策可能受到本国产业利益集团的推动，自由贸易政策则可能得到出口导向型产业的支持。此理论为分析国家贸易政策的动力与机制提供了一个有效的工具，有助于理解不同国家在贸易政策上的不同倾向。

需要注意的是，贸易政策偏向理论并非解释国家贸易政策的唯一理论，实际情况往往受到多种因素的综合影响。该理论为理解贸易政策对经济的影响以及选择适当的政策方向提供了一个重要视角。接下来将系统介绍贸易保护理论与自由贸易理论，以帮助深入理解两者在国际贸易中的作用及相互关系。

9.2　贸易保护理论

　　贸易保护理论是国际经济学中的一个重要领域，主要研究国家通过政策手段保护本国产业免受外国竞争冲击的方式。这些政策手段包括关税、配额、补贴以及其他形式的贸易壁垒。贸易保护的目的是多方面的，通常包括保护国内就业、促进新兴产业发展、维护国家安全以及减少贸易逆差等。通过实施这些措施，可以增强国内产业的竞争力，减轻国际市场带来的不利影响。

9.2.1　重商主义的贸易政策

　　重商主义将货币与财富等同，认为财富即为货币的积累，一国财富的增长体现为其持有货币量的增加。因此，一国的经济政策应以增加货币持有量为目标，而对外贸易被视为增加货币财富的主要来源。具体而言，重商主义的理论要点包括以下几方面：

　　第一，利润（体现为货币的赚取）是一种让渡性的收入，是通过低买高卖实现的；

　　第二，国内贸易不能增加一国的货币财富总量，仅仅是财富的重新分配；

　　第三，只有顺差的对外贸易才能使金银流入国内，从而带来真正的利润；

　　第四，国内生产必须服务于商品出口需求，即多出口、少进口；

　　第五，国家必须积极干预经济，保护本国工商业，促进对外贸易发展。

　　重商主义强调国家应通过严格管制经济、保护国内工商业，并推动对外贸易，来实现顺差目标。其贸易政策主要体现为国家通过早期的金银管制和后期的对外贸易管制，推行奖出限入的贸易政策，进而实现货币财富的积累。

　　1）从限制贸易到促进贸易

　　早期重商主义的核心在于"货币差额"，其政策主张管控金银的流出，表现出反贸易的倾向（anti-trade bias）。16至17世纪，西欧大多数国家禁止金银外流，部分国家如英国甚至规定每笔货物出口必须伴随一定量的金银输入，且输入的货币必须用于购买本国产品，以避免货币外流。这种政策导致进口受限，出口也受到条件制约，整体贸易受到抑制。晚期重商主义对对外贸易的态度发生了转变。托马斯·孟认为，国内贸易中一方受益则另一方受损，无法增加国家财富。因此，晚期重商主义强调将货币投入到有利可图的对外贸易中，正如托马斯·孟所言，"货币产生贸易，贸易增多货币"。由此可见，晚期重商主义摒弃了早期的反贸易偏向，进一步强化了对外贸易的重要性。

2）奖出限进的贸易政策

重商主义者首次开创性地使用关税和补贴等贸易政策工具，以引导对外贸易，实现贸易顺差的目标。重商主义者虽然强调发展对外贸易，但也认识到"并非所有的贸易都有利于国家"。具体而言，他们认为"出口是收益，进口则是损失"。因此，重商主义者强烈反对奢侈品（如丝绸、酒类、珠宝等）的进口，并对一般制成品采取高关税政策；但对原材料的进口则实行低税或免税。此外，重商主义者主张禁止原材料和半成品的出口，鼓励制成品出口，并对某些商品的出口免除出口关税或提供补贴。

与此同时，重商主义者提出建立自由港，允许货物免税再出口，并促进转口贸易。一些重商主义者也认识到出口与进口之间的相互制约，意识到"关税阻碍了贸易，并必然会减少我们的出口"。尽管如此，在大量存在非对等贸易的背景下，重商主义依然坚持其追求贸易顺差的目标。

3）国家干预主义

重商主义推崇国家干预主义，其贸易政策高度依赖国家权力，许多欧洲国家因此采取了对外贸易的严格管制。首先，实行对外贸易垄断，少数人型贸易公司被授予垄断权力，如商人冒险家公司、英属东印度公司、荷属东印度公司等。这些公司在指定的贸易区域内享有排他性的贸易特权以及其他非经济性权力，掠取的巨额殖民地利润成为商业资本积累的重要来源。此外，一些国家直接掌控贸易，如16世纪的葡萄牙，国王垄断了对东方的贸易。其次，重商主义者通过控制贸易通道加强对外贸易管理。当时，海运是主要贸易通道，欧洲国家通过航运法令促进本国航运业发展，尤其是英国1651年的《航海法》。该法规定，所有进口英国及其殖民地的货物必须使用英国籍船只运载，且船长和3/4的船员需为英国人，违者将没收船只和货物。此法令有效排挤了外国竞争者，尤其是荷兰，促进了英国航运业和对外贸易的发展。

4）以国内工业支持对外贸易

重商主义者提出通过保护主义关税扶持幼稚工业的思想。国家通过颁布各类法令，加强对本国工业的管控，确保国内工业发展服务于对外贸易扩张的需要。政府通过免税、补贴、授予特权等方式增强本国产品在国际市场上的竞争力，确保制成品的出口，从而实现贸易顺差的目标。

5）强化对外贸易的制度与组织

在制度和组织层面，重商主义十分注重制定有利于外贸发展的法律法规，构建了完善的贸易体系。该体系包括"国家—垄断贸易公司——般贸易商—贸易支持部门（如航运和国内工业）"的结构。在法国柯尔贝尔时期，成立了贸易委员会，推行奖出限进的贸易保护政策，甚至不惜牺牲农业（如压低农产品价格）来推动工商业和对外贸易的发展。英国在出口补贴政策方面尤为突出。实际上，重商主义的大部分理论与政策主张依赖国家干预及相关法令的制定和实施才得以实现。

9.2.2 早期的贸易保护理论

在重商主义之后，古典经济学的自由贸易理论兴起并占据主导地位。然而，对于落后国家而言，自由贸易的结果未必总是有利的。相对落后的美国和德国便出现了以质疑和反对自由贸易为主的贸易保护理论，代表人物包括汉密尔顿（A. Hamilton）和李斯特（F. List）。

汉密尔顿作为美国首任财政部长，在1791年向美国众议院提交的《关于制造业问题的报告》中指出，制造业在国民经济中具有特殊的重要性，能够提高劳动生产率，促进社会分工，带动相关产业发展并创造就业机会。然而，当时美国工业尚处于"幼稚"阶段，工业基础薄弱，技术落后，生产成本高昂，产品难以与欧洲国家竞争。此外，欧洲各国设置了诸多贸易障碍，并采取支持本国工业的措施。因此，汉密尔顿认为自由贸易并不适合当时的美国，美国政府应通过关税、补贴等手段保护本国的民族工业。具体措施包括实行保护关税制度、限制重要原材料的出口、免税进口必需原材料、向国内工业提供补贴和奖励金、发放政府信贷、鼓励熟练工人和外国资本的流入等。

19世纪初期，德国也处于相对落后的状态，英法工业革命后生产力的飞速发展给德国经济带来了巨大压力。在此背景下，保护主义在德国逐渐流行，李斯特的贸易保护理论成为其中的代表。李斯特受到汉密尔顿的影响，基于生产力理论，构建了一种国家经济学，以对抗占主导地位的自由贸易理论。李斯特认为，生产力尤其是工业生产力是决定一个国家兴盛衰亡的关键，对于一个发展相对落后的国家来说，发展生产力比通过比较优势获得贸易利益更为重要，"财富的生产力比财富本身不知道要重要多少倍"。虽然通过自由贸易德国可以获得较为便宜的国外产品，得到即时的比较利益，但德国的工业发展会受到阻碍，所以自由贸易并不是当时德国的最佳选择。

李斯特并非完全反对自由贸易，但他对古典经济学的自由贸易学说提出了严厉批评。其最重要的观点是：古典自由贸易理论实际上是一种世界主义经济学，不承认国家原则，忽视国家的长远利益与生产力的发展，仅关注眼前的贸易利益和交换价值的最大化，这是不切实际的。

李斯特区分了国内自由贸易与国际自由贸易。他认为，国内贸易应当完全自由，而国际贸易是否按照自由原则，必须根据一国的社会发展阶段来决定。李斯特提出："从经济角度看，国家必须经历以下几个发展阶段：原始未开化时期、畜牧时期、农业时期、农工时期和农工商时期。" 各国应根据其发展阶段选择适当的贸易政策和制度。具体来说，当一国处于原始未开化、畜牧或农业阶段时，与先进工业国实行自由贸易是帮助其摆脱落后状态的"最迅速有利"的方式。然而，随着一国农业和工业的逐步发展，进入农工时期后，继续依赖自由贸易与先进工业国交换制成品就不再合适，因为先进国家的工业竞争力会阻碍其进一步发展。当一国进入农工商时期，工业已得到充分发展，则应逐步恢复自由贸易制度。

李斯特认为，关税是建立和保护本国工业的核心手段。首先，保护应有针对性，优先支持工业部门，尤其是那些通过短期保护能够实现自主的"幼稚工业"。其次，关税水平应适中，既不能过高从而阻碍进口，也不能过低从而失去保护效果。保护政策应根据实际情况灵活调整，并且不是永久性的，当受保护的产业具备国际竞争力时，应逐步取消保护。此外，李斯特还强调，关税政策应因产品类别而异。例如，奢侈品可征收高额关税甚至禁止进口，而对于尚未发展成熟的专门技术和复杂机器，应免征或仅收取低额进口税，直至本国产业能够与先进国家竞争为止。

重商主义的保护政策重点在于通过"奖出限进"实现贸易顺差，扩大对外贸易利益。而汉密尔顿和李斯特的贸易保护理论则着眼于保护尚未充分发展的本国工业。二者都认识到，关税可能会推高国内商品价格，损害消费者的短期利益。然而，随着国内工业的发展，商品价格将会逐步下降，消费者最终能够从本国经济的长远发展中获益。换言之，他们更加关注一国的长期利益和生产力的提升，强调"限进"政策，而并未突出"奖出"的重要性。

9.2.3 保护幼稚产业论

所谓幼稚产业（infant industry）是指处于成长阶段、尚未成熟但具有潜在优势的产业。为实现这一潜在优势，对该产业实行暂时性保护是合理的。如果不提供保护，该产业在与国外成熟产业的竞争中将难以继续发展，其潜在优势也无法发挥。然而，一旦该产业发展成熟，并具备国际竞争力，保护政策就不再必要，应该转向自由贸易。

保护幼稚产业的论点通常基于尚未实现的内部或外部规模经济。因此，判断是否属于幼稚产业必须考虑其当前与未来的发展前景。关于幼稚产业的判断标准，主要包括缪勒标准、巴斯塔布尔标准和坎普标准。

9.2.4　结构主义贸易保护论

结构主义（structuralism）是发展经济学的重要分支，专注于从国际经济体系的实际格局出发，探讨发展中经济体的发展问题，提出了独特的贸易体制与政策见解。该理论主要受到两大思想流派的影响：制度经济学和凯恩斯主义。前者为其提供了分析框架，后者则是其政策主张的关键依据。

"中心-外围"理论是结构主义学派理解国际经济贸易体系的基本框架。劳尔·普雷维什（Raul Prebisch）提出，世界经济体系由两部分组成：发达经济体构成的"中心"和发展中经济体组成的"外围"。中心国家是技术的创新者和传播者，主导国际贸易，生产并出口制成品；外围国家则主要依赖中心国家，生产并出口初级产品。由于技术结构的差异，中心国家在国际贸易中处于主导地位，外围国家则处于从属地位。这一源于19世纪的国际经济格局是不公平的，其导致了贸易利益更多地流向中心国家，发展中经济体则在国际（南北）贸易中处于依附和不利地位。"中心-外围"国际经济贸易体系的结构如图9-1所示。

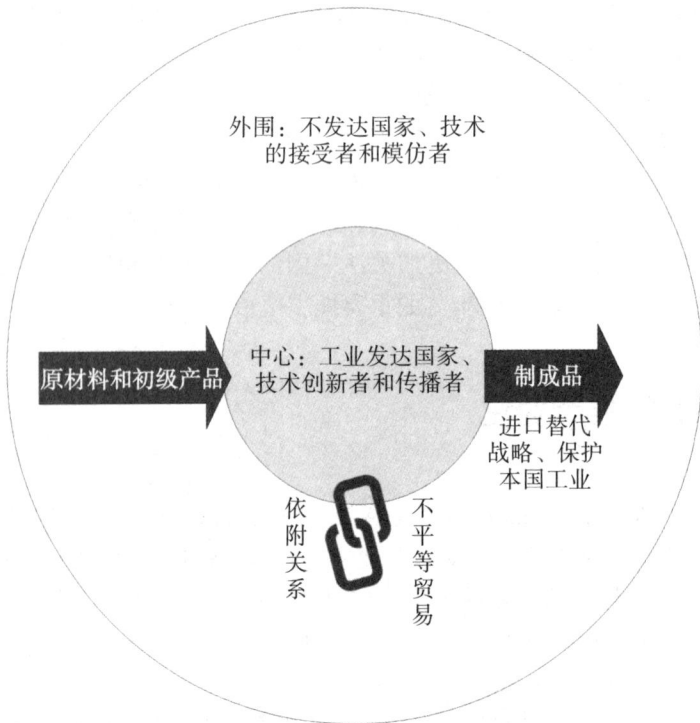

图9-1　"中心-外围"国际经济贸易体系的结构

资料来源：作者根据本章内容绘制。

发展中经济体面临诸如贸易条件恶化、出口不稳定、幼稚工业普遍存在及贸易利益分配不公等一系列严峻问题。

根据普雷维什的解释，发展中经济体贸易条件恶化的主要原因如下：

首先，技术进步带来的利益分配不均。发达经济体在技术进步后，生产率和劳动工资同时提高，生产率提升了，制成品的价格也由于工资上升而上涨；但在发展中经济体中，生产率的提高伴随工资的下降，导致出口价格下降。因此，技术进步的利益被发达经济体独占。

其次，进口商品的收入需求弹性不同。发达经济体主要进口收入需求弹性较小的初级产品，收入增加时对初级产品的需求增加不多；而发展中经济体进口的是收入需求弹性较大的制成品，由于供需规律，对初级产品的需求相对减少导致其价格下降，而制成品价格相对上升。

最后，制成品市场具有垄断性的市场结构。经济周期对制成品和初级产品市场的影响不同，经济繁荣时，二者价格都会上涨；但在经济衰退时，制成品价格下跌幅度远小于初级产品，从而导致发展中经济体的贸易条件周期性恶化。总的来说，结构主义理论认为，国际贸易体系中的不平等造成了市场结构的偏差，使得富国更富、穷国更穷，财富在国际贸易中从欠发达经济体转移到发达经济体。

大多数结构主义者认为，依附关系和国际贸易中的不平等关系阻碍了发展中经济体的经济发展。要打破"中心-外围"贸易格局，外围国家需要实施工业化，发展本国民族工业。为此，外围国家通常采取保护措施来促进工业化，这导致进口替代战略的广泛应用。一方面，机器设备和原材料半成品在优惠条件下进口，以扩大国内进口竞争行业的生产能力；另一方面，国内制成品市场受到高度保护，为进口竞争行业的发展带来市场保障，贸易政策和其他刺激因素常偏向于国内市场的生产而对出口有所歧视。

进口替代的主要政策手段包括高关税、严格的进口限额、本币汇率的高估和严厉的外汇管制等。这些措施通过影响资源配置，从出口部门转向进口竞争部门，推动本国工业化。高关税和严格的进口限额保护本国工业免受外来竞争，而本币汇率的高估则降低用于工业化的进口资本品的国内价格。

9.2.5 凯恩斯主义超保护贸易论

凯恩斯主义的核心是有效需求理论，认为危机和失业是由有效需求不足引起的。除了研究决定有效需求的国内因素及提出相应的处方之外，凯恩斯主义对贸易与有效需求的关系进行的分析，主要是从投资和就业两个角度展开。

凯恩斯主义者认为，进口与储蓄、政府税收一样是国民收入的漏出，而出口与投资、政府支出一样是国民收入的注入。投资需求分为国内投资需求和外国投资需求，国内投资额的大小决定于资本边际效率，外国投资额的大小决定于贸易顺差的大小，即注入的多少。由此，凯恩斯表示了对重商主义的赞赏，"政府当局关注贸易顺差实在是一箭双雕，而且也只有这个办法。当时当局既不能控制利率，又不能直接操纵国内投资的其他引诱，增加贸易顺差乃是政府增加外国投资顺差的一个直接办法；同时，若贸易顺差，则贵金属内流，故又是政府可以降低国内利率、增加国内投资动机的唯一间接办法"。

凯恩斯主义者就投资对就业和国民收入的影响提出了乘数原理，并将这一原理引入对外贸易中，建立了对外贸易乘数理论。他们认为，一国的出口和进口波动会对国民收入产生倍数效应，这个倍数就是所谓的乘数，其取决于两个因素：边际进口倾向和边际储蓄倾向。边际进口倾向与边际储蓄倾向越小，国民收入乘数越大，只有当贸易出超或国际收支为顺差时，对外贸易才能增加一国的就业量，提高一国的国民收入。此时，国民收入的增加量将大于贸易顺差的增加量，并为后者的若干倍，这就是对外贸易乘数理论的含义。具体举例如图9-2所示。

图9-2 对外贸易乘数理论举例

资料来源：作者根据本章内容绘制。

一般情况下，对外贸易乘数的计算可以基于以下几种方法：

1）基于凯恩斯模型的计算

最基本的计算是基于凯恩斯的收入-支出模型，其中出口被认为是对外部需求的一个部分，进口则是对外部支出的一个部分。具体公式为：

$$贸易乘数 = \frac{1}{1 - (MPC - MPM)} \qquad (9\text{-}1)$$

这个公式表明，边际消费倾向和边际进口倾向影响了外部需求对国内经济的放大效应。

2）开放经济乘数

在开放经济中，考虑到进口和出口，乘数的计算公式变为：

$$贸易乘数 = \frac{1}{MPS + MPM} \tag{9-2}$$

这个公式表明边际储蓄倾向和边际进口倾向的高低决定了出口对经济增长的推动力。

3）考虑财政政策的贸易乘数

如果在对外贸易中引入政府支出或税收政策，乘数公式中还会加入政府的影响。假设有税收t，那么公式变为：

$$贸易乘数 = \frac{1}{1 - \left[MPC(1 - t) - MPM \right]} \tag{9-3}$$

4）边际出口倾向与进口倾向结合的计算

贸易乘数也可以通过边际出口倾向和边际进口倾向结合来计算。公式为：

$$贸易乘数 = \frac{MPE}{MPM} \tag{9-4}$$

这意味着出口的增加对国民收入的影响要乘上一个乘数，而进口的增加会抵消部分收入。

在以上各公式中同，t（税率）表示政府的税收政策对总收入的影响；MPS（边际储蓄倾向）表示每增加一单位收入，储蓄增加的比例；MPM（边际进口倾向）表示每增加一单位收入，进口增加的比例；MPE（边际出口倾向）表示每增加一单位收入，出口增加的比例；MPC（边际消费倾向）表示每增加一单位收入，消费增加的比例。

而在非充分就业是经济常态的情况下，贸易收支不可能自动平衡，因此政府就应该积极干预经济，实行必要的贸易保护，采取奖出限进措施，保持贸易的顺差，以实现充分就业。

凯恩斯主义的目标是增加投资，以便扩大有效需求，增加就业。奖出限进被认为是扩大有效需求的途径之一，扩大商品输出（增加出口）为剩余商品寻得出路，限制进口则在既定的出口规模下保持贸易顺差，从而使国内投资增加，有效需求扩大。

在限制进口措施方面，凯恩斯主义者主张实行保护关税。凯恩斯曾指出，保护关税制度有三个好处：第一，可以促使人们增加对国内产品的消费，从而促进国内生产，增加就业；第二，可以减轻本国国际收支逆差的压力，腾出资金偿付必要的进口；第三，最能得到社会舆论支持。因此，凯恩斯在其《劝说集》中，极力敦促英国政府放弃自由贸易政策，恢复关税保护制度，采取措施来限制进口，鼓励输出。

凯恩斯主义的贸易保护政策主张并不注重扶持国内幼稚产业，也没有特定的保护条件，但目标是明确的，即要通过奖出限进实现贸易顺差，形成更多的投资，使社会总需求扩大，就业增加。而这就赋予了这种贸易保护制度以下两个特征：

其一，新重商主义贸易观念。与传统重商主义不同，凯恩斯主义虽注重贸易差额，但并不仅限于把贸易顺差当作一国财富的增加，而是把增加贸易顺差与扩大投资及增加就业联系起来并予以理论解释。就保护关税制度而言，凯恩斯主义认为关税可以使部分国内消费从进口商品转向国内生产品，刺激国内生产增加，使就业扩大，这正是凯恩斯主义的目标。

其二，进取性贸易保护主义（也被称为超保护贸易政策）。这种政策不是以保护国内幼稚产业、增强一国国力为直接目的，而是要通过保护来强化一国在国际贸易中的地位，创造条件实现国内充分就业和国民收入增长；不是为了国际收支平衡而实行奖出限进，而是利用对外贸易来促进国内经济增长；不是简单消极地抵制进口来保护本国市场，而是积极地鼓励出口扩张，去占领国外市场，以便达成通过顺差增加投资和有效总需求的目标。为了扩大出口，先进的、已经发展起来的、有竞争力的成熟产业更有可能成为扶持和保护的对象。

9.2.6　改善贸易条件论

贸易条件（净贸易条件）是指单位出口能够换回的进口，即出口商品价格与进口商品价格之间的比率，表示一个单位的出口商品可以换回多少进口商品。但具体一点，贸易条件可以分为以下几种：

1）净贸易条件

净贸易条件即一国在一定时期（通常为一年）内的出口商品价格指数（P_X）与进口商品价格指数（P_M）之比：

$$TOT_N = \frac{P_X}{P_M} \times 100 \tag{9-5}$$

2）收入贸易条件

收入贸易条件是以出口数量指数（Q_X）调整净贸易条件得到的指数：

$$TOT_R = \frac{P_X}{P_M} \times Q_X \times 100 \qquad (9-6)$$

3）单项因素贸易条件

单项因素贸易条件是在净贸易条件的基础上，考虑出口商品劳动生产率($\frac{Q_X}{L_X}$)提高或降低后贸易条件的变化。其公式为：

$$TOT_S = \frac{P_X}{P_M} \times \frac{Q_X}{L_X} \times 100 \qquad (9-7)$$

4）双项因素贸易条件

双项因素贸易条件不仅考虑到出口商品劳动生产率的变化，而且考虑到进口商品劳动生产率($\frac{Q_m}{L_m}$) 的变化。其公式为：

$$TOT_D = \frac{P_X}{P_M} \times (\frac{Q_X}{L_X} \div \frac{Q_M}{L_M}) \times 100 \qquad (9-8)$$

一般以使用净贸易条件为多。

改善贸易条件论认为限制贸易的政策能够提高 $\frac{P_X}{P_M}$ 的比率，从而增进一国的福利。从经济意义上说，对于进口国来说，假定其出口价格（即为进口外国商品而出口国内产品的价格）不变，而进口价格因征收并转嫁关税而降低，出口价格与进口价格之比上升，表明进口国贸易条件得到改善。对于出口国来说，假定其进口价格不变，出口价格由于进口国征收关税减少了需求而降低，出口价格与进口价格之比下降，贸易条件趋于恶化，因此，征收关税有可能增进本国的福利，但外国产品的贸易条件却会恶化，外国的福利将为此受损。

只有大国才能成功地运用改善贸易条件论，因为征收关税的国家必须能够影响自己的贸易条件。小国是难以改变自身的贸易条件的。

9.2.7 减少失业或增加就业论

减少总失业的关税理论可以描述如下：假设一个国家在经济萧条时期面临失业

问题，实施关税政策会促使国内消费者将需求从外国产品转向本国生产的产品。随着需求的增加，国内产业将扩大产出，进而增加雇佣，从而有助于减少失业。新的雇佣工人将获得收入，并按照凯恩斯乘数效应，其他行业也会随之扩张，创造更多的就业机会。因此，关税政策在理论上可以达到预期的减少失业的目标。

然而，多数经济学家认为，关税几乎无法创造新的就业机会。本国出口行业的就业机会可能会因关税政策的实施而减少，从而使得关税对整体就业的净影响微不足道，甚至可能是负面的。这种情况的原因包括：

第一，本国进口替代性行业就业的增加——即因乘数效应而大量增加的就业——是以一种以邻为壑的方式获得的，因为外国丢失了就业机会。本国因征收关税而削减进口的同时，他国就须为此蒙受等量的出口下降及由此引发的就业减少的损失。为了避免这一损失，那些国家便有可能征收报复性关税，使得本国出口行业的就业也有所减少（并且这会引发一个向下的乘数过程，最终将抵消最初的扩张性乘数过程的作用）。

第二，即便不存在报复举动，本国的出口或许也会减少，因为外国的国民收入已因其出口的减少而降低了，这导致外国在本国出口产品上的支出下降，使本国出口行业的就业率下降。

第三，如果本国的汇率能自由变动，那么当本国征收关税、减少对外国产品的购买时，外币将对本币贬值。减少对外国产品的购买意味着用来购买那部分产品的外币需求也就减少了。外币的贬值或币值下跌，相当于本币的升值，后者又将削减本国的出口（因为此时购买更为便宜了）。本币升值的净效应是本国出口及进口替代性行业就业机会的减少。

经济学家指出，如果目标是增加就业，其他政策工具如货币政策和财政政策等宏观经济调控手段可能更为直接有效。通过这些政策，可以实现经济的扩张效应，增加就业机会，并将部分经济增长转移给其他国家，从而改善全球福利，而不是像征收关税那样可能造成全球范围的经济恶化。因此，在应对总失业问题时，应选择那些专门针对就业问题的政策措施。

9.2.8 其他贸易保护的论点

1）关税可能改善国际收支的论点

一国征收关税将减少进口，当出口不变时，贸易收支将得到改善，或将赤字转为盈余。贸易收支是国际收支中的重要组成部分。顺差给该国带来外汇净收入，外汇储备增加；反过来，逆差是外汇净支出，外汇储备减少。所以，直接地看，关税确实可以使贸易收支状况改善。

但是，实际上的情况可能并非如此，一国的贸易收支还要受到更多因素的影响：贸易伙伴采取同样的关税保护措施，则抵消了本国政府征收关税产生的贸易收支改善效果；外国的国民收入下降，会减少对该国产品的购买，即进出口都减少；征收关税可能阻止了用于出口产业的投入品的进口，出口也会受到影响；如果本币升值，效果将是减少出口，有利进口，贸易收支未必改善；如果本国有通货膨胀压力，出口成本上升，出口减少，则进口相对增加。进一步讲，压抑进口是一种消极的贸易平衡方法。

2）"保护公平竞争"论

"保护公平竞争"论以一种受害者的姿态出现来进行贸易保护。这种保护似乎是迫不得已的，保护是为了更好地保证国际公平竞争，以推动真正的自由贸易。

什么是国际贸易中的不公平竞争呢？各国定义很不一样，但一般来说，凡是由政府通过某些政策直接或间接地帮助企业在国外市场上竞争，并造成对国外同类企业的伤害，即被看成不公平竞争。具体来说，出口补贴、低价倾销等都算不公平竞争；通过不同的汇率制度人为地降低出口成本，对外国知识产权不加保护等也包括在不公平竞争的范围之内。

后来，不公平竞争的定义扩大到不对等开放市场，许多西方国家指责发展中经济体的市场不够开放，指责中央计划经济没有按市场经济的原则实行自由贸易。美国还用这一论点来针对欧洲、日本等发达经济体，指责它们对美国产品的进入设立重重障碍。一些国家甚至把自己的贸易逆差都归罪于对方市场开放上的不平等。

以公平竞争为理由进行贸易保护的主要手段包括反补贴税、反倾销税或其他惩罚性关税、进口限额、贸易制裁等。这些政策在理论上可能有助于限制不公平竞争，促进自由贸易，但在实施中不一定能达到预期效果。

3）其他理论

（1）关税的反倾销论

外国厂商对本国的倾销从某种意义上说是有失公平的，且其低廉的进口价格还对本国生产者构成了威胁。征收关税能够抵消外国厂商不合理的价格优势，应通过征收反倾销税（antidumping duty）来制止这种"不公平"的行为。

（2）抵消外国补贴的关税理论

外国政府对外国进口商品供应商发放的补贴构成了它与本国间不公平的贸易往来，本国应对其征收与补贴数额相当的关税，才能使本国和外国的产业重新站在同一起点上从事贸易。

还有一些实行贸易保护政策的理由，如通过征收关税增加政府收入、保护民族工业、通过限制贸易来调节收入分配以有助于社会公平、维护国家安全或满足国家的政治需要，以及报复其他国家等。

9.2.9 著名的贸易保护政策案例

1）斯姆特-霍利关税法（美国）

1930年6月，为了应对经济危机，美国颁布该法案，将2000多种进口商品关税提升到历史最高水平。该法案通过后，包括英国、法国、德国等在内的许多国家对美国采取了报复性关税措施，美欧之间贸易规模从1929年的历史高位急遽衰退到1932年的历史低位。1929—1934年，世界贸易规模萎缩了约66%。

2）多哈回合谈判（世界贸易组织）

多哈回合贸易谈判，原定于2005年前全面结束，但至今仍然无果。世贸组织各成员特别是发达经济体固守保护主义理念，是谈判失败的最重要原因之一。多次谈判失败，不但农产品、工业品以及服务领域的贸易丧失了发展的新机遇，可促进贫穷国家经济增长的更加强有力的贸易规则也无法制定。最严重的是，谈判的破裂导致对发达经济体农业补贴进行根本改革的多边计划无法达成，在造成经济损失的同时，也造成了巨大的政治损失。

3）韩美牛肉风波（韩国）

2003年，因美国发生疯牛病，韩国宣布禁止进口美国牛肉。2008年4月，为推动韩美签署自由贸易协定，韩美达成放宽进口美国牛肉的协议。这一协议在韩国遭到强烈抗议和抵制。6月10日，约100万名韩国人在首尔街头集会，抗议政府进口美国牛肉。19日，时任韩国总统李明博向韩国民众道歉。分析人士认为，韩美"牛肉风波"是传统的经济民族主义与全球自由贸易发展趋势之间的一次强烈碰撞和较量。韩国经济研究院的分析报告显示，"牛肉风波"不仅给韩美两国带来了严重的政治危机，同时也带来了高达25亿美元的经济损失。

3个典型贸易保护案例对比见表9-1。

本节主要讲述了贸易保护理论的发展演变及其典型论点。然而，在实际国际贸易活动中，不仅存在贸易保护理论的应用，还伴随着与之相对的自由贸易理论的实践。

表9-1   3个典型贸易保护案例对比

案例	斯姆特-霍利关税法	多哈回合谈判	韩美牛肉风波
背景	1930年，美国经济大萧条时期，为保护国内产业通过了高关税法案	2001年启动的全球贸易谈判，旨在降低关税和其他贸易壁垒，促进全球贸易自由化	2008年，韩国与美国签订自由贸易协定，涉及牛肉进口问题，引发韩国国内大规模抗议
目标	通过提高进口关税保护国内产业，减少失业，促进经济复苏	通过谈判降低关税和其他贸易壁垒，促进全球贸易公平和发展中经济体经济增长	开放韩国市场，增加美国牛肉进口，增强美韩贸易关系
主要措施	大幅提高超过2 000种商品的关税	通过谈判实现关税削减、农业补贴减少、发展中经济体优惠待遇等目标	取消对美国牛肉的进口限制，放宽进口标准
影响	引发全球贸易摩擦，导致国际贸易大幅下降，加剧了全球经济萧条	谈判进展缓慢，因发达经济体和发展中经济体在农业补贴等问题上存在重大分歧，至今未能全面达成协议	引发大规模公众抗议，质疑食品安全和政府决策的透明度，最终政府与公众和解，并修改进口规定
经济后果	短期内保护了一些美国产业，但长远来看加剧了全球经济危机，损害了国际贸易关系	部分谈判成果如《贸易便利化协议》得到实施，但整体目标未达成，全球贸易自由化进程受阻	虽然开放了市场，但公众抗议和政策的不稳定性对韩国经济和美韩贸易关系造成了负面影响
政治后果	政府信誉受损，国际关系紧张，促使后来美国政府更加谨慎对待贸易保护政策	世界贸易组织内部分歧加剧，部分成员转向双边和区域贸易协定	政府与公众关系紧张，增加了社会不稳定因素，但也推动了食品安全政策的改进
教训	贸易保护措施可能带来短期利益，但长远来看可能引发报复性措施，损害国际经济合作	多边贸易谈判需要考虑各方利益平衡，单方面的诉求难以实现，需要更多妥协和合作	政府在制定贸易政策时需要考虑公众意见和社会影响，透明度和沟通至关重要

9.3　自由贸易理论

自由贸易理论是国际经济学的重要组成部分，其倡导通过减少或取消贸易壁垒，实现商品、服务、资本和劳动力的自由流动，从而提高资源配置效率、促进经济增长和增进各国的共同利益。该理论反对保护主义政策，主张通过国际贸易的自由化，使全球福利最大化。

9.3.1　自由贸易定义

自由贸易（free trade）指的是国家取消对进出口贸易的限制，取消本国进出口商品的特权与优惠，允许商品在国内外市场上自由竞争。自由贸易是与"保护贸易"相对的概念，主张国家不干预贸易活动，不设置限制，允许商品自由流动，实行自由进出口政策。

自由贸易通常是在没有进口关税、出口补贴、国内生产补贴、贸易配额或进口许可证等限制的条件下进行的贸易。其理论基础是比较优势理论，即各国或地区应专注于生产那些成本低、效率高的商品，来交换无法低成本生产的商品。19世纪，英国凭借其强大的工业实力，推行自由贸易政策达60年之久。然而，在此之后，实行该政策的国家较为稀少。

尽管第二次世界大战后，一些国际贸易协定确立了自由贸易原则，但贸易保护主义并未因此减少。2018年11月17日，国家主席习近平在莫尔斯比港会见智利总统皮涅拉时表示，中国支持智利主办2019年亚太经合组织领导人非正式会议，推动亚太自由贸易区建设。

9.3.2　自由贸易的历史

16世纪，重商主义作为自由贸易的对立面开始在欧洲大陆发展起来，至今仍以不同形式存在。最早反对重商主义的自由贸易倡导者是大卫·李嘉图和亚当·斯密。他们认为自由贸易是促进各国经济发展的关键。亚当·斯密认为，贸易的扩大不仅是埃及、希腊、罗马等地中海文明繁荣的原因，也是中国繁荣的根源之一。

自由贸易政策是西方国家自由竞争时期的产物，尤其是英国，其推行该政策对其资本主义的发展起到了重要推动作用。尽管第二次世界大战后，《联合国宪章》

规定了自由贸易的原则，《关税及贸易总协定》也明确要求降低关税并消除非关税壁垒，但贸易保护主义依然盛行于世界大部分国家。

事实上，所有发达经济体在发展初期都曾推行贸易保护主义，以保护本国制造业、服务业和农业。当它们积累了足够的财富可以从自由贸易中受益时，才开始积极推动自由贸易政策。英国在18世纪至19世纪中期曾实行保护性的工业政策，但随着其经济优势的确立，便转向支持自由贸易。

自由贸易与重商主义、孤立主义、贸易保护主义等经济思想相对立。历史上，许多战争因贸易问题而爆发，如1840年的鸦片战争。

9.3.3 自由贸易引起的变化

自由贸易的迅猛发展，使合法性等因素在国家利益判定中的作用上升，推动国家利益的认证从封闭走向开放，导致国家利益的基本内容发生了变化。

1）国家间的合作利益日益凸显

亚当·斯密认为，即使人都追求自我利益的实现，利益的和谐也是真实存在的，而促使这一切实现的就是所谓"理性的安排"。他认为，个人既不打算促进公众利益，也不知道自己在多大程度上促进公众利益。他希望得到的只是自己的利益。但是在谋求自我利益的过程中，就像在许多其他情况下一样，他受到一只看不见的手的引导，促进了他本意中没有包含的公共目标的实现。进而，爱德华·卡尔指出，解释个人行为的这些原则也被用于国家。沿着这个思路可以得出，自由贸易的迅猛发展，促使国家在议事日程和规则的制定方面要考虑普遍利益的重要性，因而国家利益的国际意义有了明显提高。

在一个日趋开放的时代，国际贸易活动密切了国与国之间的相互依存，各国对合作利益的维护开始成为国家利益的应有之义。一国的经济发展不再以其他国家受损或落后为前提，而是以双方的共同发展作为基础。每一个国家在注重自身利益的同时，也需要兼顾其他国家的实际利益和正当关切，在自身利益与其他国家利益的结合中，有效地制定对外政策，灵活地处理国际事务。即使是实力超群的大国，也难以无视中小国家的利益，而愈来愈需要国家之间的合作。一国只有实行互利共赢的开放战略，才能更好地为其发展战略服务，其利益才能得到更大程度的增长。

国际贸易规则的日趋统一客观上要求国家之间不断扩大共同利益。第二次世界大战后，双边贸易政策的协调，区域性的政策协调，尤其是致力于国际贸易体制的多边贸易政策的协调，使各国贸易政策趋于统一，体现了全球经济关系的秩序化，给各参与国带来了巨大的利益。国际贸易规则的加强，突出了国际贸易环境对国家利益的制约作用，对"主权让渡"提出了更高的要求，即主权国家融入自由贸易进程需主动（而不是被动）接受外部限制，自觉将自身利益与其他国家利益有机结合起来。如果一国未能清晰地理解和掌握国际贸易的规则，认清自身所处的国际地位，那么有时就无法准确地判断自身的利益需求。

自由贸易的发展影响了国家利益与国际义务之间的关系。多边（或双边）贸易体系的形成，对一个国家利益的认证提出了新的要求，即国家利益的实际范围要与国际义务的履行情况尽可能保持一定比例。正如约瑟夫·奈所指出的那样，"国家利益的重新定义实际上是由国际通用的规范和价值决定的。这些规范和价值构成国际生活并赋予其意义。简言之，国际体系的制度化和普遍化给国家带来了新的利益层面"。在自由贸易时代，如果一个国家不重视本国利益的合法性，甚至偏离通用的国际贸易规则，那么就很容易走向两种极端：一是过分偏爱本国利益而不顾及他国利益的"激进民族主义"；二是把自己的国家利益追求看作世界普遍利益而对他国横加干涉的"霸权主义"。

自由贸易的发展凸显了全球利益的重要性。自由贸易在给相关国家带来普遍利益的同时，也引发了一些负面效应。可以说，与自由贸易的快速发展相联系，人口、粮食、能源、水资源、生态环境等一些全球性问题日益突出，成为影响世界经济可持续发展的障碍。这些问题的解决，需要世界各国共同努力、密切协调，将国家利益的诉求和维护上升到全球层面。

总之，如何认识国家利益的特殊性和普遍性之间的复杂关系，如何处理好相对收益与绝对收益之间的复杂关系，成为自由贸易时代界定国家利益的重要课题。

2）国家利益的内外界限日趋模糊

传统国家利益观认为，国家利益是处理国家间关系的准则，是神圣不可侵犯的，绝不容许他人占有、分享和侵害。但是，随着自由贸易的发展，国家管理市场的权力日益受到侵蚀，尤其受到金融货币市场的反常行为的侵蚀。全球问题、跨国公司和国际组织等正在对传统的国家利益观造成冲击，使国家利益的内外界限日趋模糊。

自由贸易既能给一些国家带来巨大利润，也能使其他国家付出巨大代价。在一些人看来，国家利益的含义可能包括以下内容：可得到的工作、丰富的商品、可靠的通信、充足的医疗、畅通的商品销路、有效的公共交通、安全的社会网络。而在另外一些人看来，国家利益的含义可能包括以下内容：可以负担的信用、自由放任主义管制、较低的税负、变动的工作规则。也就是说，单靠某一民族国家政府并不能满足上述种种需求。因此，以公共产品在国家经济范围内的界定和分配作为直接导向的每一项政策，必然要接受市场的检验。尽管政府有可能采取一些限制性措施，但是无法阻挡更多的市民参与对国家利益功效的评判。

一些市场自由主义者指出，国家疆界对经济行为和组织显得越来越不重要。他们关注自由贸易的增长，关注通过跨国合作摆脱政治规则和国家权限的可能，并且关注资本免受国家和领土的限制的情况。激烈的国际竞争使利润的平均化进程大大加快，导致微利时代的到来，空间层次的国际贸易利益逐步减少，时间层次、产业链层次的国际贸易利益成为贸易商追逐的主要目标。当然，这种观点自然会引起国家主义者的强烈反对。在国家主义者看来，国家利益几乎不可能被界定为一种连接网络，将国家的不同部分与世界范围内地理和文化截然不同的地方连在一起。

由此可见，自由贸易的迅猛发展，对理解国家利益的空间范围的方式提出了新的要求。

3）国家利益的基本构成发生明显变化

当今时代，自由贸易打破了许多传统界限（国际与国内的界限、政治与经济的界限等），导致国家利益的基本构成更具变动性。可以说，经济利益与政治利益的交叉、安全利益与发展利益的融合、软实力层面的利益与其他利益的整合，较为具体地反映了国家利益的基本构成在自由贸易条件下的变化。

自由贸易使经济利益在国家利益中的地位得以提升。为了在当前和未来的国际竞争中占据有利位置，世界各国都在自觉、主动地调整自己的经济结构和经济政策。一般而言，自由贸易突出了经济利益在国家利益中的重要地位，主要表现为：经济利益的维护成为各国对外政策的主导因素；经济安全开始被纳入国家安全战略之中；经济手段成为解决国际政治问题的重要途径；经济外交成为当前各国外交工作的重要内容。发展经济贸易关系成为各国经济发展中不可缺少的组成部分，也是世界各国对外关系中的重要目标之一。许多国家纷纷以地缘、民族、宗教关系为纽带，积极开展经济交流与合作，寻求和开辟经济贸易关系的途径。

自由贸易凸显了科技因素对国家利益的影响。20世纪90年代以来，贸易自由化不断朝着信息化和网络化的方向发展。对于贸易参与国而言，国际信息网络能够降低贸易成本，减少进入市场的壁垒。随着科技与经济的结合越来越紧密，科学技术在综合国力中的地位不断提高。为此，各国竞相调整科技战略和政策，旨在适应知识经济的发展，增强国家实力，从而使科学技术成为一国维护自身利益的先导。

自由贸易增强了国内利益群体相互博弈对国家利益的影响。自由贸易给国内各利益群体带来的利益不尽相同，直接影响着它们对国家整体利益的认知程度，进而影响它们对国际贸易政策的倾向性。相对而言，从国际贸易中获益较多的群体往往支持自由贸易，获益较少或者利益受损的群体则往往支持贸易保护。上述两种利益群体之间的博弈，使国家利益更加趋于综合化。因此，在自由贸易时代，国内利益群体的相互博弈对国家利益的整合作用越来越明显。

9.4 贸易保护与自由贸易之争

贸易保护和自由贸易是两种相对立的贸易政策。贸易保护主张通过关税、配额和其他限制性措施来保护本国产业免受外国竞争的影响，以保护本国产业和就业。自由贸易则主张取消、降低关税和消除其他贸易壁垒，促进国际贸易自由化，以实现资源的有效配置和经济的增长。

支持贸易保护的观点认为，保护本国产业可以维护国家经济安全，保护就业机会，防止外国产品对本国产业进行不公平竞争。然而，贸易保护政策也可能导致贸易摩擦、提高商品价格、限制消费者选择和降低效率。

支持自由贸易的观点认为，自由贸易可以促进资源的有效配置，扩大市场规模，提高生产效率，推动经济增长。此外，自由贸易也有助于促进国际合作与和平，提高全球福利水平。然而，自由贸易也可能导致一些产业受到冲击，需要政府采取措施来帮助受影响的人群。

总的来说，贸易保护与自由贸易之争是一个复杂的话题，需要在具体情况下权衡利弊。在实践中，往往会采取一定程度的保护和自由贸易相结合的政策，以平衡国家利益和国际合作的需要。

贸易保护与自由贸易的区别和联系见表9-2。

表9-2　　　　　　　　　贸易保护与自由贸易的区别和联系

比较维度	区别		联系
	贸易保护	自由贸易	
目标与动机	保护本国产业和就业、维护国家安全、减少贸易逆差	实现商品、服务、资本和劳动力的自由流动最大化，提高资源配置效率和全球经济福利	综合运用政策组合，根据不同发展阶段动态平衡政策促进全球治理
政策工具	关税、进口配额、补贴、反倾销措施、非关税壁垒	削减关税、消除非关税壁垒、签订自由贸易协定、推动投资自由化	WTO等国际机构允许特定情况下的贸易保护措施，国际贸易谈判中的妥协与平衡

续表

比较维度	区　别		联系
	贸易保护	自由贸易	
经济影响	短期保护特定产业和就业，长期资源错配和经济效率下降，消费者成本上升，国际贸易关系紧张	资源优化配置，促进经济增长，提高生活水平，推动技术创新，可能加剧经济不平等和环境挑战	通过综合运用政策，保护关键产业的同时促进经济增长，不同经济周期下灵活调整政策
政治与社会影响	国内利益集团、工会和选民支持，国际贸易摩擦和报复措施	促进国际合作和经济全球化，面临国内保护主义情绪和社会紧张	通过政策沟通和协调，缓解国内社会紧张，实现贸易保护和自由贸易的平衡

明德园地

中国-非洲合作论坛中的国家利益与国际合作

中国-非洲合作论坛（FOCAC）是中国与非洲国家之间的一个重要合作机制，自2000年成立以来，已经成为中非合作的重要平台。通过这个平台，中国与非洲国家在贸易、投资、基础设施建设、农业、教育、卫生等多个领域开展了广泛的合作。

在贸易政策偏向理论的框架下，我们可以分析中国与非洲国家之间的合作如何体现了贸易保护与自由贸易的平衡。中国对非洲的援助和投资，往往不附加政治条件，这体现了自由贸易的精神，即通过开放的市场和公平的竞争促进共同发展。同时，中国在非洲的投资也注重当地的实际需要和可持续发展，这不仅有助于保护非洲国家的利益，也符合中国的长远利益。

例如，中国在非洲的基础设施投资项目，如铁路、港口和电力设施，极大地改善了当地的交通和物流条件，降低了贸易成本，促进了当地经济的发展。这些项目不仅为中国企业提供了新的市场和资源，也为非洲国家带来了经济增长和就业机会，实现了互利共赢。

然而，这种合作也面临着挑战。例如，一些西方国家批评中国在非洲的投资加剧了非洲国家的债务负担，忽视了环境保护和社会影响。这要求中国在推进合作项目时，更加注重项目的可持续性和对当地社会的影响，同时也需要加强与国际社会的沟通和协调，以消除误解和偏见。

【案例点评】

通过分析中国—非洲合作论坛的具体案例，学生们可以更加深刻地理解贸易政策偏向理论在实际国际合作中的应用，认识到在维护国家利益的同时，如何通过合作实现共同发展，以及在经济全球化背景下如何处理好国家利益与国际合作的关系。这种理解有助于培养学生们具有正确的国际视野，增强社会责任感和历史使命感，为将来在国际舞台上发挥作用打下坚实的基础。

首先，学生们能够理解到，贸易政策的制定必须基于国家长远利益的考量。在贸易保护与自由贸易的争论中，短期的保护可能会带来某些行业的利益，但从长远来看，开放的市场和公平的竞争更能促进一国的创新和经济增长。这种理解有助于学生们树立正确的国家利益观，认识到在维护国家利益的同时，也要考虑全球经济的健康发展。

其次，通过对贸易政策偏向理论的学习，学生们可以更加深入地理解国际合作的重要性。在经济全球化的背景下，各国经济相互依存，贸易政策不仅影响本国，也影响着其他国家。因此，学生们应该学会从全球视角出发，理解国际合作对于解决全球性问题的重要性，如气候变化、贫困和不平等。

最后，学生们可以认识到，作为世界大国的公民，他们有责任和义务推动构建一个更加公正合理的国际经济秩序。这不仅符合中国的国家利益，也符合全人类的共同利益。通过学习，学生们可以增强自己的国际视野，为将来在国际舞台上发挥作用打下坚实的基础。

【价值塑造】

本章内容融入了丰富的思政元素，通过对贸易政策偏向理论的深入探讨，使学生能够更好地理解国际经济合作的复杂性，激发学生关心国家和社会发展的热情，增强其社会责任感和历史使命感，使其更好地践行社会主义核心价值观。同时，通过对贸易政策偏向理论的学习，学生们可以增强对国家政策的理解，认识到在经济全球化的大背景下，中国如何通过积极参与国际贸易和合作，推动构建开放型世界经济，实现国家利益和全球利益的和谐统一。这不仅有助于学生们树立正确的世界观、人生观和价值观，也有助于他们成为具有国际竞争力的高素质人才。

关键术语

贸易保护 国家干预主义 重商主义 幼稚产业 "中心—外围"说
凯恩斯主义 净贸易条件 自由贸易

基础训练

一、计算题

假设有一个虚构的国家，命名为 A 国，于 2023 年进行了国际贸易。以下是相关的数据和情景，请根据改善贸易条件论公式计算不同贸易条件。

（1）A 国出口商品价格指数（P_x）为 120，A 国进口商品价格指数（P_m）为 90，请计算 A 国的净贸易条件（TOT_n）。

（2）基于净贸易条件的计算结果，假设 A 国的出口数量指数（Q_x）为 150，请计算 A 国的收入贸易条件（TOT_r）。

（3）在考虑出口商品劳动生产率的基础上，假设 A 国的出口商品劳动生产率（$\frac{Q_x}{L_x}$）为 1.5，请计算 A 国的单项因素贸易条件（TOT_s）。

（4）在考虑出口和进口商品的劳动生产率的基础上，假设 A 国的出口商品劳动生产率（$\frac{Q_x}{L_x}$）为 1.5，进口商品劳动生产率（$\frac{Q_m}{L_m}$）为 1.2，请计算 A 国的双项因素贸易条件（TOT_d）。

附加信息：请使用上述数据计算出各个贸易条件的数值；所有指数的基期为 2022 年；请提供详细的计算过程和解释，以展示对各种贸易条件的理解。

二、简答题

1.贸易政策偏向理论的核心内容是什么？
2.美国钢铁产业贸易保护案例中提到的"政策偏向的代价"包括哪些内容？
3.重商主义的贸易政策有哪些主要特点？
4.保护幼稚产业论的核心观点是什么？
5.自由贸易理论的主要优点有哪些？

三、论述题

1.论述贸易保护政策与自由贸易政策的区别与联系，从目标与动机、政策工具、经济影响和社会影响等维度进行比较，并说明在实践中如何平衡两者。

2.结合共建"一带一路"倡议，分析中国在国际贸易政策上的偏向性。

3.评价凯恩斯主义超保护贸易论在现代经济中的适用性，结合乘数理论，分析其优缺点及对就业与经济增长的影响。

4.试比较重商主义与自由贸易理论在全球化进程中的作用与局限性，从历史背景、理论核心和实际应用效果三个方面展开论述。

第10章 贸易与地理

学习目标

学习目标

1. 理解中心–外围模型的构建过程。

2. 分析中心–外围格局形成和演化的决定因素。

3. 理解预期在微观经济主体区位选择和经济活动空间格局形成中的作用。

4. 初步认识模拟城市与区域间的经济活动的量化空间模型。

重点与难点

1. 推导并理解影响中心–外围格局的三个决定因素：规模经济、运输成本与制造品消费份额。

2. 理解量化空间模型存在唯一均衡与多重均衡的条件。

3. 对比量化空间模型与传统贸易模型的异同。

❖ **引导案例**

全球价值链枢纽及其背后的创新集聚

全球价值链是经济全球化的重要标志，也是塑造当今世界经济格局的关键力量。世界贸易组织发布的《全球价值链报告》中指出，自2017年起，中国取代日本成为亚洲的价值链中心节点，与德国、美国共同成为全球价值链三大枢纽。根据世界综合贸易解决方案的数据，从2000年到2021年，中国在全球价值链中的相关产出比重从5.6%急剧攀升至27.7%，跃居世界第一。这一成就的背后，是中国庞大的国内市场、近年来大规模且高质量的基础设施建设、国内外区域经济一体化的迅猛发展，以及在全球范围内日益崛起的创新集聚力量。

2024年产权组织发布的全球创新指数（GII）进一步印证了这一点。中国以26个科技集群的数量，再次位居全球百强科技集群之首，且较去年的24个集群还有所增加。相比之下，美国拥有 20 个，德国 8 个，而印度和韩国各占 4 个。东京–横滨是全球最大的科技集群，其次是深圳–香港–广州。北京的排名比 2023 年上升一位，位居第三。加利福尼亚州圣何塞–旧金山排名第六，是美国的领先科技集群。虽然十大科技集群变化不大，但对于百强科技集群来说，情况却有所不同。位于中等收入经济体的集群经历了最强劲的科技增长，其中，中国集群的科技产出增长最为迅猛，以合肥（23%）和郑州（19%）遥遥领先。这些数据不仅展示了中国在全球创新版图中的显著地位，也充分说明了创新活动的地理集聚正在重塑全球经济的面貌。

　　案例中提到的全球价值链、市场规模、基础设施、区域经济一体化以及创新集聚，都与地理和贸易有着密切的关系。中国的贸易发展，正在从经济地理的第一自然优势转向第二自然优势，这一转变体现了中国在全球经济中角色的深刻变化。本章将围绕国际贸易与地理这一问题展开讨论，首先从一般均衡分析出发，用中心–外围模型解释贸易均衡的形成。其次，介绍了城市与区域间经济活动的量化空间模型。从而，可以更好地理解贸易与地理之间的关系，有效利用区位优势，发挥集聚效应、缩短贸易距离与成本，促进国际贸易的高质量发展。

　　资料来源：[1] 贾平凡. 中国是推动全球价值链发展的重要力量 [N]. 人民日报海外版，2024-05-06（10）. [2] WIPO. Global Innovation Index 2024.

10.1　中心–外围模型

　　大量实证文献表明地理位置是影响国际贸易产生和分布的重要维度。中心–外围模型是理解国际贸易格局和经济地理分布的一个重要理论框架，其思想最初由经济学家普雷维什（1959）提出，用以描述发达经济体（中心）与发展中经济体（外围）之间的经济关系。在这种关系中，中心国家通常拥有较高的工业化水平和技术创新能力，而外围国家则往往专注于生产和出口初级产品。产业集聚与规模经济、贸易条件的不平等性、技术进步与传播、贸易政策与保护主义、经济全球化等都可能加剧中心与外围之间的不平等。其后，新经济地理理论（NEG）进一步发展了中心–外围模型，克鲁格曼等人的研究通过聚焦运输成本、市场规模、外部经济性等因素，刻画了一个最初对称的经济系统如何演化成工业核心区和农业边缘区。其中劳动力市场的蓄水池效应、中间投入品效应、价格指数效应、技术外溢效应等共同作用和相互影响，导致了产业空间集聚和区域专业化。本节将通过介绍符合一般均衡理论的中心–外围模型来初步考察贸易均衡形成的本质。①

---

　　① 本节模型主要参考 Krugman（1991）提出的理论与方法。

10.1.1 模型假设与建立

我们考虑一个国家,包括两个地区:东部和西部,生产两种产品:农产品和制造品。农产品是同质的,且农产品的生产处于规模报酬不变和完全竞争。制造品包括许多差异产品,每种产品的生产中都有规模经济,形成了一种垄断竞争的市场结构。假设经济中的每个人有相同的喜好。福利是消费的柯布-道格拉斯函数,消费农产品和一个制造品组合:

$$U = C_M^{\pi} C_A^{(1-\pi)} \tag{10-1}$$

π 表示支出中用于制造品消费的份额。制造品组合又是一个所消费的每种制造品的不变替代弹性(CES)函数,制造品的数量很多,不一定每种都被生产出来:

$$C_M = \left(\sum_i c_i^{\frac{\sigma-1}{\sigma}} \right)^{\frac{\sigma}{\sigma-1}} \tag{10-2}$$

只要有足够多的制造品被生产出来,这种函数形式就能保证对任何产品的需求弹性都是 σ。假设有两种生产要素,每种生产要素都只能用于一个特定的部门。"农民"生产农产品,"工人"生产制造品;农民不能成为工人,反之亦然。为了分析便利,我们有目的地选择了生产要素的计量单位,以使农民的总数为 $(1-\pi)$,工人的总数为 π(这样选择的结果会使得均衡状态下农民与工人的工资相等)。假设农民的地理分布是固定的,并且每个地区有 $(1-\pi/2)$ 的农民;而工人可以搬迁到能够给他们提供较高实际工资的地方。假设农民在规模收益不变的条件下生产产品。制造业中的规模经济用线性成本函数表示,在这个线性成本函数中,固定成本用制造业中使用的劳动量表示,厂商为了生产任何一种制造品必须负担该固定成本为:

$$L_{Mi} = \alpha + \beta x_{Mi} \tag{10-3}$$

最后,我们假设在两个地区之间运输制造品是有成本的,运输成本以萨缪尔森提出的"冰川"方式计算,即对于每一准备运输的产品,只有一部分能够被运抵目的地(运输成本实际上是从该件产品中被扣除了)。我们令 τ ($\tau < 1$) 为每一件制造品实际被运抵的部分。为使分析简便,假设农产品的运输没有成本,这样就能保证农民的工资率与农产品的价格在两个地区均相等。

由于存在大量潜在的制造品,每一种制造品的生产中都有规模经济,任何两个厂商都没有理由生产同样的产品,因此,制造品的市场结构是垄断竞争的。任意一种产品的制造商面临的需求弹性为 σ,因此,制造商在利润最大化条件下的产品定价应该是在边际成本基础上的一个固定加成:

$$\rho_i = \frac{\sigma}{\sigma - 1} \beta \omega \qquad (10\text{-}4)$$

ω 为制造业工人的工资率。如果厂商可以自由进入制造业，那么利润将被摊薄至零。零利润条件可写为：

$$\rho - \beta \omega = \alpha \omega \qquad (10\text{-}5)$$

注意，当利润为零的时候，价格等于平均成本。不过这也意味着平均成本与边际成本的比率（也是规模经济的一个度量指标）为 $\sigma/(\sigma - 1)$。这样在均衡状态下，规模经济是 σ 的函数，因此，尽管 σ 是衡量喜好（而非技术）的一个参数，但是它可以当作衡量收益递增重要性的逆指标。

零利润条件和定价条件在一起表明一个代表性制造业厂商的产出是：

$$x = \frac{\alpha(\sigma - 1)}{\beta} \qquad (10\text{-}6)$$

考虑有这样一个地区，在那里有 L_M 个工人，他们都是常驻劳动力。这个地区生产的制造品的数量就是：

$$n = \frac{L_M}{\alpha + \beta x} = \frac{L_M}{\alpha \sigma} \qquad (10\text{-}7)$$

10.1.2 中心-外围格局的可持续性

现在有这样一个问题：如果所有的制造业集中在一个地区，另一个地区只有农业，这种情形是一种均衡状态吗？选择哪一个地区作为产业集聚地无关紧要；因此我们在考察均衡状态的可持续性的时候，将东部当作制造业中心，西部为农业外围地区。

我们很快将会看到，有两种"向心力"使制造业中心存在下去，有一种"离心力"使制造业中心分崩离析。促使制造业聚拢的力量是：第一，厂商希望在靠近大型市场的地方建厂；第二，工人希望能够更加方便地获得其他工人生产的产品。可以认为这两种力量分别对应所谓的后向关联和前向关联。促使制造业中心分崩离析的是厂商希望搬离制造业中心以便为外围的农业市场提供服务。我们将要做的是推导一个标准，用它来决定后向和前向关联是否足够强大到支撑一个已经建立起来的产业中心。

请注意，我们选择了计量单位，并且假设工人和农民的工资率是相同的。也就是说，在支出中，有 π 的份额用来购买制造品（包括那些在运输中"融化"掉的产品），并且（由于利润为零）支出份额 π 最终转化为工人的工资；在选择计量单位时，我们还使得 π 份额的人口是工人。因此，给定这样计量单位选择的情况下，工资率必然相等。

现在我们要问：这两个地区的收入对比将会怎样？东部地区拥有半数农民与全

部工人，农民将从中获得$(1-\pi)/2$份额，工人获得总收入中的π份额。令总收入单位为1，则东部地区的收入为：

$$\gamma^E = \frac{1+\pi}{2} \tag{10-8}$$

而西部地区只拥有不能流动的农民，他们获得的收入份额是$(1-\pi)/2$，则西部地区的收入为：

$$\gamma^W = \frac{1-\pi}{2} \tag{10-9}$$

如果任意一个西部厂商在进入西部地区之后都无利可图，那么所有的制造业都会聚集在东部地区，而且这种情形会一直持续下去。因此我们必须确定，对于单个厂商来说，迁移（即到西部地区生产）是否有利可图。

令n为当前在东部地区开工生产的厂商的数量（假设数量极大），那么每家厂商的销售额为：

$$s^E = \frac{\pi}{n} \tag{10-10}$$

如果一家厂商试图在西部地区开发生产，那么他就需要吸引工人，因而这家厂商所支付的工资需要比东部地区厂商所支付的工资更高，因为所有的制造品（除了由它自己生产，可以忽略不计的产品外）都必须进口。对于一件输入的产品来说，只有τ部分能到达目的地。因此，西部地区制造品的价格就将是东部地区制造品价格的$1/\tau$倍，而总价格指数（制造品价格与农产品价格的几何平均数）则是东部地区总价格指数的$\tau^{-\pi}$倍。为了吸引工人，迁移至西部地区的厂商所支付的工资必须与那些在东部地区已经开业的厂商所支付的实际工资一致，所以这家厂商在西部地区支付的名义工资就是其在东部地区所付工资的$\tau^{-\pi}$倍。

但是，一个厂商的定价是在边际成本之上加一个固定的加价，边际成本又与工资成比例。因此，一个新到西部的厂商的定价将超过已建立的东部厂商的定价，其比率是：

$$\rho^W = \rho^E \tau^{-\pi} \tag{10-11}$$

因为运输成本，消费者面临的价格可能与厂商的定价不同。对东部的一个消费者来讲，西部产品的相对价格要比式（10-11）所示的价格高$1/\tau$，也就是说，消费者面临的相对价格是$\rho^W/\tau\rho^E$。而对于西部地区的一个消费者来说，来自东部地区的商品需要负担运输成本，所以对于他而言，来自东部地区的这件商品的相对价格就是$\tau\rho^W/\rho^E$。

西部产品的相对价格每上升1%，都会减少该产品的消费，相对于一个代表性的东部产品的消费来讲，减少比例是$\sigma\%$。然而，由于价格更高，较高的价格使相对支出的下降只有$(\sigma-1)\%$。我们可以用这个结果来推导一家迁移厂商的销售额。如果考虑到东部和西部的收入，这家迁移厂商销售额就是：

$$s^W = \frac{\pi}{n}\left[\frac{1+\pi}{2}\left(\frac{\rho^W}{\rho^E\tau}\right)^{-(\sigma-1)} + \frac{1-\pi}{2}\left(\frac{\rho^W\tau}{\rho^E}\right)^{-(\sigma-1)}\right] \tag{10-12}$$

让我们将上述销售额表示成相对销售额，即该销售额相对于已经在东部地区营业的一家典型厂商的销售额，也就是用式（10-12）除以式（10-10），我们得到：

$$\frac{s^W}{s^E} = \frac{1+\pi}{2}\tau^{(1+\pi)(\sigma-1)} + \frac{1-\pi}{2}\tau^{(1-\pi)(\sigma-1)} \tag{10-13}$$

现在，厂商将会在边际成本的基础上再索要一个固定加成，赚取一份营业盈余，这份营业盈余是销售额的一个固定份额。因此，乍看上去就是，当且仅当 $\frac{s^W}{s^E} > 1$ 时，厂商迁移至西部地区才有利可图。但是，这并不完全正确，因为固定成本必须要有营业利润来弥补，并且要由劳动来承担，因此，对于一个迁移厂商来说，其固定成本也就要高出 $\tau^{-\pi}$。所以若使迁移厂商有利可图，要有：

$$\frac{s^W}{s^E} > \tau^{-\pi} \tag{10-14}$$

这样，我们定义一个新的变量 K，它等于 $\tau^\pi s^W/s^E$，则有：

$$K = \frac{\tau^{\pi\sigma}}{2}\left[(1+\pi)\tau^{(\sigma-1)} + (1-\pi)\tau^{-(\sigma-1)}\right] \tag{10-15}$$

若 $K>1$，那么在西部地区开工生产有利可图；只有 $K<1$，一个中心-外围的均衡状态才可能持续下去。

正如我们看到的那样，K 作为一个指数，依赖上述模型中的 3 个参数：π 即支出中用于消费品消费的份额；τ 即运输成本的一个反向衡量；σ 与均衡的规模经济负相关。

10.1.3　均衡性质的决定因素

K 的作用是它定义了一个边界，即它定义了一组数值，这组数值刚好可以使一个中心-外围格局持续下去。为了描摹出这个边界，我们需要评估当各个参数在 1 附近取值时，K 所具有的性质，也就是如果某一个参数在 1 附近变化，其他两个参数需要如何变化才能保持 K 不变？

最容易评估的参数是支出中用于制造品消费的份额 π。我们发现：

$$\frac{\delta K}{\delta\pi} = \sigma K \ln(\tau) + \tau^{\sigma\pi}\left[\tau^{\sigma-1} - \tau^{-(\sigma-1)}\right] < 0 \tag{10-16}$$

π 的增加对 K 的影响是负向的。也就是说，制造品在收入中的份额越高，越可能形成中心-外围的模式。有两个原因，用式（10-16）中的两项来表示。首先，一个迁移厂商必须支付的工资溢价（引起的前向关联）会越来越高。其次，中心市场的相对规模（引起的后向关联）也越来越大。

下面考虑运输成本的影响。通过检查式（10-15），我们可以看出：第一，当 $\tau = 1$ 时，$K = 1$，即当运输成本为零时，区位已无关紧要；第二，当 τ 非常小的时候（此时，运输成本非常高），K 趋向于：

$$\lim K_{\tau \to 0} = \frac{1}{2} \tau^{1 - \sigma(1 - \pi)} \qquad (10\text{-}17)$$

除非 σ 很小（规模经济十分显著），或者 π 很大，否则，当 τ 较小时，式（10-17）就会变得相当大。让我们暂时假定 $\sigma(1 - \pi) > 1$，另一种情况的经济意义很快就会显现出来。最后我们对式（10-15）求微分：

$$\frac{\delta K}{\delta \tau} = \frac{\sigma \tau K}{\tau} + (\sigma - 1) \frac{\tau^{\sigma \pi}}{2} \left[(1 + \pi) \tau^{\sigma - 2} - (1 - \pi) \tau^{-\sigma} \right] \qquad (10\text{-}18)$$

尽管式（10-18）的符号一般是不明确的，但是当 τ 接近于 1 的时候，式（10-18）的第二项以及整个表达式总是正的。

把这些观察放在一起，我们就得到 K 关于 τ 的一个函数，如图10-1所示。当 τ 取值较小时，K 大于 1；在运输成本的某个临界水平，K 下降到 1 以下，然后再从下方趋近于 1。只有在 τ 取值较大的区间内，也就是在运输成本相对较低时，一个中心-外围格局才是可持续的。我们还注意到，在 τ 的临界值附近，K 对 τ 的微分是负的。

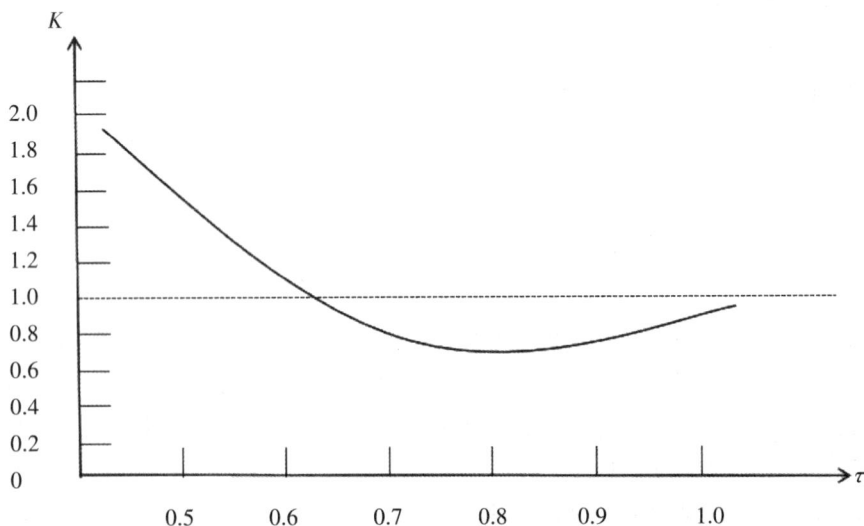

图10-1　K 关于 τ 的函数

现在，$\sigma(1 - \pi) < 1$ 的情形也可以得到解释了。在这种情形下，规模经济非常显著，并且制造业的份额非常大，以至于即便运输成本很高，工人们也会在拥有较大规模制造业部门的地区获得较高的实际工资。

最后，我们来讨论 σ 的影响。我们发现：

$$\frac{\delta K}{\delta \sigma} = \pi K \ln(\tau) + (\sigma - 1)\frac{\tau^{\sigma\pi}}{2}\ln(\tau)\left[(1 + \pi)\tau^{\sigma - 1} - (1 - \pi)\tau^{-(\sigma - 1)}\right] \qquad (10\text{-}19)$$

将式（10-19）与式（10-18）进行对比，我们发现，如果 K 对 τ 的微分是负的，由于这种情形必然处在边界附近，那么 K 对 σ 的微分就必然是正的。

现在，我们可以考察边界的形状了。首先，我们保持 σ 不变，将 τ 当作 π 的函数并画出函数图像。我们知道：

$$\frac{\delta\tau}{\delta\pi} = -\frac{\delta K/\delta\pi}{\delta K/\delta\tau} < 0 \qquad (10\text{-}20)$$

这样，在 (π, τ) 空间中，边界的形状是向下倾斜的，如图10-2所示。根据前述讨论，这条边界必然与纵轴在 $\tau = 1$ 处相交，与横轴在 $\pi = (\sigma - 1)/\sigma$ 处相交。

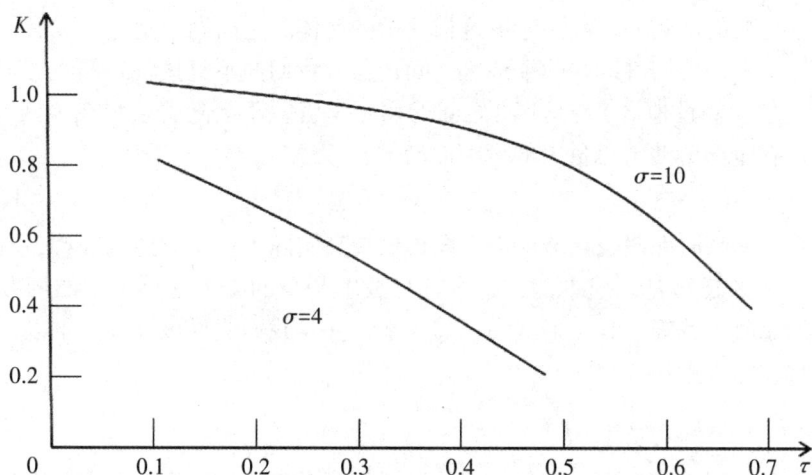

图10-2 (π, τ) 空间中的边界

如果 σ 增大，那么这条边界会向外移动。我们知道：

$$\frac{\delta\pi}{\delta\sigma} = \frac{\delta K/\delta\sigma}{\delta K/\delta\pi} > 0 \qquad (10\text{-}21)$$

所以，σ 的增加（代表规模经济的重要性下降）会使边界向右移动，这种情形会使得中心-外围格局难以为继。

因此，我们看到，一个地区崛起成为制造业中心地区，而另一个地区演变成为农业外围地区，这样一种格局取决于由3个因素所构成的组合，分别是：显著的规模经济、较低的运输成本以及制造品消费在支出中占有较大份额。

10.1.4 历史与预期

假设由规模经济和运输成本的交互作用所导致的外部经济实际上非常显著，以至于能够生成一个中心-外围格局，那么哪个地区将会崛起成为产业中心地区呢？我们会很自然地假设那个在工业化进程中取得先行一步优势的地区将会演变成为产业中心地区，但在稍加思索后我们就会发现，这个假设未必正确。因为如果每一个人出于某种原因都相信另一个地区将演变为产业中心地区，并且根据这个信念又迁移到该地区，那么这就将是一个自我应验的预言。

因此，我们需要考虑在决定中心与外围的区位时，"历史"（也就是初始条件）和"预期"（自我应验的预言）究竟哪一个更重要。

在前文分析的基础上，我们考虑这样一个经济体，它由两个地区组成有一种生产要素，即工人，他们可以在两个地区之间迁移。我们并不直接将外部经济予以模型化，而是仅仅假设地区 1 与地区 2 之间的实际工资差距会随着落户在地区 1 的劳动力总量 L_1 在全国劳动力总量中的份额而增加：

$$\omega_1 - \omega_2 = \alpha\left(L_1 - \bar{L}\right) \tag{10-22}$$

一个自然的临时性假设是劳动力会向提供较高实际工资率的地区迁移，同时我们假设，工人的迁移是有成本的，这个迁移成本是总的工人迁移率的凸函数。这样，工人的总收入就等于其工资减去迁移成本，并且我们假设该迁移成本以二次项的形式出现在方程中：

$$Y = \omega_1 L_1 + \omega_2 L_2 - \frac{1}{2\varepsilon}\left(\dot{L}_1\right)^2 \tag{10-23}$$

其次，我们假设工人们是有远见的。也就是假设工人们对于两个地区实际工资的未来走势有着完美的预见，这使得他们能够计算身处一个地区时的状态相对于身处另一个地区时的状态的现值。令 r 为贴现率，于是，在任意时点 t 身处地区 1 相对于身处地区 2 的现值（可以看作一种资产，尽管可能为负）就是：

$$q(t) = \int_{t}^{\infty}\left[\omega_1(\tau) - \omega_2(\tau)\right]e^{-r(\tau-t)}\mathrm{d}\tau \tag{10-24}$$

工人的迁移应使迁移至地区 1 的边际成本与改变工作地点所带来的收益相等。这意味着：

$$\dot{L}_1 = \varepsilon q \tag{10-25}$$

对式（10-24）求微分，我们可以得到：

$$\dot{q} = rq - \left(\omega_1 - \omega_2\right) = rq - \alpha\left(L_1 - \bar{L}\right) \tag{10-26}$$

式（10-25）和式（10-26）定义了一个关于 q 和 L_1 的动态系统，这个系统的运动规则如图 10-3 所示。

　　显然，该图中间位置的均衡状态是不稳定的，随着时间的推移，这个系统必然会收敛到点1或点2。如果给定劳动力一个初始分配，那么资产价格q将会激增到某一个水平，从而将经济带到通往一种均衡状态的路径上去。根据我们构建的模型，经济主体的预期被证明是正确的。但是，这个经济体会遵循哪一条演变路径呢？它又会收敛到哪一个地区呢？

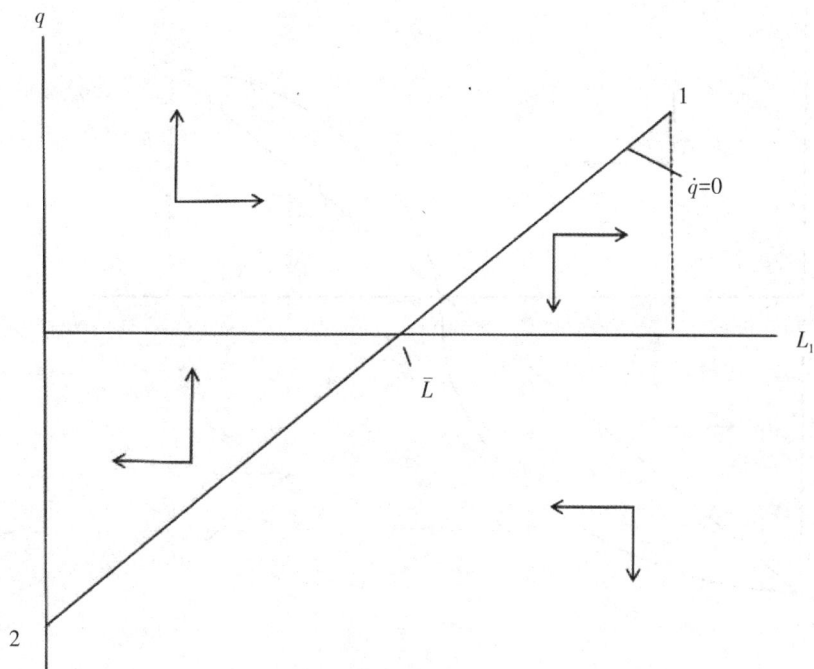

图10-3　q和L_1动态系统的运动规则

　　由式（10-25）和式（10-26）构成的微分方程组有两个根，分别是：

$$\lambda_1 = \frac{r + \sqrt{r^2 - 4\alpha\varepsilon}}{2}$$

$$\lambda_2 = \frac{r - \sqrt{r^2 - 4\alpha\varepsilon}}{2}$$

（10-27）

　　这两个根要么均为正根，要么均为负根。这两类根区分了两种不同性质的情形。如果两个根均为正根，那么该经济体所遵循的演变路径最多只能有一次方向逆转。这样，仅有的两条通往长期均衡的路径（其运动规则与图10-3的运动规则是一致的）如图10-4所示。

　　图10-4的经济解释是，劳动力最终会聚集到任何在开始时就拥有更多工人的地区。在这里，预期具有的唯一功能是强化历史的作用。假设地区1在开始的时候拥有更多的工人，于是那些考虑迁移的工人们将意识到，地区1会吸引更多的工人

迁入，这样地区1较地区2所具有的优势将得以加强。于是工人们将为身处地区1赋予一个较大的值，这个值比两地当前工资差距的现值还要大，因此工人们会迁移得更快。这反映在图10-4中就是，S型的曲线比相同实际工资下的线更为陡峭。

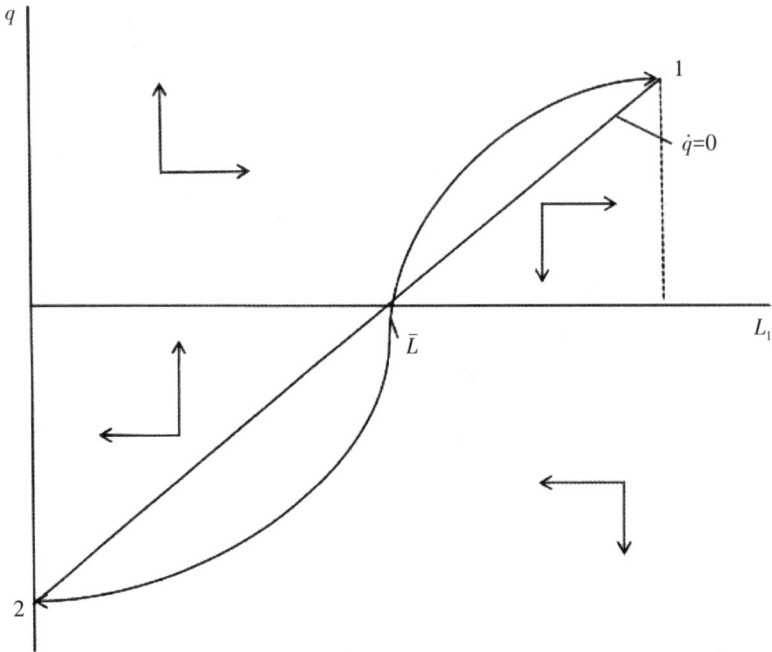

图10-4 通往长期均衡的路径1

如果两个根均为负根，又将会出现什么样的情形呢？因为这两个负根都有正的实部，所以任何一条路径都将从中间的那个奇点向外螺旋式地伸展出去。长期 L_1 要么是零，要么是劳动力总量 L，而 q 是该劳动力配置下工资差距的贴现值。因此如图10-5所示，可能的路径是两条螺旋伸展的手臂，它们从中心向外伸展至可能存在的两个长期均衡点。

值得注意的一点是 L_1 存在一个初始值区间，从这个区间出发可以到达两个长期均衡点中的任意一个。如果 L_1 的起点位于两条螺旋线重叠区域中的任何一处，那么至少就会存在一条自我应验预言式的路径。通过它可以到达两个长期均衡点中的任何一个。换言之，我们可以从这样一种情形出发，比如说60%的制造业分布在地区1，同时每个人都预期地区2将崛起成为产业中心地区，其结果是由基于这种信念的个人所采取的理性行为将在实际上证实这个预期。

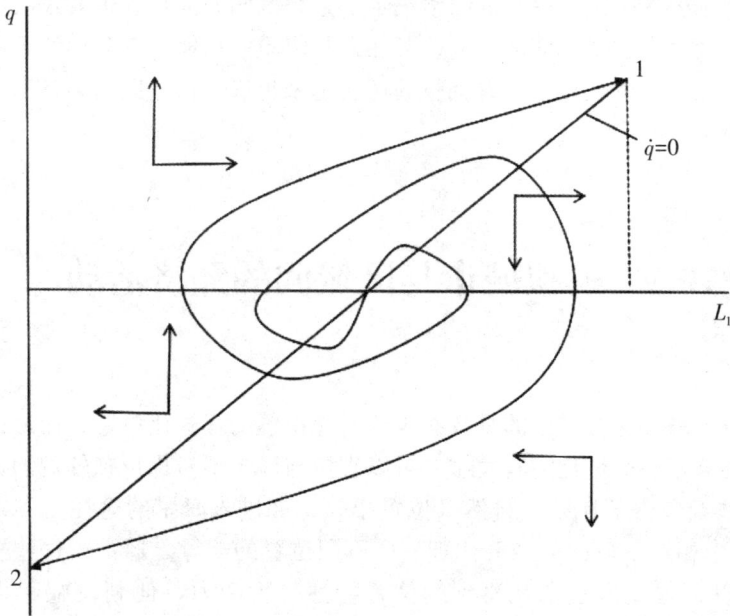

图10-5　通往长期均衡的路径2

　　对于某个劳动力配置区间来说，如果从这个区间出发，可以到达两个长期均衡点中的任意一个，那么我们可以称该区间为"重叠区间"。很显然，如果存在这样一个重叠区间，而且L_1位于这个区间内，那么这个模型基本上就处于不确定的状态，这种不确定性实际上比乍看起来要糟糕得多。正如我们在图10-5中所见，如果给定L_1在重叠区间的一个初始值，那么在每个方向上都存在若干条引导路径。而且我们有理由将经济体约束在这些确定的演化路径上。事实上一个经济体可以有若干条随机演化路径，在这些路径上工人们可以给q的离散型跳跃赋予某个概率。而这就有可能导致劳动力迁移方向的突然逆转。从本质上说，当我们讨论上述重叠区间的时候，我们实际上是在讨论货币理论家们所钟爱的太阳黑子理论和理性泡沫理论。

　　只有当式（10-27）的两个根为负根时，重叠区间才能存在。因此，这就为我们判断重叠区间是否存在提供了一个准则：

$$r^2 < 4\alpha\varepsilon \qquad\qquad (10\text{-}28)$$

　　这个准则有着明确的经济含义。首先，如果贴现率较低，那么重叠期间出现的可能性就会较大，此时人们更加看重的是未来的工资差距（这取决于他们对别人行为的预期），而不是当前的工资差距。其次，如果外部经济显著，那么重叠区间就会出现，此时人们希望自己所做的事情与其他所有人做的事情都一样。最后，也是最重要的，如果在两个地区之间重新配置资源的速度很快，那么重叠区间就会出现，此时预期能够自我应验。

这些决定重叠区间是否存在的因素决定了重叠区间的大小，也就是决定了初始条件的取值区间。在这个取值区间内，存在自我应验的预期，它会导致经济体朝着两个方向中的任意一个收敛。随着调整的速度越来越快，重叠区间会越来越大，并且最终涵盖整个空间。

10.2 模拟城市与区域间的经济活动

传统经济地理学通常考虑的是具有少量对称位置的程式化设置，而最近的研究已经开发出足够丰富的量化空间模型，可以直接与许多不对称位置的观测数据联系起来。这些框架包含了在第一自然（位置禀赋，如进入海岸的途径）和第二自然（在地理空间中相对于彼此的经济代理）中不同位置的差异。通常，这些模型的特性是它们可以倒置以恢复未观察到的位置特性（生产力、便利设施和贸易成本等），将关于模型的内生变量的观察数据作为一个均衡结果完全合理化。因此，这些框架可以用来量化第一自然和第二自然在解释所观察到的经济活动分布方面的作用。而且，这些框架易于处理，允许对一般平衡的存在性和唯一性进行分析描述，并用于现实的反事实。在本节中，我们将研究经济活动在不同区域或城市系统中的分布的量化空间模型。

在本节的大部分内容中，为了简单起见，我们将重点放在工人和企业所在地的静态模型上，这样我们就会关注经济活动稳态分布的比较静态。模型的基本结构为：考虑一个由多个地区组成的经济体（$n \in N$），每个地区都具有建筑空间的外生供应，存在工人的生产要素为 $\bar{L}$，其中每个工人有一个单位劳动，该单位劳动的供给无弹性，负效用为零。劳动者具有完全的地理流动性，因此在均衡状态下，经过便利性调整后的实际工资在所有有人居住的地点均趋于一致。地点由双边运输网络连接，该网络可以使冰山贸易货物运输成本对称，如 $d_{in} = d_{ni} \geq 1$，指的是从区域 i 发货，以便一单位货物到达 n 地区，其中，$d_{ni} > 1$，且 $n \neq i$ 以及 $d_{nn} = 1$。①

10.2.1 消费者偏好

偏好是根据商品消费和住宅面积使用来定义的。我们假设这些偏好采用柯布-道格拉斯形式，因此，对于 n 地区的一个工人的间接效用为：

① GOPINATH G, HELPMAN E, ROGOFF K. Handbook of international economics：Volume 5 [M]. Amsterdam：North-Holland，2022.

$$U_n = \frac{B_n v_n}{P_n^{\alpha} Q_n^{1-\alpha}} \qquad (0 < \alpha < 1) \tag{10-29}$$

式中：v_n 代表工人收入；P_n 代表消费价格指数；Q_n 代表住地面积；B_n 代表便利设施；假设商品价格指数采取不变的替代弹性（CES）形式为：

$$P_n = \left[\sum_{i \in N} \int_0^{M_i} p_{ni}(\psi)^{1-\sigma} \mathrm{d}\psi \right]^{\frac{1}{1-\sigma}} \tag{10-30}$$

式中：M_i 代表每个地区生产的内生变量；$P_{ni}(\psi)$ 代表 n 地区的消费者从 i 地区购买产品的消费，假设商品之间是可替代的（$\sigma > 1$）。

10.2.2　生产力

在垄断竞争和规模报酬递增的条件下，各种产品种类得以生产。要在某一地点生产一种产品种类，企业必须承担一个固定劳动成本 F 以及一个与该地点生产率 A_i 相关的劳动的恒定可变成本。因此，在 i 地区生产 ψ 产品的总劳动量公式如下：

$$l_i(\psi) = F + \frac{x_i(\psi)}{A_i} \tag{10-31}$$

利润最大化意味着均衡价格是市场中供应产品种类的边际成本的恒定加成。因此，消费者在市场 n 上消费来自地点 i 的 ψ 产品的成本为：

$$p_{ni}(\psi) = p_{ni} = \left(\frac{\sigma}{\sigma - 1} \right) d_{ni} \frac{w_i}{A_i} \tag{10-32}$$

w_i 为工资，在商品自由流通的情况下，均衡利润为零。利用该均衡定价规则式（10-32）和利润为零的要求，均衡状态下每种产品的产出等于一个依赖地区生产率的常数：

$$x_i(\psi) = \bar{x}_i = A_i(\sigma - 1)F \tag{10-33}$$

将均衡产出式（10-33）带入生产技术式（10-31）中，在每种产品类别的就业均衡不变的情况下，劳动力市场出清意味着每个地点所提供的产品种类总量与选择居住在该地的工人的内生供应量成正比：

$$M_i = \frac{L_i}{\sigma F} \tag{10-34}$$

10.2.3　价格指数与支出份额

利用均衡价格式（10-32），劳动力市场清算式（10-34）和价格指数式（10-30），各个地区的就业与工资表示为：

$$P_n = \frac{\sigma}{\sigma - 1} \left(\frac{1}{\sigma F}\right)^{\frac{1}{1-\sigma}} \left[\sum_{i \in N} L_i \left(d_{ni} w_i / A_i\right)^{1-\sigma}\right]^{\frac{1}{1-\sigma}} \qquad (10\text{--}35)$$

式中：就业量的存在反映了各地点所生产的产品种类数量是内生的，取决于选择在该地点生活的工人的数量。利用 CES 支出函数，均衡价格式（10-32）与劳动力市场清算式（10-34）结合，可得出市场 n 对产自 i 地区的产品支出份额为：

$$\pi_{ni} = \frac{M_i p_{ni}^{1-\sigma}}{\sum_{k \in N} M_k p_{nk}^{1-\sigma}} = \frac{L_i \left(d_{ni} w_i / A_i\right)^{1-\sigma}}{\sum_{k \in N} L_k \left(d_{nk} w_k / A_k\right)^{1-\sigma}} \qquad (10\text{--}36)$$

模型进一步表明了商品贸易的"引力方程"，其中地点 n 和 i 之间的双边贸易取决于"双边阻力"（双边贸易成本 d_{ni}）和"多边阻力"（对所有其他地区的贸易成本 d_{nk}）。该引力方程的一个关键参数是双边贸易对贸易成本的部分弹性 $(\sigma - 1)$，该弹性由商品的替代弹性 σ 决定，由式（10-35）和式（10-36）结合可得，每个地点的价格指数可以通过其与自身的贸易份额来表达：

$$P_n = \frac{\sigma}{\sigma - 1} \left(\frac{L_n}{\sigma F \pi_{nn}}\right)^{\frac{1}{1-\sigma}} \frac{w_n}{A_n} \qquad (10\text{--}37)$$

10.2.4 市场清算

假设各地点的建筑空间支出被重新分配为一次性总和，分配给居住在该地点的工人。将这种一次性再分配与柯布道格拉斯效用的推论联系起来，建筑空间支出占收入的固定比例，因此我们发现每个地区的收入 $v_n L_n$ 是该地区劳动收入 $w_n L_n$ 的一个常数倍：

$$v_n L_n = w_n L_n + (1 - \alpha) v_n L_n = \frac{w_n L_n}{\alpha} \qquad (10\text{--}38)$$

商品市场清算意味着每个地点的收入等于在该地点生产的商品支出。我们假设贸易是平衡的，即每个地点的支出等于其收入。根据零利润条件，收入等于劳动收入，并通过效用最大化，商品支出的收入占比为一个常数，因此商品市场清算条件可以表示为：

$$w_i L_i = \sum_{n \in N} \alpha \pi_{ni} v_n L_n = \sum_{n \in N} \pi_{ni} w_n L_n \qquad (10\text{--}39)$$

土地市场清算意味着建筑空间的供给等于建筑空间的需求。利用效用最大化和土地市场清算条件，建筑空间价格 Q_n 表示为：

$$Q_n = \frac{(1 - \alpha) v_n L_n}{H_n} = \frac{1 - \alpha}{\alpha} \cdot \frac{w_n L_n}{H_n} \qquad (10\text{--}40)$$

10.2.5 人口流动

人口流动意味着工人在所有人口分布均匀的地点获得相同的实际收入：

$$U_n = \frac{1-\alpha}{\alpha} \cdot \frac{B_n v_n}{P_n^\alpha Q_n^{1-\alpha}} = \overline{U} \tag{10-41}$$

利用式（10-37）、式（10-38）以及间接效应式（10-29）中的土地市场清算式（10-40），我们可以将人口流动条件表示为：

$$\tilde{U} = \frac{A_n^\alpha B_n H_n^{1-\alpha} \pi_{nn}^{-\alpha/(\sigma-1)} L_n^{\frac{\sigma(1-\alpha)-1}{\sigma-1}}}{\alpha \left(\frac{\sigma}{\sigma-1}\right)^\alpha \left(\frac{1}{\sigma F}\right)^{\frac{\alpha}{1-\sigma}} \left(\frac{1-\alpha}{\alpha}\right)^{1-\alpha}} \tag{10-42}$$

重新排列此人口流动条件，将总人口 L_n 移至左侧，并将该表达式对所有地点求和，我们可以发现，每个地区的人口分配 λ_n 取决于其生产力（A_n）、便利设施（B_n）、建筑空间的供应（H_n）和国内相较于其他地区的贸易份额（π_{nn}）：

$$\lambda_n = \frac{L_n}{\overline{L}} = \frac{\left[A_n^\alpha B_n H_n^{1-\alpha} \pi_{nn}^{-\alpha/(\sigma-1)}\right]^{\frac{\sigma-1}{\sigma(1-\alpha)-1}}}{\sum_{k \in N} \left[A_k^\alpha B_k H_k^{1-\alpha} \pi_{kk}^{-\alpha/(\sigma-1)}\right]^{\frac{\sigma-1}{\sigma(1-\alpha)-1}}} \tag{10-43}$$

直观地看，具有较高生产力，便利设施，建筑面积供给与市场准入具有较高的地区有较均衡人口分配。

10.2.6 一般均衡

模型的一般均衡可以通过每个地区的工人份额 λ_n，每个地区对其他地区生产的商品的支出份额（π_{ni}）以及每个地区的薪资（w_n）来表示，利用商品市场清算式（10-39）、贸易份额（10-36）和人口流动性（10-43），这个均衡三元组（λ_n，π_{ni}，w_n）解决了以下所有 $i, n \in N$ 的方程组：

$$w_i \lambda_i = \sum_{n \in N} \pi_{ni} w_n \lambda_n \tag{10-44}$$

$$\pi_{ni} = \frac{\lambda_i (d_{ni} w_i/A_i)^{1-\sigma}}{\sum_{k \in N} \lambda_k (d_{nk} w_k/A_k)^{1-\sigma}} \tag{10-45}$$

$$\lambda_n = \frac{\left[A_n^\alpha B_n H_n^{1-\alpha} \pi_{nn}^{-\alpha/(\sigma-1)}\right]^{\frac{\sigma-1}{\sigma(1-\alpha)-1}}}{\sum_{k \in N} \left[A_k^\alpha B_k H_k^{1-\alpha} \pi_{kk}^{-\alpha/(\sigma-1)}\right]^{\frac{\sigma-1}{\sigma(1-\alpha)-1}}} \tag{10-46}$$

在传统的国际贸易模型中，国家的劳动力供给是外生的，这个系统中每个地区的人口是内生地决定的。这种人口流动性，连同对多样性的喜爱、规模报酬递增和运输成本，产生了正向和反向联系之间的企业与消费者之间的集聚力量。正向联系从企业流向消费者：对多样性的喜爱意味着消费者需求所有种类，运输成本意味着他们希望靠近这些种类。反向联系从消费者流向企业：规模报酬递增意味着企业希望在单一地区集中生产他们的品种，运输成本意味着他们希望这个地区靠近市场。这些正向和反向联系共同产生一个累积因果的良性循环，这成为一种集聚力量：消费者希望靠近企业，企业希望靠近消费者。与这种集聚力量相对的是来自建筑空间供应无弹性的拥堵力量：随着更多的经济活动集中在某个地区，这会推高建筑空间的价格，使得该地区相对于其他地区变得不那么吸引人。解决方程组式（10-44）至式（10-46）的一般均衡分布反映了这些集聚和分散力量（第二自然）之间的相互作用，以及地区间在生产力、便利设施、建筑空间供应和运输成本方面的外生差异（第一自然）。如果模型中的集聚力量相对于分散力量足够强大，就存在多重均衡的可能性，我们现在转向下一节，正式描述存在唯一均衡与多重均衡的条件。

10.2.7　存在性与唯一性

模型的一般均衡特性可以通过结合国际贸易的引力结构和人口流动性条件来描述。假设贸易成本对称（$d_{ni} = d_{in}$），同时，我们将模型的一般均衡简化为以下确定每个地区人口的 N 个方程组，这些方程组以外生地区特征（A_n，B_n，H_n，d_{ni}）和参数（σ，α，F）来表示：

$$L_n^{\tilde{\sigma}\gamma_1} A_n^{-\frac{(\sigma-1)(\sigma-1)}{2\sigma-1}} B_n^{-\frac{\sigma(\sigma-1)}{\alpha(2\sigma-1)}} H_n^{-\frac{\sigma(\sigma-1)(1-\alpha)}{\alpha(2\sigma-1)}} =$$

$$\frac{\overline{W}^{1-\sigma}}{\sigma F} \sum_{i \in N} \left(\frac{\sigma}{\sigma-1} d_{ni} \right)^{1-\sigma} \left(L_i^{\tilde{\sigma}\gamma_1} \right)^{\frac{\gamma_2}{\gamma_1}} A_i^{\frac{\sigma(\sigma-1)}{2\sigma-1}} B_i^{\frac{(\sigma-1)(\sigma-1)}{\alpha(2\sigma-1)}} H_i^{-\frac{(\sigma-1)(\sigma-1)(1-\alpha)}{\alpha(2\sigma-1)}} \qquad (10\text{-}47)$$

其中，$\overline{W}$ 由劳动力市场出清要求确定（$\sum_{n \in N} L_n = \overline{L}$），同时：

$$\tilde{\sigma} \equiv \frac{\sigma-1}{2\sigma-1}$$

$$\gamma_1 \equiv \frac{\sigma(1-\alpha)}{\alpha}$$

$$\gamma_2 \equiv 1 + \frac{\sigma}{\sigma-1} - \frac{(\sigma-1)(1-\alpha)}{\alpha}$$

这个方程组式（10-47）总结了每个地区人口（L_n）如何受到第一自然（A_n，B_n，H_n，d_{ni}）和第二自然（所有其他地区的人口）的影响。我们现在可以正式陈述存在唯一均衡的条件。即在假设 $\sigma(1-\alpha) > 1$ 下，我们有 $\gamma_2/\gamma_1 < 1$，这意味着方程组式（10-47）存在唯一解。当参数 $\sigma(1-\alpha) > 1$ 不满足时，模型可能有多个均衡，这样经济活动的地理分布就不是由外生地区特征（A_n，B_n，

H_n，d_{ni}）唯一确定的。这个唯一均衡的参数限制有一个直观的解释，它对应于集聚力量相对于分散力量不是太强的假设。较高的替代弹性 σ 降低了消费者对多样性的喜爱，这削弱了集聚力量，因为消费者不太关心靠近大量种类。较高的建筑空间支出份额（$1-\alpha$）加强了模型中的分散力量，因为经济活动集中在某个特定地区并推高建筑空间的价格，这对消费者的生活成本产生了更大的影响。

这类具有恒定贸易弹性的数量空间模型的存在性和唯一性条件的描述之所以重要，有几个原因。首先，对于参数值使得 $\sigma(1-\alpha) > 1$，这种描述提供了一个求解这个方程组唯一固定点的算法，其中从一个关于均衡人口向量的初始猜测开始（L_n），然后使用系统解更新那个猜测。其次，对于这些参数值，这种描述确保了地区特征（例如，由于交通基础设施改善导致的贸易成本 d_n）的反事实变化将对空间均衡产生确定性影响。因此，我们可以使用这类数量空间模型来评估广泛反事实干预的一般均衡效应。

由于这些原因，关于数量空间模型的文献主要集中在存在唯一空间经济活动分布均衡的参数值范围内。这种关注与文献中关于多个均衡和空间分布不确定性的讨论形成了张力。在更概念化的层面上，一个模型是否具有多重均衡可能取决于其抽象程度。如果我们从模型中省略了现实中决定一种配置而非另一种配置的相关特殊因素，我们的模型可能会表现出多重均衡。一旦我们将更多这些特殊因素纳入模型，经济活动的空间分布可能会变得唯一。然而，没有模型能够包含所有这些特殊因素，否则它将不再是模型，而会变成现实的描述。因此，是否使用具有单一均衡或多重均衡的模型，在某种程度上可以被视为一个实际问题，即考虑世界最有用的方式是什么，这反过来又可能取决于手头的问题和可用的数据。

10.2.8 恢复地区基本因素

由于量化空间模型结合了第一自然（生产力、便利设施、建筑空间供应和贸易成本）和第二自然（相对于彼此的内生位置），它们为评估这两组决定因素对经济活动空间分布的相对重要性提供了框架。通常，这些模型具有可逆性属性，即给定观察到的内生变量数据和模型参数的值，可以求解出唯一未观察到的外生地区特征，从而精确地将观测数据合理化为一种均衡结果。在本小节的剩余部分，我们使用 Helpman（1998）模型来说明这种可逆性属性，假设模型参数（σ，α）已知，并且我们观察到地区之间的工资（w_n）、人口（L_n）和双边贸易份额（π_{ni}）。

在我们的假设下，双边贸易成本是对称的（$d_{ni} = d_{in}$）并且没有内部贸易成本

$(d_{nn} = d_{ii} = 1)$，我们可以使用从观察到的双边贸易份额（π_{ni}）恢复双边贸易成本。利用这些假设和式（10-36），我们有：

$$d_{ni}^{1-\sigma} = \left(\frac{d_{ni}d_{in}}{d_{nn}d_{ii}}\right)^{\frac{1-\alpha}{2}} = \left(\frac{\pi_{ni}\pi_{in}}{\pi_{nn}\pi_{ii}}\right)^{\frac{1}{2}} \quad (10\text{-}48)$$

使用这些双边贸易成本的解和贸易份额式（10-36），我们可以从商品市场清算条件式（10-39）中求解生产力：

$$w_i L_i = \sum_{n \in N} \frac{L_i\left(d_{ni}w_i/A_i\right)^{1-\sigma}}{\sum_{k \in N}L_k\left(d_{nk}w_k/A_k\right)^{1-\sigma}} w_n L_n \quad (10\text{-}49)$$

在这个方程中，所有变量要么是观察到的（w_n，L_n），要么已经被求解（d_{ni}），除了生产力（A_i）。由于这个方程的右侧在生产力方面是零次齐次的，这些生产力只能通过标准化或选择测量单位来确定。给定这种标准化（例如，将某个地区的生产力设为1），式（10-49）确定了唯一的生产力向量。使用这些双边贸易成本 $d_{ni}^{1-\alpha}$ 和生产力 A_i 的解，我们可以从地区选择概率式（10-46）中得到便利设施和建筑空间供应的复合体：

$$\lambda_n = \frac{L_n}{L} = \frac{\left[A_n^\alpha B_n H_n^{1-\alpha}\pi_{nn}^{-\alpha/(\sigma-1)}\right]^{\frac{\sigma-1}{\sigma(1-\alpha)-1}}}{\sum_{k \in N}\left[A_k^\alpha B_k H_k^{1-\alpha}\pi_{kk}^{-\alpha/(\sigma-1)}\right]^{\frac{\sigma-1}{\sigma(1-\alpha)-1}}} \quad (10\text{-}50)$$

式中：复合便利设施定义为 $B_n \equiv B_n H_n^{1-\alpha}$。同样，这个方程中的所有变量要么是观察到的（$L_n$，$\pi_{ni}$），要么已经被求解（$A_n$）。由于这个方程右侧的分数在复合便利设施方面是零次齐次的，它们同样可以通过标准化或选择测量单位来确定。给定这种标准化（如将某个地区的复合便利设施设为一），式（10-50）确定了唯一的复合便利设施向量。在我们的模型假设下，这些未观察到的地区特征（A_n，B_n，d_{ni}）精确地将观测数据（π_{ni}，w_n，L_n）合理化为均衡结果。恢复了这些未观察到的地区特征（A_n，B_n，d_{ni}）之后，我们可以进行基于模型的分解，以评估这些不同决定因素对观察到的经济活动空间分布的相对重要性。尽管这里的模型反转采取了特别简单的形式，但这个例子说明了量化空间模型的更广泛属性。是否满足可逆性取决于模型和数据。一方面，即使在具有多重均衡的模型中，如果观察到足够的数据，也可以满足可逆性。在观察到的这些数据的条件下，可能可以使用模型的均衡条件来恢复唯一未观察到的地区特征，从而使观测到的均衡结果合乎逻辑，即使可能发生了另一个（未观察到的）均衡。另一方面，即使在具有单一均衡的模型中，如果一些数据未被观察到，也可能不满足可逆性。在观察到的均衡条件下，可能没有足够的信息来唯一确定未观察到的地区特征，或者只能唯一确定这些未观察到的地区特征的复合体（如这里的复合便利设施 B_n）。

10.2.9 反事实分析

我们从模型的反事实均衡条件开始，将这些反事实均衡条件重写为初始均衡中观察到的内生变量的值以及这两个均衡之间这些内生变量的相对变化。在这样做时，我们使用上标符号来表示变量的反事实值，使用乘幂号来表示两个均衡之间变量的相对变化，使得 $\hat{x} \equiv x'/x$。采用这种 exact-hat 代数方法，我们可以使用这些均衡条件来求解内生变量的反事实变化，仅需要初始均衡中观察到的内生变量的值，而无需求解高维未观察到的地区基本因素。例如，我们不必额外假设来参数化未观察到的双边贸易成本，我们使用初始均衡中双边贸易份额的观察值来捕捉这些未观察到的双边贸易成本。

进行这些反事实分析，我们需要四个关键值：

一是数据中初始均衡的内生变量的观察值，即工资（w_i）、人口（L_i）和双边贸易份额（π_{ni}）。

二是模型的结构参数值，这里是指贸易成本对贸易弹性（$\sigma - 1$）和支出中建筑空间份额（$1 - \alpha$）。

三是假设比较静态，例如，由于建设新的交通基础设施，假设双边贸易成本的相对变化（对于某些 n，i，$\hat{d}_{ni} \neq 1$）。

四是关于哪些地区特征在响应这种比较静态时保持不变的假设，例如，假设生产力、便利设施和建筑空间供应保持不变（对于所有 n，$\hat{A}_n = 1$，$\hat{B}_n = 1$，$\hat{H}_n = 1$）。

给定这 4 个值，我们现在将反事实均衡的方程组（10-44）至（10-46）重写为相对变化和初始均衡中观察到的内生变量的值：

$$\hat{w}_i \hat{\lambda}_i w_i \lambda_i = \sum_{n \in N} \pi_{ni} w_n \lambda_n \hat{\pi}_{ni} \hat{w}_n \hat{\lambda}_n \tag{10-51}$$

$$\hat{\pi}_{ni} \pi_{ni} = \frac{\pi_{ni} \hat{\lambda}_i \left(\hat{d}_{ni} \hat{w}_i \big/ \hat{A}_i \right)^{1-\sigma}}{\sum_{k \in N} \pi_{nk} \hat{\lambda}_k \left(\hat{d}_{nk} \hat{w}_k \big/ \hat{A}_k \right)^{1-\sigma}} \tag{10-52}$$

$$\hat{\lambda}_n \lambda_n = \frac{\lambda_n \left[\hat{A}_n^\alpha \hat{B}_n \hat{H}_n^{1-\alpha} \hat{\pi}_{nn}^{-\alpha/(\sigma-1)} \right]^{\frac{\sigma-1}{\sigma(1-\alpha)-1}}}{\sum_{k \in N} \lambda_k \left[\hat{A}_k^\alpha \hat{B}_k \hat{H}_k^{1-\alpha} \hat{\pi}_{kk}^{-\alpha/(\sigma-1)} \right]^{\frac{\sigma-1}{\sigma(1-\alpha)-1}}} \tag{10-53}$$

回想交通基础设施变化的例子中，我们假设对某些某些 n，i，$\hat{d}_{ni} \neq 1$，并且对于所有 n，$\hat{A}_n = 1$，$\hat{B}_n = 1$，$\hat{H}_n = 1$。

给定初始均衡中观察到的内生变量（π_{ni}，w_n，L_n），我们可以解出这个方程组（10-51）至（10-53）来得到内生变量的唯一反事实变化（$\hat{\pi}_{ni}$，$\hat{w}_n$，$\hat{L}_n$）。对于模型具有唯一均衡的参数值 $\sigma(1-\alpha) > 1$，这些内生变量的反事实变化是唯一的，并且可以用类似上面讨论的求解一般均衡的定点算法来恢复。这种基于模型的方法的关键优势在于，我们可以评估尚未发生的反事实干预；可以纳入一般均衡效应；可以评估这些干预对基于模型的福利等对象的影响。

从人口流动性条件式（10-42）出发，可以使用位置自身贸易份额的变化（$\hat{\pi}_{nn}$）和人口变化（$\hat{L}_n$）两个充分统计量来评估改变双边贸易成本（d_{ni}）的交通基础设施改善的福利效应：

$$\overline{U}\hat{} = \hat{\pi}_{nn}^{-\alpha/(\sigma-1)} \hat{L}_n^{\frac{\sigma(1-\alpha)-1}{\sigma-1}} \tag{10-54}$$

在具有恒定贸易弹性的国际贸易模型中，劳动力在国家之间是不可移动的，每个国家国内贸易份额的变化（$\hat{\pi}_{nn}$）是其福利对贸易成本变化相应变化的充分统计量。直观地说，保持所有国内特征不变，如果一个国家在本国商品上的支出份额下降（$\hat{\pi}_{nn}<1$），这意味着外国价格相对于国内价格必须下降，从而改善了国家的贸易条件并提高了其福利。相比之下，在这个具有劳动力流动性的经济地理模型中，必须同时考虑国内贸易份额的变化（$\hat{\pi}_{nn}$）和人口的变化（$\hat{L}_n$）。直观地说，如果一个地区经历更大的国内贸易份额下降（更低的$\hat{\pi}_{nn}$）并且因此比另一个地区有更大的实际收入增长，这会吸引人口流入（更高的$\hat{L}_n$），直到建筑空间的价格调整，使得所有有人居住的地区实际收入的变化相同。

本章是对传统贸易理论的一个补充。传统国际贸易理论，如赫克歇尔-俄林模型，往往侧重于国家层面的比较优势和要素禀赋，而本章则通过强调地理空间的异质性，拓展了传统理论的适用范围。它展示了不同国家和地区（甚至在同一国家内的不同区域）如何因为地理位置的差异而以不同方式受到贸易的影响。

此外本章将宏观经济分析与微观行为选择连接了起来。结合了宏观经济学中的国际贸易和微观层面的地区经济活动，讨论了在全球化和国际贸易扩大背景下，各个区域的劳动力市场、基础设施发展等如何影响经济增长和产业分布，这显然能够给我们带来更多的政策启示。

最后本章也推动了定量分析方法的发展。从经典的中心-外围模型到最近的量化空间模型，本章为研究者提供了新的工具来研究贸易如何通过地理因素影响经济活动。这种方法不仅增强了理论分析的深度，还提高了政策分析的精确性，能更好地评估不同政策对区域经济的实际影响。

明德园地

九省通衢达寰宇

鄂州花湖国际机场位于中国湖北省鄂州市。鄂州花湖国际机场的建成是中国民航史上的重要里程碑。自2013年顺丰集团初步规划在中部地区建设货运门户枢纽机场起，经过多年的规划与建设，机场于2022年7月17日正式投运。鄂州花湖机场作为亚洲第一个、全球第四个以货运为主的专业机场，对国际贸易产生了显著影响，并为地区经济发展带来了新的机遇。

鄂州花湖国际机场自2023年4月1日开通首条国际货运航线。截至2024年7月底，其已开通国际货运航线24条、通达27个国际航点，年国际货邮吞吐量突破10万吨，货邮吞吐总量突破50万吨。对不沿边、不靠海的湖北省来说，建设花湖国际自由贸易航空港成为打开国际贸易新格局的重要抓手。2024年上半年湖北进出口总值3 133.2亿元，创历史同期新高。其中，花湖国际机场辐射圈内的武鄂黄黄4市，武汉市进出口总值1 751.5亿元；黄石市进出口总值突破250亿元，居全省第二；鄂州市、黄冈市进出口总值增速居全省第一和第三。花湖机场的建设和运营，有助于吸引和集聚高端制造业、现代服务业等产业在周边地区发展。例如，光电子信息、人工智能、生物医药等产业的高新技术企业总数在东湖新技术开发区已突破5 700家；花湖机场与武汉天河机场共同构建湖北民航客货运"双枢纽"，有助于推动武汉都市圈的经济一体化，促进区域间的经济交流和合作。随着航空物流枢纽的资源集聚效应和高新产业集聚和辐射效应不断显现，一个世界级临空产业高地正在中国中部崛起。

资料来源：曹彦. 花湖国际机场货运量跻身全国前五　国际航空物流枢纽能级快速跃升［EB/OL］.（2024-08-30）［2024-11-26］. https://www.ezhou. gov. cn/zt/zdzt/hkcs/ywdt/202408/t20240829_647459.html.

【案例点评】

这个案例充分体现了经济地理中的"第一自然"和"第二自然"对贸易的影响。从企业的选址来看，鄂州毗邻武汉，地理位置得天独厚，九省通衢，便于"铁水空"联运降低运输成本，体现了第一自然的影响；依托鄂州花湖国际机场建设花湖国际自由贸易航空港，缩短贸易的有形和无形距离，通过产业集聚与技术溢出效应，进一步强化东湖高新技术开发区的创新优势，再与周边其他城市联动协调发展，这将充分发挥第二自然的影响。

【价值塑造】

当前中国正在着力推动对外贸易高质量发展，服务构建新发展格局，开拓合作共赢新局面。而花湖国际机场作为全国首个获批对外开放的专业货运枢纽机场，不仅提高了物流效率，降低了物流成本，为国内外企业提供了更快捷的物流服务，增强了中国在全球供应链中的竞争力，还通过构建辐射欧美、中东、亚洲和非洲的航线网络，加强了中国与全球市场的联系，不仅直接促进了国际贸易和投资，而且提升了湖北省的对外开放水平，为打造内陆开放新高地提供了重要支撑。

关键术语

中心-外围模型　一般均衡分析　冰山效应　前向关联　后向关联　重叠区间　量化空间模型　价格指数　市场出清　第一自然　第二自然　复合便利设施　反事实分析

基础训练

一、简答题

1.试解释厂商由东部迁移至西部的过程与条件。

2.归纳克鲁格曼中心-外围模型的主要内容。

二、论述题

1.试分析考虑工人预期情况下，重叠区间存在的条件及其经济含义。

2.对比传统的国际贸易模型，模拟城市与区域间的经济活动的定量模型给了我们什么启示？

主要参考文献

[1] GOPINATH G, HELPMAN E, ROGOFF K. Handbook of international economics: Volume 5 [M]. Amsterdam: North-Holland, 2022.

[2] PUGEL T A. International economics [M]. 17th ed. New York: McGraw-Hill Education, 2020.

[3] FEENSTRA R C. Advanced international trade: theory and evidence second edition [M]. Princeton: Princeton University Press, 2015.

[4] COPELAND B R, TAYLOR M S. Trade and the environment: theory and evidence [M]. Princeton: Princeton University Press, 2003.

[5] KJELDSEN-KRAGH S. International economics [M]. Copenhagen: Copenhagen Business School Press DK, 2002.

[6] DAVIS D R, WEINSTEIN D E. Economic geography and regional production structure: an empirical investigation [J]. European Economic Review, 1999, 43 (2): 379-407.

[7] MARKUSEN J R, MELVIN J R, KAEMPFER W H, et al. International trade: theory and evidence [M]. New York: McGraw-Hill, 1995.

[8] KRUGMAN P. Geography and trade [M]. Cambridge, MA: MIT Press, 1992.

[9] HELPMAN E, KRUGMAN P. Market structure and foreign trade [M]. Cambridge, MA: MIT Press, 1985.

[10] DIXIT A K, NORMAN V D. Theory of international trade: a dual, general equilibrium approach [M]. Cambridge: Cambridge University Press, 1980.

[11] DEBAERE P, DEMIROGLU U. On the similarity of country endowments and factor price equalization for the developed countries [J]. Journal of International Economics, 2003, 59 (1): 101-136.

[12] HEAD K, MAYERTT T, RIES J. On the pervasiveness of home market effects [J]. Economica, 2002, 69 (275): 371-390.

[13] FEENSTRA C R, MARKUSEN R J, ROSE K A. Using the gravity equation to differentiate among alternative theories of trade [J]. The Canadian Journal of Economics, 2001, 34 (2): 430-447.

[14] HUMMELS D, LEVINSOHN J. Monopolistic competition and international trade: reconsidering the evidence [J]. Quarterly Journal of Economics, 1995, 110 (3): 799-836.

[15] KRUGMAN P. Increasing returns and economic geography [J]. Journal of Political Economy, 1991, 99 (3): 483-499.

[16] HELPMAN E. Imperfect competition and international trade: evidence from fourteen industrial countries [J]. Journal of Japanese and International Economics, 1987, 1 (1): 62-81.

[17] HELPMAN E, KRUGMAN P. Market structure and foreign trade: increasing returns, imperfect competition, and the international economy [J]. The Economic Journal, 1986, 96 (381): 243-245.

[18] BERGSTRAND J H. The gravity equationin international trade: some microeconomic foundations and empirical evidence [J]. The Review of Economics and Statistics, 1985, 67 (3): 474-481.

[19] FALVEY R E. Commercial policy and intra-industry trade [J]. Journal of International Economics, 1981, 11 (4): 495-511.

[20] HELPMAN E. International trade in the presence of product differentiation, economies of scale and monopolistic competition: a Chamberlin-Heckscher-Ohlin approach [J]. International Economics, 1981, 11 (3): 305-40.

[21] KRUGMAN P. Scale economies, product differentiation, and the pattern of trade [J]. American Economic Review, 1980, 70 (5): 950-959.

[22] DORNBUSCH R, FISCHER S, SAMUELSON P A. Heckscher-Ohlin trade theory with a continuum of goods [J]. Quarterly Journal of Economics, 1980, 95 (2): 203-224.

[23] ANDERSON J E. A theoretical foundation for the gravity equation [J]. American Economic Review, 1979, 69 (1): 106-116.

[24] DORNBUSCH R, FISCHER S, SAMUELSON P A. Comparative advantage, trade, and payments in a Ricardian model with a continuum of goods [J]. The American Economic Review, 1977, 67 (5): 823-839.

[25] PREBISCH R. Commercial policy in the underdeveloped countries [J]. The American Economic Review, 1959, 49 (2): 251-273.

[26] DEARDORFF A V. Determinants of bilateral trade: does gravity work in a neoclassical world? [R]. NBER Working Paper, 1998 (5377): 1-27.

[27] DAVIS D R, WEINSTEIN D E, BRADFORD S C, et al. The Heckscher-Ohlin-Vanek model of trade: why does it fail? when does it work? [R]. National Bureau of Economic Research, Working Paper No.5625, 1996.

[28] WEI S. Intra-national versus international trade: how stubborn are nations

in global integration［R］. National Bureau for Economic Research，Working Paper No.5531，1996.

［29］克鲁格曼，奥伯斯法尔德，梅里兹. 国际经济学：理论与政策［M］. 丁凯，黄剑，黄都，译. 11版. 北京：中国人民大学出版社，2021.

［30］伊兰伯格，史密斯. 现代劳动经济学理论与公共政策［M］. 刘昕，译. 13版. 北京：中国人民大学出版社，2021.

［31］许统生，涂远芬. 中级国际贸易：理论与实证［M］. 上海：复旦大学出版社，2019.

［32］克鲁格曼，奥伯斯法尔德，梅里兹. 国际贸易［M］. 丁凯，黄剑，汤学敏，等译. 10版. 北京：中国人民大学出版社，2016.

［33］毛在丽，朱金生，吕杜，等. 国际贸易理论与政策［M］. 北京：人民邮电出版社，2014.

［34］芬斯特拉. 高级国际贸易：理论与实证［M］. 唐宜红，译. 北京：中国人民大学出版社，2013.

［35］余淼杰. 国际贸易学：理论、政策与实证［M］. 北京：北京大学出版社，2013.

［36］冯德连，邢孝兵. 国际经济学教程［M］. 北京：高等教育出版社，2010.

［37］科普兰，泰勒尔. 贸易与环境：理论及实证［M］. 彭立志，译. 上海：格致出版社，上海人民出版社，2009.

［38］曲如晓. 贸易与环境：理论与政策研究［M］. 北京：人民出版社，2009.

［39］程大中. 国际贸易：理论与经验分析［M］. 上海：格致出版社，上海人民出版社，2022.

［40］黄飞鸣. 国际经济学［M］. 南京：南京大学出版社，2008.

［41］焦军普. 国际经济学［M］. 北京：机械工业出版社，2008.

［42］黄静波. 国际贸易理论与政策［M］. 北京：清华大学出版社，北京交通大学出版社，2007.

［43］兰菁. 国际贸易理论与实务［M］. 北京：清华大学出版社，2003.

［44］克鲁格曼. 克鲁格曼国际贸易新理论［M］. 黄胜强，译. 北京：中国社会科学出版社，2001.

［45］张楫楫，刘秋霞，韩秀元. 劳动力流动问题研究热点分析［J］. 经济学动态，2015（6）：125-136.

［46］万璐. 技术差距模型与中非合作的利益分配［J］. 国际经济合作，2007（3）：69-72.

［47］张二震. 略论国际劳动力流动及其原因［J］. 世界经济文汇，1991（6）：28-30.